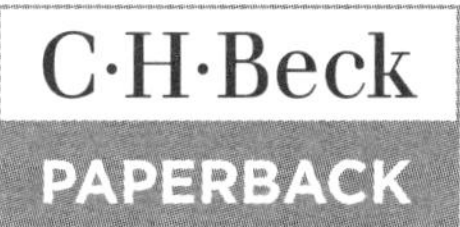
C·H·Beck
PAPERBACK

Florian von Rosenberg

DIE BESCHÄDIGTE KINDHEIT

Das Krippensystem der DDR und seine Folgen

C.H.BECK

Mit 26 Abbildungen und 9 Tabellen

Originalausgabe

www.chbeck.de
Umschlaggestaltung: Kunst oder Reklame, München
Umschlagabbildung: Kinder in einer Wochenkrippe, 1962,

Satz: C.H.Beck.Media.Solutions, Nördlingen
Druck und Bindung: Druckerei C.H.Beck, Nördlingen
Gedruckt auf säurefreiem und alterungsbeständigem Papier
Printed in Germany
ISBN 978 3 406 79199 4

klimaneutral produziert
www.chbeck.de/nachhaltig

Für Sophia, Elia und Aurelia

INHALT

VORWORT

Das vorliegende Buch will eine Geschichte der DDR-Krippenkinder zwischen 1949 und 1989 erzählen. Aus der historischen Perspektive einer Geschichte der Kindheit ist diese Phase für Deutschland besonders interessant, weil sich in ihr etwas etabliert, was für die Gegenwart vielfach als selbstverständlich empfunden wird: In der DDR wurde 1949 systematisch damit begonnen, große Teile des Alltagslebens von Säuglingen und Kleinkindern aus der Familie heraus in staatliche Institutionen zu verlagern. Nicht nur das Bankenwesen und die Wirtschaft, sondern auch die frühe Kindheit wurden in der DDR verstaatlicht. Die Geschichte der Krippenkinder ist Teil der Geschichte eines sozialistischen Experiments auf deutschem Boden, in dessen Zentrum Umgestaltungsversuche der bürgerlichen Familie standen. Weder im Kaiserreich noch in der Weimarer Republik, im Nationalsozialismus oder in der Sowjetischen Besatzungszone wurden ernsthaft Versuche unternommen, Kinder bis zu drei Jahren massenhaft außerhalb der Familie zu versorgen.[1] Ursächlich für die Umgestaltung der frühen Kindheit in der DDR waren ökonomische und ideologische Interessen des Staates an der Erwerbstätigkeit der Frau. In der sozialistischen Familie sollten Mutter und Vater berufstätig sein, während ihre Kinder durch staatliche Institutionen betreut wurden. Das Familienmodell eines berufstätigen Vaters und einer nichtberufstätigen Mutter, die sich in den frühen Jahren der Kindheit selbst um ihren Nachwuchs kümmerte, wurde als bürgerliches Relikt abgewertet, das dem sozialistischen Fortschritt im Weg stehe.

Der allmähliche Niedergang des bürgerlichen Familienmodells in der DDR, der sich in den 1950er und 1960er Jahren schon

Abbildung 1: Kinder in einer Dresdener Kinderkrippe, 1952

anzubahnen begann, bildet den Hintergrund der hier zu beschreibenden Geschichte der frühen Kindheit. Im Zentrum des Interesses stehen jedoch die negativen Konsequenzen, die die sozialistische Familienplanung und der damit zusammenhängende Krippenausbau für die Kleinkinder in der DDR hatten. Dieser

Herangehensweise liegt die Auffassung zugrunde, dass man sich einen historisch begründeten Maßstab für die Beurteilung der vom Staat vorgesehenen frühen Kindheit in der DDR nur erarbeiten kann, wenn man die negativen Konsequenzen, die sich daraus ergaben, in den Blick nimmt. Hierfür ist es notwendig, von den öffentlichen DDR-Propagandaschriften zur Krippe Abstand zu gewinnen, in denen die Krippe oft völlig verklärt wurde. Für das Buch wurden deshalb die bislang von der historischen Forschung zum Krippenthema vernachlässigten Akten des zuständigen Ministeriums für Gesundheitswesen ausgewertet, sowie die medizinischen, psychologischen und pädagogischen Fachveröffentlichungen der DDR-Krippenforschung. Anhand dieser selbst in der DDR wenig verbreiteten Quellen geht es um diejenigen Kinder, die aus unterschiedlichen Gründen durch das Krippensystem geschädigt wurden, weil sie über lange Zeit von ihren Familien getrennt leben mussten, weil sie immer wieder krank wurden, weil sie unter unzumutbaren hygienischen Bedingungen leben mussten, weil sie nicht hinreichend gepflegt und erzogen wurden oder werden konnten, weil sie sich physisch und psychisch nicht entsprechend ihrem Alter entwickeln konnten, weil sie sterben mussten. Wie viele Kinder auf diese Weise in den DDR-Krippen phasenweise oder dauerhaft geschädigt wurden, ist schwer abzuschätzen. Die Akten des zuständigen Ministeriums für Gesundheitswesen und die Veröffentlichungen der DDR-Krippenforschung deuten darauf hin, dass es sehr viele Kinder waren, deren frühe Kindheit durch die Krippe negativ geprägt wurde. Ihnen ist dieser Text gewidmet.

I. AUFNAHME IN DIE KRIPPE

Protest, Verzweiflung, Verleugnung

Weil seine Mutter Helga Breuer[1] wieder arbeiten gehen musste, wurde Peter mit acht Monaten im September 1953 in der Wochenkrippe «Raymonde Dien» in Berlin-Teltow untergebracht.[2] Die DDR-Wochenkrippe war neben der Tageskrippe und dem Säuglingsdauerheim eine der drei gängigen Krippenformen in der DDR.[3] Sie öffnete in den 1950er Jahren montags gegen sechs Uhr morgens, um die Kinder der meist im Schichtdienst arbeitenden oder studierenden Eltern anzunehmen. Die Wochenkrippenkinder – im Alter zwischen sechs Wochen und drei Jahren – wurden dann über die ganze Arbeitswoche Tag und Nacht von den Krippenschwestern gepflegt und so gut es ging auch erzogen.[4] Meist Samstagnachmittag holten die Eltern ihre Kinder wieder ab, um mit ihnen den restlichen Tag und den Sonntag zu verbringen, bevor sie Montagfrüh um sechs Uhr wieder in die Krippe gebracht wurden.[5]

Für seine Eltern war Peter vor der Einlieferung in die Wochenkrippe «gesund, gut entwickelt, aß tüchtig und machte einen lebendigen Eindruck».[6] Dies hatte sich schlagartig geändert, als seine Mutter ihn drei Tage später – früher als erwartet – wieder aus der Krippe abholen musste. Peter war krank geworden und hatte in nur drei Tagen ein Kilogramm abgenommen, zudem war er äußerst wund. Frau Breuer suchte daraufhin mit ihrem Sohn die Ärztin auf, die Peter schon länger betreute, um ihn untersuchen zu lassen. In einem handschriftlichen Vermerk war notiert, dass die Ärztin angegeben habe, das Kind noch nie so wund gesehen zu haben. Zudem habe sie aufgrund des starken Hustens

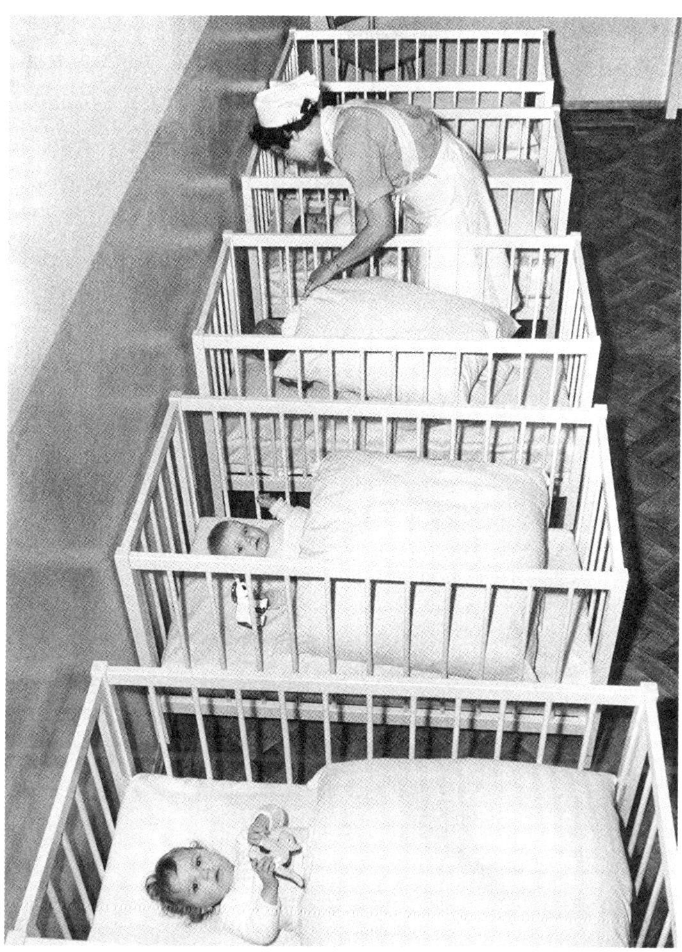

Abbildung 2: Kinder in einer Wochenkrippe, 1962

von Peter einen Verdacht auf Keuchhusten geäußert.[7] Zu vermuten ist, dass das anhaltende Husten der Grund war, warum die Mutter ihren Sohn früher aus der Wochenkrippe abholen musste.

Die Eltern waren erschrocken über den schlechten Gesundheitszustand ihres Babys, weshalb sich die Familie bei der zuständigen Krippenaufsicht des Ministeriums für Gesundheitswesen beschwerte. Für die Eltern konnte in dieser Wochenkrippe etwas grundlegend nicht stimmen.[8] In der Zeitung waren die Wochenkrippen immer als vorbildlich beschrieben worden.[9] Gut geschultes Personal in penibel sauberen Räumen pflegte sorgsam die Kleinsten der Republik, die zufrieden ihren Tag verlebten, ohne dass sich die Mütter Sorgen machen mussten. Nun machte sich die Mutter aber Sorgen. Peter befand sich in einem alles andere als guten Zustand, er litt, war kraftlos und krank. Die Überprüfung der Krippe durch die zuständige Abteilung ergab jedoch, «dass besondere Beanstandungen nicht vorhanden waren».[10] Das Kind war so wund, weil die Windeln ausgegangen und die provisorischen Windeln eben äußerst hart gewesen wären.[11] Mittlerweile hatte die Krippe neue Windeln organisieren können, womit das Problem für die Krippenaufsicht behoben war.[12] Der Rest war Alltag.

Bei der Aufnahme in die Krippe wurden die Kinder oft krank und verloren Gewicht – beides in der Regel schon in den ersten Tagen. Das für die Krippen zuständige Ministerium für Gesundheitswesen sah darin ein drängendes Problem und beauftragte Mitte der 1950er Jahre Ärzte der Berliner Humboldt-Universität und der Leipziger Karl-Marx-Universität damit, das Phänomen der «Anpassungsstörungen»[13] der Krippenkinder zu untersuchen.[14] Der Krippenausbau war ein Prestigeobjekt der DDR-Regierung, welches man unter keinen Umständen durch eine schlechte Presse über kranke Kinder gefährden wollte.

Erste Ergebnisse zu den «Anpassungsstörungen» wurden 1957 im Rahmen einer internationalen Arbeitstagung in Ost-Berlin gemeinsam mit Wissenschaftlern aus der Sowjetunion, der DDR, der ČSR, Griechenland und Großbritannien diskutiert.[15] Gegen Mittag des ersten Konferenztages trug der schottische Bindungsforscher James Robertson unter dem Titel «Der Verlust mütterlicher Fürsorge in früher Kindheit und einige Auswirkungen auf die Entwicklung der Persönlichkeit»[16] vor. Robertsons Forschungsergebnisse ließen erahnen, was der Verlust der Mutter für die Kleinkinder – und damit auch für Peter – bedeutete. Ausgangspunkt von Robertsons Forschungen zu «Anpassungsstörungen» waren Überlegungen über die Beziehung zwischen dem Kleinkind und seiner Mutter:

> «Wenn wir als Beispiel ein typisches Kind von zwei Jahren in einer Familie nehmen, sehen wir, daß es ein kleines Tier ist, das seine Umgebung nicht versteht, keinen Zeitsinn hat und ausschließlich in der Gegenwart lebt und das seine Erwartungen auf Geborgensein und Zufriedenheit in seine Eltern setzt – besonders in seine Mutter, mit der es aus offensichtlichen Gründen ihrer biologischen und sozialen Funktionen am engsten verbunden ist.»[17]

Das Kleinkind habe nur sehr begrenzte geistige und emotionale Fähigkeiten, um die Abwesenheit von der Mutter zu kompensieren, so Robertson weiter. Es lebe in einer tiefen emotionalen Abhängigkeit von seiner Mutter, einer Abhängigkeit, die das Kleinkind, wenn die Mutter da sei und auf es einginge, als eine tiefe Befriedigung empfinde. Gleichzeitig könne die Abhängigkeit aber auch ein Quell der Angst werden, vor allem dann, wenn die Mutter für das Kind verschwinde, wenn es verlassen werde und nicht absehbar sei, wann die Mutter wiederkommen werde:

> «Wenn das Kind in diesem Stadium der Entwicklung, da es so besitzergreifend und leidenschaftlich an seiner Mutter hängt und den Eltern so blind vertraut, in ein Krankenhaus oder eine Wochenkrippe kommt, wird es von Sehnsucht und Kummer überwältigt. Es ist zu jung, um zu verstehen, daß es irgendeinen Grund wie Krankheit oder häusliche Schwierigkeiten geben kann, um den Verlust der mütterlichen Fürsorge zu rechtfertigen, und man kann ihm nichts erklären. Es weiß lediglich, daß die Mutter, die es braucht, die Mutter, die nahe sein und auf sein

> Weinen zu ihm eilen sollte, nicht da ist. Es ist schmerzerfüllt und böse auf diejenigen, die es, soweit das Kind es verstehen kann, enttäuscht haben.»[18]

Die Erfahrung der Aufnahme in die Krippe stellte für das Kleinkind also eine existenzielle Trennungserfahrung von den Personen dar, von denen es sich instinktiv abhängig fühlte. In seinen Forschungen hatte Robertson untersucht, wie die Kleinkinder auf die Trennungserfahrung von der Familie reagierten, die sie selbst geistig und emotional noch nicht verstehen konnten. Von seinen Forschungsergebnissen ausgehend, beschrieb Robertson sehr eindrücklich drei Phasen der psychischen Anpassung des Kleinkindes an die Situation der Fremdbetreuung. Die Phasen verdeutlichen recht gut, was Peter wohl in den ersten Tagen seines Aufenthalts in der Wochenkrippe erleben musste, als seine Mutter von der einen auf die andere Minute fortblieb:

> «*Protest* ist die erste Phase, die tagelang anhalten kann. Während dieser Phase hat das kleine Kind ein starkes bewußtes Bedürfnis nach seiner Mutter, und in völliger Verständnislosigkeit dem Geschehen gegenüber erwartet es, daß sie auf sein Weinen hin erscheint. Es ist verwirrt durch seine neue Umgebung und verstört vor Furcht und dem dringenden Bedürfnis nach Befriedigung, die allein seine Mutter ihm geben kann.»[19]

Die Kinder hatten Angst, schrien und wehrten sich entsprechend den Möglichkeiten ihres Alters gegen den Abschied von der Mutter. Die Krippenschwestern waren die heftigen Reaktionen der Kleinsten gewöhnt. Sie konnten meist nur abwarten, bis die Kinder sich irgendwie beruhigten oder beruhigen ließen oder bis sie zumindest erschöpft einschliefen.

Dabei bekamen die Mütter das anhaltende Schreien ihrer Kinder in der Regel nicht mit. In den 1950er und 1960er Jahren wurden die Kinder oft einfach an der Tür der Krippe abgegeben. Man hatte Angst vor Infektionen, weshalb die Eltern die Krippenräume meist nicht betreten durften, sondern nur den Übergaberaum sahen, der oft einfach ein Flur war.[20]

Die Phase des kindlichen Protestes, die sich häufig in körperlichen Ausbrüchen, Ablehnung jeglicher Bindung, Unruhe, Verwirrungszuständen und der Verweigerung von Nahrung ausdrückte,[21] fand außerhalb der Wahrnehmung der Eltern statt. Die Kinder weinten nach Robertson – oft über Tage – immer wieder, weil sie ihre Mutter vermissten. Die Phase des Protestes wurde nach den Untersuchungen der Bindungsforscher abgelöst durch die Phase der Verzweiflung:

> «*Verzweiflung*, die langsam auf den Protest folgt, wird durch das unaufhörliche Bedürfnis nach seiner Mutter charakterisiert, zusammen mit verstärkter Hoffnungslosigkeit. Es ist weniger lebhaft und kann monoton und ununterbrochen weinen. Es ist in sich gekehrt und apathisch und stellt keine Ansprüche an seine Umgebung. Das ist die ruhige Phase, die den Mitarbeitern als die dem Protest folgende bekannt ist und die manchmal fälschlicherweise als Anzeichen des sich verringernden Kummers angesehen wird.»[22]

Den Beschreibungen von Robertson folgend, kann die anhaltende Hoffnungslosigkeit die Lebhaftigkeit des Krippenkindes begraben. Das Kind wird dann apathisch und antriebslos und beginnt sich im schlimmsten Fall in der Verzweiflung einzurichten. Um sich weiter an die Krippe anzupassen, mussten die Kinder nach Robertson – in einer dritten Phase – versuchen, sich von der fehlenden Mutter innerlich zu trennen:

> «*Die Verleugnung des Bedürfnisses nach der Mutter* ist eine Phase, die langsam auf die Verzweiflung folgt, und weil das Kind größeres Interesse für seine Umgebung zeigt, wird dies gewöhnlich als Zeichen der Genesung begrüßt. Was aber eintritt, ist,

Abbildung 3: Übergabe des Kindes an das Krippenpersonal, 1955

daß es das intensive Bedürfnis nach seiner Mutter, die es seiner Meinung nach so grausam verlassen hat, nicht länger ertragen kann, sie aus seinen Gedanken verbannt und so viel Befriedigung wie möglich aus seiner Umgebung zu erlangen versucht.»[23]

Das Kind suchte Ersatzbefriedigungen, um die Trauer und Verzweiflung zu überwinden. Wenn die Kinder emotional nicht völlig Grund und Boden verlieren wollten, benötigten sie in dieser Phase nach Robertson eine Person, welche ihnen die Mutter zumindest teilweise ersetzen konnte. Eine Person, zu der sie eine innige Beziehung und Zuneigung aufbauen konnten. In der Krippe fiel diese Rolle der Krippenschwester zu, die jedoch gleichzeitig für fünf, zehn, fünfzehn und mehr Kleinkinder da sein musste,[24] womit die Möglichkeiten des intensiven Kontaktes stark begrenzt, wenn nicht gar in vielen Fällen nicht vorhanden waren.[25] Aber auch wenn die Kontaktaufnahme zu der Krippenschwester gelang, wurde dadurch das Problem der sich wiederholenden Trennung nur verschoben, jedoch nicht behoben: Denn in den DDR-Krippen herrschte eine enorme Personalfluktuation. In einem Schreiben der Kaderabteilung in Teltow über die auch von Peter besuchte Krippe «Raymonde Dien» war 1959 zu lesen:

> «Tatsache ist, daß es uns immer schwerer gelingt, freiwerdende Stellen mit Kräften zu besetzen, die sich bereit erklären, der hohen Anforderungen wegen, diese Arbeit anzunehmen, zumal in den Industriebetrieben bei nicht annähernder Verantwortlichkeit eine weitaus höhere Verdienstmöglichkeit besteht.
> Es wird in unseren Heimen, bedingt durch die starke Fluktuation immer schwerer, sich mit dem einzelnen Kind so zu beschäftigen, wie es gerade den Heimkindern gegenüber notwendig wäre.»[26]

Die Arbeitsbedingungen – gerade in den Wochenkrippen und Säuglingsdauerheimen, in denen die Kleinkinder am meisten auf das Pflegepersonal angewiesen waren – waren häufig katastrophal und zudem äußerst schlecht bezahlt. Wer konnte, wechselte oft schnell den Arbeitsplatz.[27] Wenn ein Kind eine intensive Beziehung zu einer Krippenschwester aufgebaut hatte, konnten sich dadurch die Erfahrungen des Verlustes des emotionalen Bezugspunktes wiederholen und potenzieren. Weniger einschneidend – aber immer noch dramatisch – war es, wenn die Krippenschwester die Krippe kurzzeitig verließ, weil sie Feierabend hatte, in den Urlaub fuhr oder einfach krank war. Schwerwiegende Folgen entstanden für das Kleinkind, welches unter Umständen mühsam und langsam eine Beziehung des Vertrauens aufgebaut hatte, wenn die geliebte Schwester die Krippe dauerhaft verließ, beispielsweise, weil sie den Arbeitsplatz wechselte. Über das so mehrmals verlassene Kleinkind schrieb Robertson:

> «Nach einer Reihe solcher Erschütterungen über den Verlust mehrerer Pflegerinnen, denen es nacheinander gutgläubig seine Zuneigung und sein Vertrauen geschenkt hatte, wird es nach einiger Zeit aufhören, Zuneigung und Anhänglichkeit für irgend jemanden zu riskieren. Statt dessen wird es immer egozentrischer werden, seine Wünsche und Gefühle von den Menschen abwenden und Dingen wie Spielsachen, Süßigkeiten und Speisen zuwenden.»[28]

Die Kleinkinder waren dann teilweise nur noch zu oberflächlichen und entfremdeten Kontakten zu ihrer Umwelt in der Lage. Sie unterdrückten ihre Gefühle und versteckten diese vor sich und anderen. Ihnen fiel es schwer, Zuneigung und Nähe zuzulassen oder gar zu empfinden, wodurch tiefere emotionale Beziehungen zu anderen vor hohe Hindernisse gestellt wurden. Gleichzeitig zeigten sich diese Kleinkinder jedoch als gut angepasst an die Krippe, weil sie auf den ersten Blick «aufgeweckt und gesellig sind und leicht Freundschaften schließen»[29] konnten. Die beschriebene Freundlichkeit konnte aber nur oberflächlich darüber hinwegtäuschen, dass die Kleinkinder durch die frühe Trennung von den Eltern eine Verlusterfahrung durchlitten hatten, die ihr weiteres Leben auf einer emotionalen Ebene tief beeinflusste. Zum Ende seines Referates gab Robertson seinen Kollegen aus der DDR Folgendes mit auf den Weg:

> «Ich möchte sogar weitergehen und behaupten, daß kein Staat, der seine Bürger zu einer friedlichen und gut zusammenarbeitenden Gemeinschaft entwickeln will, dies erreichen kann, bevor er nicht die richtige Grundlage für die geistige Gesundheit seiner zukünftigen Bürger geschaffen hat, indem er dafür sorgt, daß jedes Kind in den Entwicklungsjahren ein ‹warmes inniges und kontinuierliches Verhältnis zu seiner Mutter – oder einem ständigen Mutter-Ersatz› hat.»[30]

Wenn der Staat nicht die Voraussetzung für die gesunde Entwicklung seiner Kleinkinder sicherstellte, sah Robertson den Frieden der Gemeinschaft gefährdet. Das behütete Aufwachsen der Kleinsten war aus dieser Perspektive ein schützenswertes Gut.

II. SOZIALISTISCHE FAMILIEN

Widerstand in Calau

Nicht nur Wissenschaftler, auch behandelnde Ärzte sowie Teile der Arbeiterschaft standen dem forcierten Krippenausbau in der DDR skeptisch gegenüber. Südlich des Spreewaldes im Kreis Calau sollte 1949 eine Betriebskinderkrippe gegründet werden. In dem Bergbaugebiet musste der Amtsarzt den Aufbau und die Einrichtung der Krippe überwachen. Dass ein Arzt – und nicht etwa ein Pädagoge – für die Krippen des Kreises zuständig war, hing mit der nicht unberechtigten Sorge der DDR-Regierung zusammen, dass in diesen Krankheitsepidemien entstehen könnten.[1] Je mehr Kleinkinder auf engem Raum gemeinsam Zeit verbrachten, desto höher war das Risiko der Verbreitung von Krankheiten. Entsprechend kontrollierte ab 1953 das Ministerium für Gesundheitswesen den Auf- und Ausbau der DDR-Krippen und nicht das Ministerium für Volksbildung. Der Amtsarzt stieß bei der Einrichtung der Krippe in Calau nun allerdings «auf erhebliche Schwierigkeiten und Unverständnis (…), weil die Idee [der Krippe] noch nicht so populär»[2] war. Er schrieb über seine Erfahrungen in Calau:

> «Bei der Einrichtung der ersten Säuglingskrippe in einem Ort entsinne ich mich lebhaft, daß ich von einem Werk energisch bekämpft wurde, das die Betriebskinderkrippe einrichten sollte. Ich erhielt einen Brief, in dem u.a. wörtlich stand: ‹Die Belegschaftsmitglieder sind empört über die Vergeudung ihrer Gelder.› Es gebe keine Frauen, die diese Einrichtung aufsuchen würden.»[3]

Vergegenwärtigt man sich, dass die Krippe als Institution bis zur Gründung der DDR eine wohlfahrtsstaatliche Noteinrichtung war,[4] lassen sich einige Motive des Widerstands der Arbeiter besser einordnen.[5] In der Regel gab niemand seinen Säugling oder sein Kleinkind freiwillig in eine Krippe, außer man war in eine schwere Notlage geraten. Die Eltern, deren Kinder in Deutschland vor 1949 in Krippen versorgt wurden, waren beispielsweise im Gefängnis, ihnen war das Sorgerecht entzogen worden, sie waren arm, konnten aber auch debil, schwer krank oder tot sein. Zwar gab es auch im 19. Jahrhundert und in der ersten Hälfte des 20. Jahrhunderts schon Versuche, in Betriebskrippen Kinder von Schichtarbeitern zu versorgen, das Ausmaß dieser Betreuungsformen war jedoch verschwindend gering. 1949 gab es in der DDR nur 5000 Krippenplätze. Auf 1000 Kinder im Alter bis zu drei Jahren gerechnet, besuchten damit gerade einmal acht Kinder eine Krippe.[6] Gewöhnlich kümmerten sich sowohl auf dem Land als auch in der Stadt die Familien selbst um ihre Kleinkinder, oder man unterstützte sich gegenseitig in der Nachbarschaft. War man jedoch unabdingbar auf Arbeit angewiesen, konnte aber weder jemanden finden, der auf das Kind aufpasste, noch das Kind mit zur Arbeit nehmen, gab es nur zwei Möglichkeiten: Die erste Möglichkeit – eine gängige Option zu dieser Zeit – war, die Kinder allein zu Hause einzuschließen, wobei einige der eingesperrten Kleinkinder jedoch auch verunglückten.[7] Die zweite Möglichkeit für Mütter, die nicht weiterwussten, bestand – soweit vorhanden – in der Krippe, welche in dieser Situation eine notwendige Hilfe der Armenfürsorge darstellte. Die Krippen waren damit in Deutschland vor 1949 Noteinrichtungen für Kinder, um die sich die Eltern aus schwerwiegenden Gründen selbst nicht kümmern konnten oder wollten.[8] Diese Noteinrichtungen sollten den Arbeitern nun als sozialistischer Fortschritt zur Gleichstellung von Mann und Frau verkauft werden, was nicht in allen Betrieben auf Gegenliebe stieß.[9]

Ursächlich für den ab 1950 in der DDR forcierten Krippenaus-

Abbildung 4: Plakatierung anlässlich des Frauentages, 1950

bau waren maßgeblich ökonomische und ideologische Interessen des Staates. Ökonomisch wurde die SBZ/DDR in starker Abhängigkeit zur Sowjetunion gehalten, weshalb sie auf jede verfügbare Arbeitskraft angewiesen war. Im Vergleich zu den westlichen Besatzungszonen musste die SBZ an ihre Besatzer dreimal so hohe Reparationskosten abführen. Zudem hatte die Sowjetunion seit 1945 große Teile der Industrie und Infrastruktur abtragen und im eigenen Land wieder aufbauen lassen. So wurden beispielsweise die Hälfte des ostdeutschen Schienennetzes sowie entsprechende Anteile des Zugbestandes nach 1945 in die Sowjetunion abtransportiert.[10] Auch die Planwirtschaft lahmte. Ein bedeutender Anteil von gut ausgebildeten Fachkräften begann, in den Westen zu fliehen, weil die Lebensbedingungen im Osten für viele immer weniger erträglich waren.[11] Die ökonomischen Notwendigkeiten verbanden sich bei der kommunistischen Führung mit ideologischen Vorstellungen von der werktätigen Mutter, welche in den Zeitungen und im Radio der DDR zum Vorbild stilisiert wurde.

Auf unzähligen Fotos und Plakaten konnte man tüchtige, attraktive und glückliche Frauen bei der Arbeit bewundern. Über die Heldinnen des Alltags wurde ausführlich berichtet. Sie fuhren Traktor, lenkten einen Kran oder arbeiteten im Eisenwerk. Der passende Slogan lautete: «drei Mädel – drei Lebenswege – drei erfüllte Träume».[12]

Anders als die Propaganda glauben machen wollte, war die Berufstätigkeit nicht für alle Frauen ein Traum. Für viele wandelte sich bereits Anfang der 1950er Jahre das verfassungsmäßig garantierte Recht auf Arbeit in eine Pflicht zur Arbeit.[13]

Um möglichst viele Frauen in den Arbeitsprozess einzugliedern, suchte die SED zu diesem Zeitpunkt nach unterschiedlichen Strategien zur Arbeitskraftgewinnung. Im Fokus standen dabei Anfang der 1950er Jahre vor allem Fürsorgeempfängerinnen, beispielsweise Witwen oder alleinstehende Mütter mit Kindern. Die vom Staat unterstützten Mütter sollten arbeiten, damit die Fürsorge eingespart werden konnte, gleichzeitig wollte der Staat ihre Kleinkinder in Krippen versorgen. In dem Bericht aus Calau argumentierte der Arzt dementsprechend, dass es für die «Fürsorgeunterstützung auf die Dauer gesehen billiger [wäre], eine einmalige größere Geldausgabe für die Errichtung einer Krippe auszugeben, anstatt die laufende Unterstützung zu zahlen».[14] Im ersten Zweijahresplan der DDR von 1949 und 1950 waren die Arbeitsämter angewiesen worden, «für verstärktes Einschalten der Frauen in den Arbeitsprozeß Sorge zu tragen».[15] Hierfür wurden Unterstützungsleistungen für arbeitsfähige Frauen systematisch gekürzt und gestrichen.[16]

Auch die Justiz unterstützte bereitwillig die Forcierung der Frauenarbeit und zeigte sich als Gehilfin des politischen Willens. Beispielsweise wurden bei Scheidungen den Frauen, auch wenn sie sich jahrzehntelang in den Dienst der Familie gestellt hatten, die Unterhaltsrechte beschnitten. Im Namen der Gleichberechtigung orientierte man sich vielfach an einer Rechtsprechung aus dem Jahr 1951, in der ausgeführt wurde, dass

> «selbstverständlich jeder Mensch, auch jede Frau, die Arbeitskraft dem Aufbau, der Erfüllung des Wirtschaftsplanes zur Verfügung zu stellen hat. Jeder Mensch muß deshalb auch einen Beruf ausüben und sich ggf. sogar eine Berufsausbildung erwerben. Die Gleichberechtigung im Wirtschaftsleben gibt auch der Frau die Möglichkeit dazu.»[17]

In den 1950er und 1960er Jahren gab es zudem neben Propaganda und dem Aufbau von ökonomischem Druck auch Versuche, moralischen Druck auf die Frauen auszuüben. Hierzu stellte Heike Paterak fest, dass diese sich durch unterschiedliche DDR-Propagandamaßnahmen in den 1950er Jahren «zunehmend verantwortungslos vorkommen [sollten], wenn sie sich weiterhin weigerten, an der Erfüllung der Volkswirtschaftspläne sowie dem Aufbau der neuen Gesellschaftsordnung mitzuwirken».[18]

Ob nun durch staatlichen Druck veranlasst oder von den Frauen selbst gewollt, für immer mehr Kinder bedeutete die Forcierung der Frauenarbeit, nicht mehr im Kreis der Familie, sondern in Krippen aufwachsen zu müssen. Krippen entstanden nun überall in der DDR. Der Ausbau hatte begonnen, und er lief schnell an. Die Bedenken der Arbeiter – ob in Calau oder anderenorts – spielten im Arbeiter-und-Bauern-Staat keine Rolle. Die kommunistische Elite hatte andere Pläne mit den Müttern und ihren Kindern. Der sozialistischen und nicht der als bürgerlich wahrgenommenen Familie sollte die Zukunft gehören.

Zwischen Weimar und Moskau

Der Krippenausbau war Teil des staatlichen Versuches, in der DDR die Vorstufe des Kommunismus, den Sozialismus, aufzubauen. Für die Familienpolitik der DDR waren dabei zwei Orientierungspunkte wichtig: die Sowjetunion und die kommunistischen Ideale aus der Zeit der Weimarer Republik. Ziel war es, die bürgerliche Familie, in der sich die Mutter um das Haus und die Kinder kümmerte, während der Vater berufstätig war, durch ein sozialistisches Familienbild zu ersetzen, in der Mutter und Vater berufstätig waren, während die Kinder in staatlichen Institutionen betreut wurden.

Die Idee, dass Frauen sich durch die Ausübung eines Berufes selbst aus einem Zustand der Entfremdung befreien könnten, hatten zu Beginn des 19. Jahrhunderts schon frühsozialistische Utopisten wie Charles Fourier oder Robert Owen vertreten. Die Frühsozialisten wurden in der DDR zwar rezipiert,[19] wichtiger für die Sozial-, Familien- und Bildungspolitik der frühen DDR waren jedoch die Überlegungen der deutschen Kommunistin Clara Zetkin,[20] deren Urne 1933 von Stalin persönlich zum Grab an der Kremlmauer getragen worden war. Um das richtige kommunistische Bewusstsein bei den Kindern der Arbeiterschaft aufzubauen, hatte Zetkin schon zu Beginn des 20. Jahrhunderts für eine Kombination von familiärer und öffentlicher Erziehung plädiert.[21] Zetkin zweifelte an den intellektuellen Fähigkeiten der Arbeiterklasse, für die sie sich vermeintlich einsetzte. Sie meinte, besser als die Arbeiter zu wissen, was für diese gut war. Zetkin bescheinigte der Arbeiterklasse offen «materielle und geistige Schranken (...), über welche auch bei dem besten Willen innerhalb der kapitalistischen Ordnung große Kreise des Proletariats nicht hinwegkommen, wenngleich sie die glühende Sehnsucht haben, ihre Kinder gut zu erziehen».[22]

Anders als Zetkin hätte man auch argumentieren können, dass die Arbeiter zu klug und zu bodenständig waren, um ihre Kinder im Geiste einer Utopie erziehen zu wollen. Zetkin jedenfalls ging vom Gegenteil aus, weshalb sie für eine möglichst früh beginnende Fremdbetreuung der Kinder warb: «Wir bedürfen der öffentlichen Erziehung, damit in der Brust des Kindes von zartester Jugend an alle jene Gefühle entwickelt werden, welche Wurzeln der sozialen Tugenden sind, der die Gesellschaft bedarf.»[23]

Die öffentliche Erziehung verstand Zetkin allerdings nicht als ein Angebot, auf welches Familien zurückgreifen konnten, wenn sie wollten. Für die kommunistische Vordenkerin der DDR-Familienpolitik war die öffentliche Erziehung eine vom Staat durchzusetzende Aufgabe, die gegebenenfalls auch gegen den Willen der Familie erzwungen werden müsse. In einer Reichstagsrede im Februar 1921 zum Kinderfürsorgegesetz hatte Zetkin ausgeführt:

> «Wir sagen, der Staat und die Gesellschaft haben nicht bloß die Pflicht, sie haben das Recht zur Erziehung. Das Kind ist nicht, wie es uns aus der landläufigen Auffassung entgegentritt, ein ‹Privateigentum› der Eltern, (...) das diese nach ihrem Belieben, nach Laune und Mitteln entweder bilden oder auch verbilden dürfen. Nein, das Kind ist ein gesellschaftlicher Wert, ist der größte gesellschaftliche Wert, und der Staat, die Gesellschaft hat ein Recht darauf, daß dieser Wert nicht verschleudert und vergeudet werde, sondern daß er die volle Höhe seiner Entwicklungsfähigkeit erreicht.»[24]

Wenn die geistigen Schranken der Arbeitereltern zu stark waren, um zu begreifen, dass der Kommunismus in ihrem Interesse lag, musste man eben überlegen, ob man nicht zumindest ihre Kinder bekehren konnte – notfalls gegen den Willen der Eltern.

Wie beschrieben, war für die SED allerdings nicht nur der deutsche Kommunismus in der Weimarer Republik, sondern auch die sowjetische Besatzungsmacht Vorbild beim Versuch des Aufbaus einer sozialistischen Gesellschaft. Nicht umsonst wurde die SED in den 1940er und Anfang der 1950er Jahre die «Russenpartei»[25] genannt. Vorbild für die SED-Funktionäre war unter anderem die Oktoberrevolution 1917, nach der die Bolschewiki Alexandra Kollontai als Ministerin für Soziale Fürsorge eingesetzt und damit zur ersten Ministerin weltweit gemacht hatten. Durch produktive Arbeit – so träumte Kollontai – sollten die Mütter und letztlich auch ihre Kinder aus den Fängen der Familie befreit werden.[26] Warum die Bolschewiki die Menschen aus etwas befreien wollten, was diese liebten, fragten sie sich nicht. Durch die Lektüre von Marx und Engels glaubten sie, eine bessere Zukunft zu kennen, für die sich das Alte zu zerstören lohne. Marx und Engels schrieben: «Die positive Aufhebung des Privateigentums, als die Aneignung des menschlichen Lebens, ist daher die positive Aufhebung aller Entfremdung, also die Rückkehr des Menschen aus Religion, Familie, Staat etc. in sein menschliches, d.h. gesellschaftliches Dasein.»[27] Entsprechend notiert Sabine Gries über das Familienbild bei Marx und Engels:

> «Neben anderen für sie schädlich-überflüssigen Einrichtungen wie Religion, Staat oder Privateigentum war auch die Familie für Marx und Engels ein künstlich geschaffenes Knebelinstrument, grundsätzlich unnatürlich, ja unmenschlich, die Freiheit des Menschen bedrohend und für ein Leben in einer sozialistischen Gesellschaft ohne jede Relevanz.»[28]

Die Bolschewiki von 1917 glaubten noch, dass die Familie sich nach ein paar Jahren im Kommunismus selbst auflösen würde.[29] Krippen galten als emanzipativ und fortschrittlich. Sie ermöglichten die Arbeit der Frau, während ihre Kinder vom Staat versorgt wurden. Bei dem nach 1917 in der Sowjetunion durch Kollontai forcierten Krippenausbau wurde in erster Linie an die vermeintliche Befreiung der Frau durch Arbeit und weniger an die Bedürfnisse der Kleinkinder gedacht. In der DDR wiederholte sich dieses Denkmuster nach 1949.

Schon in einer der ersten Dissertationen zum Thema Gesundheitsschutz für Mutter und Kind in der DDR war klar: «Krippen dienen dazu, die Kinder arbeitender Mütter tagsüber aufzunehmen und zu betreuen, um die Mütter zu entlasten.»[30] Gleichzeitig verbanden die sozialistischen Vordenker der DDR mit dem Krippenausbau aber auch ein Projekt zur Befreiung der Frau durch Arbeit bei gleichzeitiger Lösung aus tradierten Familienverhältnissen. Die spätere Protagonistin des DDR-Krippenausbaus, Eva Schmidt-Kolmer,[31] führte in ihrer Dissertation – der marxistischen Ideologie folgend – aus, dass

> «für die volle Entwicklung der Fähigkeiten eines jeden Einzelnen die ihm adäquate, der Gesellschaft dienende schöpferische Arbeit entscheidend [ist].[32] Deshalb ist die Berufstätigkeit der Frau, ihre Einschaltung ins gesellschaftliche und staatliche Leben eine Voraussetzung der vollen Entwicklung, die durch Mutterschaft, Erziehung der Kinder und Arbeit im Haushalt sich nicht entwickeln [kann].»[33]

Der staatliche Krippenausbau diente hiervon ausgehend dazu, «Bedingungen zu schaffen, unter denen die Frauen von ihrer bisherigen unterdrückten Stellung befreit, schöpferisch arbeiten können».[34] Die Rolle der Frau als Mutter außerhalb von Berufstätigkeit wurde als Hindernis ihrer Befreiung verstanden. Damit war die Einführung von Krippen als eine Prophylaxe gegen «gesellschaftsbedingte Schädigungen»[35] zu verstehen.

Die Bolschewiki hatten 1917 versucht, ihre Vorstellung vom Kommunismus auf die russische Gesellschaft zu übertragen. Die SED versuchte nun das Gleiche, indem sie sich an den Gedanken der Kommunisten in der Weimarer Republik und dem Aufbau des sowjetischen Gesundheitswesens orientierte. Die für den DDR-Krippenausbau zuständige Abteilungsleiterin Käthe Kern[36] schrieb 1953 über ihr sowjetisches Vorbild:

> «In seinem Artikel: ‹Die große Initiative› bezeichnet Lenin öffentliche Speiseanstalten, Krippen und Kindergärten als ‹jene einfachen alltäglichen Mittel, die geeignet sind, die Frau zu befreien, ihre Ungleichheit gegenüber dem Manne in ihrer Rolle in der gesellschaftlichen Position wie im öffentlichen Leben zu verringern und aus der Welt zu schaffen›.»[37]

Der spätere stellvertretende Gesundheitsminister der DDR, Erwin Marcusson, schrieb 1953 einen Handbuchartikel, der die Entwicklung des sowjetischen Gesundheitssystems nachzeichnete, wobei er gleichzeitig Grundelemente der Entwicklung des DDR-Krippensystems vorzeichnete.[38] Für Marcussons Rekapitulation der sowjetischen Gesundheitspolitik waren allerdings nicht die 1920er Jahre, sondern die 1930er Jahre von «größter Bedeutung».[39] Er zitierte die Abschnitte der Verfassung der Union der sozialistischen Sowjetrepubliken vom 5. Dezember 1936, die sich «mit den Fragen des Gesundheitswesens beschäftigen»:[40] «Die Arbeit ist in der UdSSR Pflicht und Ehrensache jedes arbeitsfähigen Bürgers nach dem Grundsatz: ‹Wer nicht arbeitet, soll auch nicht essen.›»[41]

Der Druck, den die DDR-Regierung auf Frauen aufbauen sollte, die nicht berufstätig sein wollten, wurde hier schon explizit. Auf die Rolle der Frau kam Marcusson zu sprechen, indem er den Artikel 122 des genannten Gesetzes zitierte:

> «Der Frau stehen in der UdSSR auf allen Gebieten des wirtschaftlichen, staatlichen, kulturellen, gesellschaftlichen und politischen Lebens die gleichen Rechte wie dem Manne zu. Die Möglichkeit zur Ausübung dieser Rechte der Frauen wird dadurch gewährleistet, daß der Frau das gleiche Recht wie dem Mann gewährt wird auf Arbeit, auf Entlohnung der Arbeit, auf Erholung, auf Sozialversicherung und Bildung, ferner durch staatlichen Schutz der Interessen von Mutter und Kind, durch Gewährung eines vollbezahlten Schwangerschaftsurlaubs, durch das umfassende Netz von Entbindungsheimen, Kinderkrippen und -gärten.»[42]

Der hier angeführte sowjetische Gesetzestext von 1936 sowie die Organisation des sowjetischen Krippensystems als Teil des sowjetischen Gesundheitswesens bildeten wichtige Orientierungspunkte für die DDR-Gesetzgebung von 1949 und 1950,[43] mit denen in der DDR Frauen in Arbeit und Kinder in staatliche Betreuung gebracht werden sollten. Entsprechende Formulierungen finden sich schon in den Gründungsdokumenten der DDR. So hieß es in der Verfassung der DDR von 1949 in Art. 18, Abs. 5: «Durch Gesetz der Republik werden Einrichtungen geschaffen, die es gewährleisten, daß die Frau ihre Aufgabe als Bürgerin und Schaffende mit ihren Pflichten als Frau und Mutter vereinbaren kann.»[44] Frauenarbeit und staatliche Kleinkindbetreuung standen damit seit Gründung der DDR in einem engen Wechselverhältnis. Auch das im April 1950 verabschiedete «Gesetz der Arbeit» sah die «Schaffung von Kindergärten und anderen sozialen Einrichtungen» vor, um «den Frauen die Arbeit im Betrieb ermöglichen und erleichtern» zu können.[45] Der Ausgangspunkt des Krippenausbaus war jedoch das am 27. September 1950 beschlossene «Gesetz über den Mutter- und Kinderschutz und die Rechte der Frau»,[46] welches als Programm des institutionellen Krippenausbaus verstanden werden kann. Ziel war «die Heranziehung der Frauen zur gesellschaftlichen schöpferischen Arbeit, zur aktiven Arbeit in den Organen der staatlichen und kommunalen Verwaltung, zur politischen und kulturellen Tätigkeit».[47]

Das Gesetz weist deutliche Parallelen zu den entsprechenden sowjetischen Gesetzen auf. Über fünf Jahre wollte man 60 000 Plätze in Kleinkinderheimen und 40 000 Plätze in Kinderkrippen einrichten.[48] Schmidt-Kolmer vermerkte: «Für die Durchführung des Gesetzes und die Verwirklichung des Schutzes von Mutter und Kind wurden im Herbst 1950 die Abteilungen für Mutter und Kind geschaffen, die ein Teil des Ministeriums für Gesundheitswesen und der Gesundheitsverwaltung in den Bezirken und Kreisen» waren.[49] Im selben Handbuch wie Marcusson schrieb Käthe Kern von der Vorbildfunktion der Sowjetunion für das 1950 in der DDR erlassene Gesetz.[50]

Sie resümierte: «Mit der Bildung der Deutschen Demokratischen Republik und mit dem Inkrafttreten ihrer Verfassung vom 7. Oktober 1949 ist endlich auch im Leben der deutschen

Abbildung 5: Kinder in einer Wochenkrippe in Berlin-Prenzlauer Berg, 1954

Frau die Wende eingetreten, die für die sowjetische Frau schon die Oktoberrevolution 1917 brachte.»[51] Die Umgestaltung der DDR-Familie nach sozialistischen Vorbildern hatte begonnen. Die als bürgerlich geltende Familie, in der der Vater arbeiten ging und die Mutter sich um den Haushalt und die Kinder kümmerte, war für die SED ein Relikt der Vergangenheit. Für die neue Familie nach sozialistischem Vorbild waren zwei Gesichtspunkte von zentraler Bedeutung: In der neuen Familie sollten auch die Mütter berufstätig sein und die Kinder schon ab den ersten Lebensmonaten in staatlichen Einrichtungen gepflegt und erzogen werden.

Man kann das sozialistische Familienideal der SED bewerten, wie man will, in der DDR wurde es im Laufe der Zeit durchgesetzt. Um dies zu belegen, reicht ein Blick auf die Zahlen: 1949 waren 44,9 Prozent der Frauen im arbeitsfähigen Alter berufstätig und es besuchten 0,8 Prozent der Kleinkinder von null bis drei Jahren eine Krippe, was in etwa 5000 Krippenplätzen entsprach.[52] 1960 waren 61,9 Prozent der Frauen im arbeitsfähigen Alter berufstätig, während die Krippenkapazität auf 104 781 Plätze gesteigert worden war. 1970 waren 74,7 Prozent der Frauen im arbeitsfähigen Alter berufstätig, währenddessen nun 183 412 Krippenplätze bestanden. Bis 1980 entstanden 289 550 Krippenplätze, wodurch nun über 60 Prozent der Kinder im krippenfähigen Alter eine staatliche Einrichtung besuchten. 1989 waren 91,2 Prozent der arbeitsfähigen Frauen berufstätig;[53] zudem gab es 353 203 Krippenplätze, das entsprach 80 Prozent der Kinder im krippenfähigen Alter. Zum Vergleich: Der Prozentsatz von Kindern, die in der Bundesrepublik eine Krippe besuchten, lag Mitte der 1980er Jahre bei unter 1,6 Prozent.[54]

Wuchsen die Kleinkinder in der DDR Anfang der 1950er Jahre noch fast ausschließlich in ihren Familien auf, in denen mehrheitlich die Frauen nicht berufstätig waren, wandelte sich die Familie über die Jahrzehnte zumindest in ihrer äußerlichen Struktur nach den Vorstellungen der SED.[55] Nun waren Vater und Mutter berufstätig, während die Kleinkinder in staatlicher Obhut aufwuchsen. Die Entwicklung wurde als sozialistischer Fortschritt gefeiert, aber was waren die Konsequenzen für die Kinder?

III. KRANKE KRIPPENKINDER

Kleiner und leichter als die anderen

Kurz vor seinem zweiten Geburtstag im September 1956 entschieden sich Martins Eltern dafür, ihn in ein Säuglingsdauerheim in Leipzig zu geben.[1] Die Säuglingsdauerheime waren wie die Wochen- und Tageskrippen eine der drei gängigen Formen des DDR-Krippensystems unter der Aufsicht des Ministeriums für Gesundheitswesen.[2] 1955 standen 67106 Krippenplätze zur Verfügung, von denen 9217 Plätze in Säuglingsdauerheimen eingerichtet waren.[3] Martin war damit eines der zahlreichen Kinder, die in einem Säuglingsdauerheim untergebracht wurden. Anders als in den Wochenkrippen bedeutete diese Entscheidung für Martin, dass er seine Eltern – wenn überhaupt – nur noch bei gelegentlichen Besuchen wiedersehen würde. Wie für jedes Kleinkind war wohl auch für Martin die Trennung von seinen Eltern eine einschneidende Erfahrung, auf die er physisch und psychisch reagierte. Von dem einen auf den anderen Tag musste er ohne seine Mutter und seinen Vater auskommen. Er lebte nicht mehr in ihrer Wohnung, an die er sich gewöhnt hatte. Er musste nun mit vielen anderen Kindern – die er nicht kannte – zusammen essen und schlafen. Seine Pflegerinnen, die nun Tag und Nacht für ihn verantwortlich waren, hatte er nie zuvor gesehen. Es ist davon auszugehen, dass es im Säuglingsdauerheim laut war, dass immer wieder ein anderes Kind schrie, weil es etwas wollte, weil es etwas brauchte, weil ihm etwas oder jemand fehlte.

Die für die Kinder schwere Aufnahme in die Krippe beschäftigte Wissenschaftler in Leipzig und Berlin. Die DDR-Krippenforscher, überwiegend Ärzte, interpretierten die «Anpassungsstörungen» an die Krippe in den 1950er Jahren noch als Folge der Trennung von der Familie. Stellvertretend für die Krippenforscher der Berliner Humboldt-Universität schrieb Christa von Bothmer 1960:

> «Der Übergang von der Familie in die Krippe oder das Heim geht gewöhnlich abrupt vor sich. Das Kind, das heute noch in der Familie seinen Tag verlebt, muß morgen viele Stunden – getrennt von den bislang gewöhnten Erwachsenen – unter ihm bisher völlig unbekannten Personen in ihm gänzlich ungewohnten Räumen leben – spielen, essen, schlafen. Das Kleinkind ist dabei nicht in der Lage, seine Situation einzusehen und zu begreifen (…).»[4]

Das fehlende Verständnis des Kleinkindes für den Eintritt in die Krippe führte zu den schon beschriebenen Leiden. Die Kleinkinder schrien, weinten und waren verzweifelt, weil sie nicht wussten, wann ihre Mütter zurückkamen. Als Abwehrreaktionen beobachteten Krippenforscher in Leipzig «motorische Ausbrüche, Ablehnung jeglicher Bindung, Unruhe, Verwirrungszustände und, was sehr häufig der Fall ist, Störungen in der Nahrungsaufnahme».[5]

Anhand von Entwicklungsbögen und psychologischen Tests fanden die Berliner Forscher heraus, dass nur ein Drittel der Krippenkinder sich nach der Aufnahme in die Krippe normal entwickelte. Zwei Drittel zeigten hingegen psychische Entwicklungsverzögerungen. Bei etwas mehr als einem Viertel der Krippenkinder verlief die Eingewöhnung in die Krippe mit «auffallenden Verhaltensstörungen», die Kinder zeigten «hartnäckiges Weinen, Apathie und Aggression».[6] Für die Kleinkinder stellte der Eintritt in die Krippe in der Regel eine Trennungserfahrung dar, die sich für die Ärzte messbar innerhalb weniger Tage negativ auf die körperliche und geistige Gesundheit der Krippenkinder auswirkte. So auch bei Martin.

Schon bei der Ankunft im Säuglingsdauerheim lernte er den Arzt Helmut Köhler kennen, der ihn für seine Forschungen wog.[7] In Leipzig untersuchte Köhler im Rahmen seiner Doktorarbeit die «Anpassungsstörungen» von Krippenkindern, indem er in 28 Leipziger Krippen bei jedem neu eingelieferten Kind einen Monat lang jeden Tag das Gewicht wog. Die Begegnung mit Martin war dabei für Helmut Köhler besonders eindrücklich, weil – wie er selbst notierte – der Fall des kleinen Jungen ihm die Verbindung zwischen den physischen und psychischen Belastungen des Krippeneintritts verdeutlichte.[8]

In den ersten vier Tagen nach seiner Einlieferung in die Krippe verlor Martin 400 Gramm Körpergewicht.[9] Für die Krippenforscher war dies ein relativ normaler Vorgang. Die Berliner Wissenschaftler hatten in ihrer Studie bei 508 Kindern im Alter bis zu drei Jahren in den ersten dreißig Tagen nach dem Eintritt in die Krippe teilweise das Gewicht prüfen lassen, die Krankheiten notiert und die psychische Entwicklung getestet.[10] Bei der Untersuchung der körperlichen Entwicklung zeigte sich, dass viele Kinder auf die Aufnahme in die Krippe mit dem Stillstand der Gewichtszunahme oder dem Verlust von Gewicht reagierten, was als «Gewichtsstörung»[11] bezeichnet wurde. Wie stark die Kinder reagierten, hing dabei maßgeblich von ihrem Alter ab. Während bei den ganz kleinen Säuglingen, die in den ersten drei Monaten in die Krippe kamen, «nur» bei einem Viertel Gewichtsstörungen auftraten, reagierte im Alter zwischen dem vierten und zwölften Monat schon mehr als die Hälfte der Kinder mit Gewichtsstörungen. Am schwersten fiel es allerdings den Kindern, die im ersten halben Jahr nach ihrem ersten Geburtstag in die Krippe gegeben worden waren. Hier reagierten 81,8 Prozent mit Gewichtsstörungen, 60,3 Prozent erkrankten und 56,7 Prozent zeigten eine verzögerte psychische Entwicklung,[12] weshalb die Berliner Forscher schlussfolgerten, dass das häufig empfohlene Aufnahmealter für Kinder im ersten Lebensjahr «durchaus ungünstig (weil mit den stärksten Reaktionen auf den Umweltwechsel verbunden)»[13] sei. Auch zwei Drittel der Kinder, die wie Martin zwischen eineinhalb und zwei Jahren in die Krippen eingeliefert wurden, reagierten mit Gewichtsstörungen. Dabei zeigte sich ein typischer Verlauf: «Der Gewichtsverlust beginnt durchschnittlich am 2. bis 3. Tag nach der Aufnahme; sie hat ihr Maximum am 8. bis 9. Tag. Das Ausgangsgewicht wird im 1. Lebensjahr nach 10 Tagen, im 2. und 3. Jahr nach 20 bis 30 Tagen und im 4. Jahr noch später wieder erreicht.»[14]

Gerade die Kombination von Gewichtsverlusten und den nach der Aufnahme häufig einsetzenden Krankheiten konnte bei den Kindern oft zu ernsthafteren Krankheitsverläufen führen, welche die physische Entwicklung hemmten. Helmut Köhler notierte: «Trat dagegen eine Erkrankung zu einem bereits bestehenden Gewichtsverlust hinzu, dann wurde dieser nicht selten so vertieft, dass es nicht gelang, ihn vor Ablauf von 2–3 Monaten zu überwinden.»[15] Die Kinder, die durch Gewichtsverlust psychisch sensibel auf die Krippe reagierten, waren also besonders gefährdet, in der Folge schwerwiegendere Krankheitsverläufe erleiden zu müssen. Die Familienkinder entwickelten sich hingegen in der Regel physisch besser als die Krippenkinder. In einem Vergleich der Gewichtsentwicklung von Krippen- und Familienkindern schrieb die Berliner Krippenforscherin Gerda Niebsch, «daß sowohl bei den Jungen als auch bei den Mädchen aus der Familie die Kurve der Gewichtsentwicklung stets über denen der Einrichtungen verläuft».[16] Die Forscherin beobachtete «beträchtliche Unterschiede in der Gewichtsentwicklung der Kinder».[17] Je länger die Kinder also vom familiären Alltag getrennt waren, desto schlechter verlief ihre Gewichtsentwicklung. In der Untersuchung war eine «Staffelung entstanden, an deren Spitze die Familienkinder stehen, danach die Kinder der Tageskrippen. Es folgen die Wochenkrippenkinder, und am Schluß stehen (…) die Kinder aus den Dauerheimen.»[18] Die Differenz zwischen den Säuglingen und Kleinkindern, die in der Familie und denen, die im Dauerheim lebten, betrug im Durchschnitt über zwei Kilo. In der

Tageskrippe betrug der Rückstand in der Gewichtsentwicklung gegenüber den Familienkindern teilweise vier Monate, in den Wochenkrippen und Dauerheimen waren es sechs Monate.[19]

Auch Martin reagierte auf die Einlieferung in das Säuglingsdauerheim physisch und psychisch. Soweit es ihm möglich war, separierte sich Martin im Alltag sowohl von den anderen Kindern als auch von den Krippenschwestern. Köhler charakterisierte den Jungen als «sehr eigenwilliges Kind, das sich von den anderen absonderte und meist für sich allein spielte».[20] Ob die Verschlossenheit von Martin sich erst im Säuglingsdauerheim entwickelte oder ob Martin schon bei seinen Eltern den Weg in die Isolation gewählt hatte, ist nicht überliefert. Um die Anpassung an die Krippe zu fördern, versuchte das Krippenpersonal jedenfalls, den Jungen weitgehend gewähren zu lassen. Köhler beobachtete die Situation weiter und fuhr mit seinen täglichen Messungen fort. Martins Gewicht stabilisierte sich wieder, und er nahm – wie in diesem Alter normal – schnell wieder zu.[21]

Die Tage vergingen, und wenn man von den schon beschriebenen Forschungen von Robertson zu den Phasen der Anpassung ausgeht, musste Martin Angst aushalten, er wird innerlich und äußerlich protestiert haben, verzweifelt gewesen sein, vielleicht versucht haben, seine Eltern zu vergessen, um den Trennungsschmerz zu lindern. Dreizehn Tage nach Martins Einlieferung kamen die Eltern jedoch zu einem Besuch ins Säuglingsdauerheim. Köhler notierte nicht, ob Martin sich gefreut hatte, ob er verstört oder ablehnend, schüchtern oder aggressiv war, als die Eltern eintrafen. Der Arzt beschrieb aber, wie der wiederholte Abschied von den Eltern Martin verstörte, wie der kleine Junge nach der vorherigen langen Abwesenheit der Eltern und dem nun kurzen Wiedersehen, welchem unweigerlich die erneute Trennung folgte, in eine Krise rutschte. Martin war den Beobachtungen Köhlers zufolge in den nächsten Tagen sehr unruhig, gleichzeitig verlor er wieder Gewicht, diesmal 400 Gramm in drei Tagen. Zumindest physisch stabilisierte sich der Junge im

Anschluss jedoch rasch wieder. Hilfreich war für Martin in diesem Zusammenhang der Bezug zu einer Säuglingsschwester, die er liebgewonnen hatte. Der kleine Martin nahm nun nur noch von seiner Lieblingsschwester Essen an. Hatte sie dienstfrei, aß der Junge nicht.

Sechs Tage nach dem ersten Wiedersehen kamen Martins Eltern erneut in das Säuglingsdauerheim, um ihren fast zweijährigen Sohn zu besuchen. Wieder notierte Köhler in den folgenden Tagen bei Martin die schon bekannte Unruhe, die wieder über Tage anhielt, wobei er erneut Gewicht (700 Gramm) verlor. Nach einigen Tagen stellte sich sein Gewicht wieder ein.

Nach dem dritten Besuch verlor Martin im Anschluss 680 Gramm und wurde wieder unruhig. Die Eltern entschlossen sich nun dazu, den Jungen zunächst nicht mehr zu besuchen. Helmut Köhler musste so in drei Wochen beobachten, wie der kleine Martin seine Eltern vollständig verlor und wie schwer diese Trennung den Jungen physisch und psychisch belastete. Aus seinen Untersuchungen der Leipziger Krippenkinder schlussfolgerte Köhler: «Die aufgetretenen Gewichtsverluste und aller Wahrscheinlichkeit nach auch die relativ häufigen Erkrankungen nach der Aufnahme in die Krippe stehen wohl zweifellos im Zusammenhang mit dem psychischen Schock, den das Kind dabei erleidet.»[22] Der psychische Schock Martins und der folgende Gewichtsverlust stellten allerdings keinen Einzelfall dar. Wie die Berliner Wissenschaftler fand auch Köhler in Leipzig heraus, dass sich bei zwei Drittel der in die Krippe aufgenommenen Kinder «recht erhebliche Störungen ihrer Gewichtsentwicklung»[23] nachweisen ließen.

Die Krippenkinder waren nach der Aufnahme in die Fremdbetreuung mehrheitlich allerdings nicht nur in ihrer Gewichts-, sondern auch in ihrer «Längenentwicklung» beeinträchtigt. Je länger die Kinder vom familiären Alltag getrennt waren, desto langsamer verlief ihr «Längenwachstum».[24] Zu den Berliner Forschungsergebnissen schrieb Gerda Niebsch:

> «Über die Längenentwicklung ist zu berichten, daß die Unterschiede zwischen Familienkindern und Kindern aus den Einrichtungen ebenfalls vorhanden sind (...). Die Differenzen sind aber nicht so groß wie bei den Gewichten. In absoluten Zahlen gesehen, betragen die Längendifferenzen nicht mehr als maximal 5 cm bei Jungen und bei Mädchen zwischen Familienkindern und den Kindern aus Dauerheimen.»[25]

Aus ihren vergleichenden Untersuchungen schlussfolgerte die Krippenforscherin über den (Milieu-)Übergang von der Familie in die Krippe: «Nach diesen Ergebnissen kann man also sagen, daß das Milieu nicht nur einen Einfluß auf die psychische Entwicklung der Kinder ausübt, sondern auch auf die physische Entwicklung.»[26] Die DDR-Krippenforscher stellten eindeutig fest, dass die «Anpassungsstörungen» an die Krippe kein kurzzeitiges, sondern für die Kinder ein dauerhaftes Problem waren. Je länger die Kinder von den Familien getrennt wurden, desto schlechter verlief ihre Gewichts- und Größenentwicklung.[27]

Bei der Berliner Konferenz zu den «Anpassungsstörungen» 1957, bei der die Forscherteams aus Berlin und Leipzig zugegen waren,[28] argumentierte der schon genannte schottische Bindungsforscher James Robertson vor dem Hintergrund der «Anpassungsstörungen» zum Abschluss seines Vortrages gegen eine Forcierung des staatlichen Krippenausbaus. Sicherlich gebe es Kleinkinder, die den Alltag in der Krippe mehr oder weniger gut überständen. Dies sei allerdings kein triftiges Argument für die Krippe. Die potentielle Gefahr für die physische und psychische Gesundheit eines nicht unerheblichen Teils von Krippenkindern ließe einen Ausbau der Krippe mehr als fragwürdig werden. Robertson führte gegenüber den anwesenden Wissenschaftlern aus:

> «Die Tatsache, daß einige Kinder unbeschädigt aus diesen Erfahrungen hervorgehen, ist anerkennenswert, jedoch ohne Konsequenz für die weitere Arbeit. Dasselbe gilt für das Trinken von

> mit Tuberkeln infizierter Milch oder für das einem Kinderlähmungsvirus Ausgesetztwerden. In beiden Fällen werden eine große Anzahl von Kindern so schwer geschädigt, daß es niemandem einfallen würde, sie solchen Gefahren auszusetzen. Verlust der mütterlichen Pflege fällt in dieselbe Gefahrenklasse, und wenn wir das eingesehen haben, werden wir alles tun, um zu verhindern, daß Kinder einem solchen Risiko ausgesetzt werden.»[29]

In der DDR kamen die für den Krippenausbau verantwortlichen Personen offenkundig jedoch zu dem gegenteiligen Schluss. Man sah und wusste, dass die Kinder krank wurden, dass der Krippeneintritt bei den Kindern einen physischen und psychischen Schockzustand verursachte, man wusste, dass sich hieraus ernstzunehmende Konsequenzen für die zukünftige körperliche und geistige Entwicklung ergeben würden, und man forcierte trotz all dieser nicht zu leugnenden Tatsachen den Krippenausbau mit höchstem Tempo. Dabei wurde schnell deutlich, dass die Kinder nicht nur in der Eingewöhnungsphase krank wurden.

Familien- und Krippenkinder im Vergleich

Bei einer 1961 vorgenommenen Inspektion einer Wochenkrippe in Hoyerswerda, die teilweise auch als Tageskrippe genutzt wurde, entdeckten die Mitarbeiter des Ministeriums für Gesundheitswesen in einem Isolierzimmer

> «10 an Kolidyspepsie erkrankte Kinder und in 5 Isolierboxen an verschiedenen Infekten erkrankte Kinder. Diese Regelung erfolgte im Einverständnis mit dem betreuenden Krippenarzt und der Abt. Gesundheits- u. Sozialwesen des Rates des Kreises, um den Ausfall von werktätigen Müttern in der Produktion zu vermeiden.»[30]

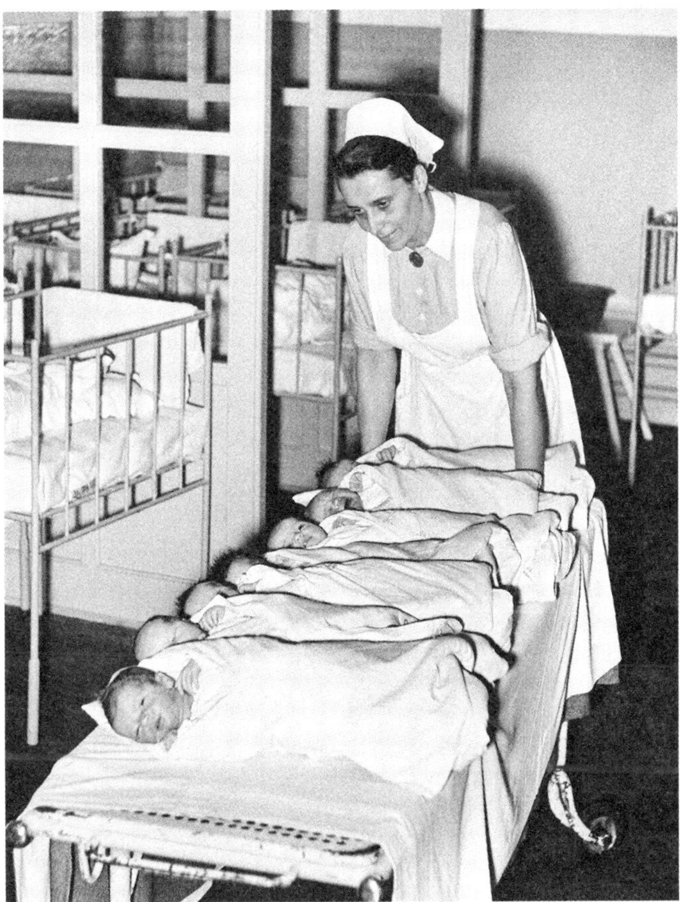

Abbildung 6: Säuglinge in einer Krippe auf einer Metallliege, 1952

Weil die Hygienevorschriften eingehalten wurden, hatten die Mitarbeiter nichts zu beanstanden, sie fuhren in ihrer Inspektion fort.[31] Bei der Einrichtung der Krippen war es normal, Isolierzimmer vorzusehen, um Kinder, die Krankheitssymptome zeigten, aus dem Krippenalltag herausnehmen zu können. Teilweise wurden die Isolierzimmer auch – wie im Fall Hoyerswerda – genutzt, um Kinder auch bei Krankheit in der Krippe betreuen zu

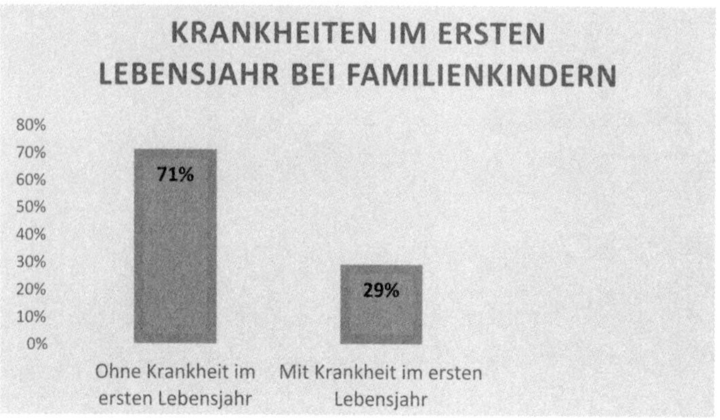

Tabelle 1: Quelle: Jun 1959, S. 1416, eigene Darstellung

können. Denn oberste Priorität war es, den Arbeitsausfall von Müttern zu vermeiden, selbst wenn dies zu Lasten der Gesundheit der Kinder ging. Es gab eine Reihe von Hochrechnungen, welche abzuschätzen versuchten, wie viel Arbeitsausfall dem Staat durch kranke Krippenkinder entstanden. Ebenfalls für das Jahr 1961 rechnete beispielsweise der Arzt Reimer Schorr folgendermaßen: Im Schnitt fehlten die 90 490 Kinder der Tages- und Wochenkrippen 26 Tage im Jahr wegen Krankheit. Entsprechend gab es 2,3 Millionen Ausfalltage von Krippenkindern im Jahr 1961. Wenn die Kinder die Krippe nicht besuchen konnten, ging Schorr davon aus, dass überwiegend die Mütter zu Hause bleiben mussten, um die Kinder zu pflegen. Schorr rechnete bei den Müttern «mit einem Ausfall von 1,5 bis 2 Millionen Arbeitstagen im Jahr».[32] Für Schorr bedeutete dies, dass durch die Krankheiten der Krippenkinder die Arbeitskraft von etwa 21 000 Frauen, die ein ganzes Jahr nicht arbeiten gehen konnten, fehlte. Für die DDR-Volkswirtschaft sei dieser Arbeitskräfteausfall von erheblicher Bedeutung.[33] Entsprechend war die Verhütung von Krankheiten bei Krippenkindern im Ministerium für Gesundheitswesen ein sehr wichtiges Thema. Wenn es dem Ministerium dabei

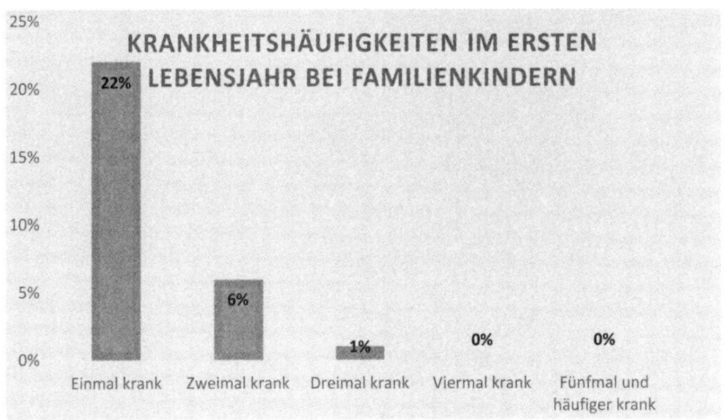

Tabelle 2: Quelle: Jun 1959, S. 1417, eigene Darstellung

allerdings ausschließlich um die Verhütung von Krankheiten bei den Krippenkindern gegangen wäre, hätte die Lösung wohl darin bestanden, den Krippenausbau zu stoppen bzw. diesen sogar rückgängig zu machen. Die empirischen Ergebnisse der DDR-Krippenforschung zeigten nämlich eindeutig, dass die Kinder sich in den Familien gesundheitlich sehr viel besser entwickeln konnten, als dies in der Krippe möglich war. In Ost-Berlin erforschte die Ärztin Gerda Jun 1957/1958 den Krankenstand von Kindern,[34] die ausschließlich in Familien betreut wurden, und Kindern, die in Krippen gepflegt wurden. Die DDR-Kinderärzte waren zu Beginn der 1950er Jahre noch teilweise der Auffassung, dass die Kinder in Säuglingsdauerheimen und Wochenkrippen gesünder sein müssten, weil hier bessere Möglichkeiten bestünden, die Kinder von schädlichen Umwelteinflüssen und Krankheitserregern zu isolieren.[35] Vermutlich waren die Vergleichsstudien deshalb in den 1950er Jahren noch genehmigt worden, währenddessen sie Mitte der 1960er Jahre weitgehend eingestellt wurden.[36] Jun untersuchte die Krankendaten von 300 Kindern. Von diesen wurde die Hälfte der Kinder von der Mutter gepflegt sowie jeweils 50 Kinder von der Großmutter, in der Tageskrippe

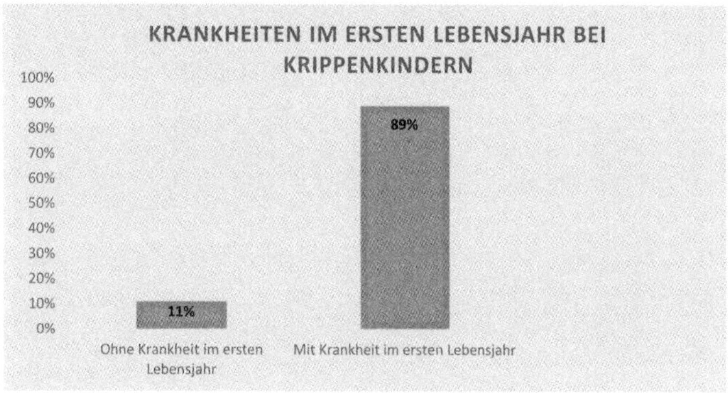

Tabelle 3: Quelle: Jun 1959, S. 1417, eigene Darstellung

und in der Wochenkrippe. Jun interessierten bei ihrer Untersuchung die ernsteren Krankheitsverläufe. Erst wenn ein Kind länger als drei Tage hintereinander Fieber hatte und der Allgemeinzustand beeinträchtigt war, wertete Jun dies als Krankheit.[37] Dabei stellte sich zunächst heraus, dass der Gesundheitszustand der untersuchten Familienkinder zufriedenstellend war, weil – wie Tabelle 1 zeigt – der Großteil der Kinder gesund blieb.

Ebenfalls positiv zu bewerten war zudem die geringe Krankheitshäufigkeit der Familienkinder, die sich in Tabelle 2 zeigt. Von den 29 Prozent der Familienkinder, die im ersten Lebensjahr überhaupt krank wurden, waren 22 Prozent nur selten, also einmal krank. Nur 6 Prozent der Kinder waren zweimal pro Jahr krank. Ein verschwindend geringer Teil von einem Prozent der untersuchten Kinder wurde – nach den von Jun zugrunde gelegten Kriterien – dreimal jährlich krank und keines häufiger als dreimal. Trotz der teilweise schwierigen Lebensverhältnisse in der DDR der 1950er Jahre ging es den untersuchten Familienkindern in ihrem ersten Lebensjahr gesundheitlich gut. Dass diese Ergebnisse nicht selbstverständlich waren, zeigte der von Jun angestellte Vergleich mit den Krippenkindern.

Fast alle untersuchten Krippenkinder wurden in ihrem ersten

Tabelle 4: Quelle: Jun 1959, S. 1417, eigene Darstellung[38]

Lebensjahr mindestens einmal so krank, dass sie länger als drei Tage Fieber hatten und ihr Allgemeinzustand beeinträchtigt war. Während es in der Familie normal war, dass der überwiegende Teil der Kinder im ersten Lebensjahr gesund blieb, war dies in der Krippe die Ausnahme und betraf nur etwa jedes zehnte Kind (Tabelle 3).

Noch gravierender waren die Unterschiede zu den Familienkindern, wenn man die Krankheitshäufigkeit der erkrankten Krippenkinder beobachtete (Tabelle 4).

Die Zahlen aus den Krippen bezüglich der Krankheitshäufigkeit waren im Vergleich mit den Familienkindern alarmierend, weil sie verdeutlichten, wie negativ sich die Krippe auf die Gesundheit der Kinder auswirkte. Von den 89 Prozent der untersuchten Krippenkinder, die im ersten Lebensjahr krank waren, wurde nur ein kleiner Teil (4 Prozent) einmal krank. Der überwiegende Anteil von Krippenkindern wurde zweimal oder dreimal im Jahr länger als drei Tage mit Fieber krank. Immerhin fast noch ein Fünftel (18 Prozent) der untersuchten Krippenkinder wurden im ersten Lebensjahr viermal, fünfmal oder noch häufiger krank, wohingegen dies bei den untersuchten Familienkindern überhaupt nicht vorkam. Später wurden diese Kinder dann

Tabelle 5: Quelle: Steinitz/Ryll/Trettin 1959, S. 1442, eigene Darstellung

als «krippenunfähig» klassifiziert, weil ihr Immunsystem sich nicht auf die Situation in den Krippen einstellen konnte.[39] Gerda Jun folgerte entsprechend, dass es noch zu wenige Krippenkinder gebe «(die Auswertung ergab nur 10 Proz.), bei denen das Säuglingsalter ohne gesundheitliche Störungen verläuft».[40]

Man konnte einwenden, dass Jun mit niedrigen Fallzahlen geforscht hatte und die Ergebnisse unter Umständen deshalb so extrem ausfielen. 1959 erschien allerdings eine größer angelegte Vergleichsstudie von drei Mitarbeitern des Hygiene-Instituts der Humboldt-Universität, welche in Bezug auf die Krankheitshäufigkeit der Krippenkinder zu ähnlichen Ergebnissen wie Gerda Jun kamen.[41] Ausgewertet wurde hierbei die Krankheitsentwicklung von 1845 Kindern über einen Zeitraum von vier Jahren hinweg. Zwischen 1954 und 1957 wurden jeweils 615 Kinder aus Tageskrippen, Wochenkrippen und Säuglingsdauerheimen untersucht. Anders als bei Jun wurde ein Kind dann als krank gewertet, wenn es in der Krippe wegen Krankheit fehlte.[42]

Wie die Studie von Gerda Jun zeigte auch diese großangelegte Studie, dass die Krippe die Kinder krank machte. Je länger die Kinder in der Krippe und damit von ihrer Familie getrennt waren, desto höher war für sie die Wahrscheinlichkeit, (mehrmals

Tabelle 6: Quelle: Steinitz/Ryll/Trettin 1959, S. 1442, eigene Darstellung

pro Jahr) zu erkranken. Eine eigene Kategorie für Krippenkinder, die im ersten Jahr gesund blieben, gab es in der Studie nicht. Es gab nur die Kategorie «selten krank», was bedeutete, dass ein Kind höchstens zweimal pro Jahr erkrankte (Tabelle 5).

In der Tageskrippe stand die Chance bei 50:50, entweder selten oder häufig bis sehr häufig krank zu werden. 43 Prozent der Tageskrippenkinder wurden häufig – also drei- bis fünfmal pro Jahr – krank. 7 Prozent der Tageskrippenkinder wurden sehr häufig – also mindestens sechsmal oder noch häufiger pro Jahr – krank. In den Wochenkrippen war es um die Gesundheit der Kinder noch schlechter bestellt als in den Tageskrippen (Tabelle 6).

In der Wochenkrippe war immerhin ein Drittel der Kinder im ersten Lebensjahr selten krank. Allerdings wurden 53 Prozent häufig (drei- bis fünfmal) krank und 13 Prozent sehr häufig krank. Am schlimmsten traf es – wie bei allen Vergleichsstudien zum Gesundheitszustand – die Kleinkinder aus den Säuglingsdauerheimen (Tabelle 7).

88 Prozent (!) der untersuchten Kinder aus den Säuglingsdauerheimen wurden häufig bis sehr häufig krank. Das bedeutete, dass knapp die Hälfte der Dauerheimkinder häufig und weit über

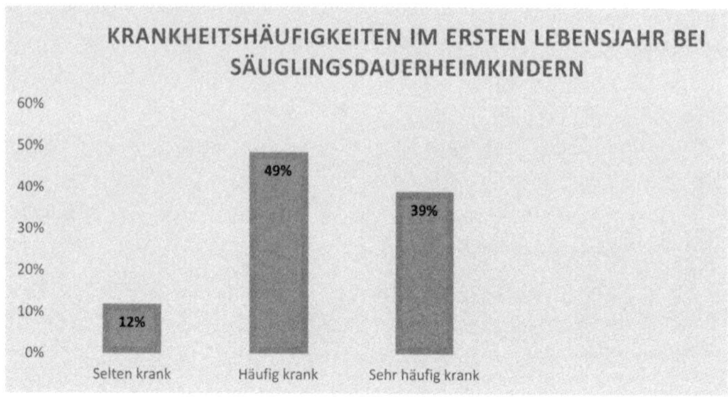

Tabelle 7: Quelle: Steinitz/Ryll/Trettin 1959, S. 1442, eigene Darstellung

ein Drittel der Kinder sehr häufig, also mindestens sechsmal oder noch häufiger pro Jahr in dieser Krippenform krank wurden. Nur 12 Prozent der Dauerheimkinder hatten das «Glück», selten – also höchstens zweimal pro Jahr – zu erkranken.

Interessanterweise gab es auch zu dieser großen DDR-Krippenstudie eine Vergleichsgruppe von Familienkindern, die aber in dem genannten Artikel – vermutlich nicht ganz unabsichtlich – nicht erwähnt wurde. In einem Artikel von Gerda Niebsch[43] aus dem Jahr 1960 findet man jedoch die Zahlen zum Vergleich mit den Familienkindern (Tabelle 8). Die Zahl der Familienkinder war mit 35 beobachteten Kindern relativ klein, möglicherweise um die Ergebnisse im Bedarfsfall randständig erscheinen lassen zu können. Niebsch schrieb offen: «(…) das Problem der erhöhten Morbidität der Kinder aus den Kindereinrichtungen gegenüber den Kindern aus den Familien beschäftigt uns z. Z.».[44] Interessanterweise wurde in der Studie zu den Familienkindern wieder eine Kategorie für Kinder, die im ersten Lebensjahr gar nicht krank wurden, eingeführt.

Fast alle untersuchten Kinder (94 Prozent!), die im ersten Jahr ausschließlich in der Familie gepflegt worden waren, wurden selten – also ein- bis zweimal – oder gar nicht krank (vgl. Tabelle 8).

Tabelle 8: Quelle: Niebsch 1960, S. 1237, eigene Darstellung

Nur ein kleiner Teil von Familienkindern war häufig krank. Es gab keine Familienkinder in der untersuchten Gruppe, die nach der Definition «sehr häufig», also mindestens sechsmal im ersten Lebensjahr, krank wurden.

Ähnlich wie die Arbeit von Gerda Jun zeigte auch die Arbeit von Gerda Niebsch, dass die Kinder in der Krippe überwiegend krank wurden und das teilweise häufig bis sehr häufig. Die Familienkinder hingegen blieben überwiegend gesund bzw. wurden nur selten krank. Die Krippe machte die Kinder also systematisch krank, was im Übrigen auch in anderen Ländern des Ostblocks feststellbar war.[45]

Suchte man nach Gründen für die häufigen Krankheiten der Krippenkinder, zeigten sich mindestens vier Problemfelder: die schon beschriebenen «Anpassungsstörungen», das erhöhte Infektionsrisiko der Gruppenbetreuung, die hygienischen Zustände und die Überbelegung der Krippen zur Gewinnung neuer Krippenplätze.

Dass die Krippenbetreuung als Gruppenbetreuung mit einem höheren Infektionsrisiko einherging, war unter Kinderärzten allgemein bekannt. In der Dissertation von Adelheid Ihrke wurde in diesem Sinne geschlussfolgert:

> «Was allerdings bei allen öffentlichen Einrichtungen für Säuglinge immer ein Problem sein wird, ist das der Morbidität und der damit verbundenen Infektverhütung. Wird es doch, wo auf engem Raum viele Kinder leben, immer wieder eher zu Krankheiten kommen als in einem guten häuslichen Milieu, was auch diese Untersuchung beweisen konnte. Man kann wohl auch heute bei aller Modernisierung der Krippen- und Heimpflege dem von Münsterberg geprägten Leitsatz des deutschen Vereins für Armenpflege und Wohltätigkeit 1888 seine Aktualität nicht absprechen: ‹Die Familienpflege ist die natürlichste und zweckentsprechendste. Sie verdient aus sittlichen wie aus praktischen Rücksichten den Vorzug vor Unterbringung in Anstalten. Die letztere ist nur für besondere Zwecke beizubehalten›!»[46]

Eine weitere Ursache für die Krankheiten der Kinder lässt sich in den hygienischen Bedingungen finden. Anfang der 1950er Jahre entschloss sich die Abteilung Mutter und Kind, die Umsetzung des Gesetzes zum Mutter- und Kinderschutz und die Rechte der Frau vor Ort durch sogenannte Operativeinsätze direkt zu kontrollieren.[47] Die Akten über diese Einsätze zeigen die teilweise katastrophalen hygienischen Zustände in den DDR-Krippen der 1950er und 1960er Jahre.[48] Anhand der Berichte wird deutlich, dass teilweise nicht nur die rudimentärsten sanitären Anlagen fehlten und die Krippen überbelegt waren, sondern auch, dass dadurch für die Kinder Gesundheitsgefahren entstanden. Beispielsweise wurde 1953 in Frankfurt (Oder) eine gerade neu gebaute Krippe vom Ministerium für Gesundheitswesen besichtigt. Aufgenommen werden sollten 14 Säuglinge und 20 Krabbelkinder. Die Türen zur Terrasse waren zu schmal, weshalb die Kinderbetten der Säuglinge nur schwer nach draußen an die frische Luft befördert werden konnten.[49] Für das Auswaschen der Windeln stand nur ein Handwaschbecken zur Verfügung, «in welchem die Windeln unter erschwerten Umständen gereinigt werden»[50] konnten. Die Sanitäreinrichtungen waren zu hoch angebracht worden, weshalb die Kleinkinder sie nicht nutzen konnten. Die Fertigstellung der Krippe war so schnell vorangetrieben worden, dass nicht genug Zeit zum Austrocknen blieb. Im ganzen Gebäude hatte sich deshalb der Schwamm ausgebreitet. Als Gegenmaßnahme wurden die Schüttungen aus den Zwischenböden entfernt, wodurch die Isolierung des Gebäudes nicht mehr in gleicher Weise gegeben war. Hierzu wurde im Bericht erklärt: «Es ist anzunehmen, daß hierin die Ursache für die andauernde Zugluft in den Krippenräumen zu suchen ist. Trotz geschlossener Türen ist der Zug so stark, daß alle Kinder laufend erkältet sind.»[51] Auch die Innenausstattung der Krippe war mangelhaft. So waren beispielsweise die Betten zu klein für die Krabbler, und gleichzeitig waren die Seitengitter zu kurz, weshalb die Kinder – für ihren Gesundheitszustand alles andere als förderlich – in den Betten durchgehend angebunden wurden. Ein Garten oder Hof zum Spielen für die Kinder fehlte völlig. Sie verbrachten den Tag vor allem in Krabblerboxen, die allerdings wiederum als zu groß empfunden wurden. Das Problem war, dass in den großen Boxen zu viele Kinder gleichzeitig untergebracht werden mussten:

> «Die größeren Ausführungen 1,40 x 1,40 m werden als nicht zweckmäßig bezeichnet. Alle Schwestern machten die Erfahrung, daß viele Kinder beißen und nur schwer zu gemeinschaftlichem Spielen zu erziehen sind. Das Beißen artet oft so aus, daß schwerere Verletzungen entstehen.»[52]

Auch die Ende der 1950er Jahre erstellten Berichte thematisieren Defizite an den vorhandenen Gebäuden.[53] Mitte der 1960er Jahre schrieben hierzu drei DDR-Hygieniker rückblickend:

> «Wir waren uns darüber klar, daß eine große Zahl von Einrichtungen in sanitär-hygienischer Hinsicht nicht den von uns geforderten Ansprüchen genügte. Viele waren in der Zeit der Steigerung des Einsatzes von weiblichen Produktionskräften

> schlecht und recht wie Pilze aus dem Boden geschossen. Obwohl schon Jahre seit der Eröffnung vergangen waren, waren wesentliche Veränderungen bisher nicht erfolgt.»[54]

Anfang der 1960er Jahre beschäftigte sich Edgar Schäfer im Rahmen seiner Doktorarbeit mit dem Thema.[55] Unter dem Titel «Wieweit sind die Erfurter Kinderkrippen in der Lage, der von Pädiatern und Sozialhygienikern geforderten Pflege und Erziehung der Kinder in den ersten drei Lebensjahren zu entsprechen?» untersuchte er die Verhältnisse der 24 Krippen, die in Erfurt 1962 bestanden. 434 Kinder besuchten dabei die Tageskrippen, 663 Kinder mussten die Wochenkrippe bzw. ein Säuglingsdauerheim besuchen. Mehr als die Hälfte der Krippenkinder in Erfurt sah also seine Eltern höchstens am Wochenende. Schäfer stellte fest, dass die Krippen «die an sie gestellten Forderungen in architektonischer und hygienischer Hinsicht nur unzureichend»[56] erfüllten. Beispielsweise hätten 111 Kinder in ihrer Krippe keine Toilette. Weiterhin verbrachten viele Kinder aufgrund der räumlichen Bedingungen den größten Teil ihrer Zeit im Bett. Schäfer führte aus: «Die kleinen Kinder werden in allen Einrichtungen in den Tages-Schlafräumen getöpft. Im Winter verlassen die Kinder diese Räume fast die ganze Woche nicht. In einigen Fällen werden die Kinder sogar im Bett getöpft.»[57]

In der Dissertation von Schäfer zeigte sich aber ein Problem, das weniger mit den unzureichenden Gebäuden an sich, sondern vielmehr mit ihrer Belegung zu tun hatte und das ebenfalls als Ursache für die kranken Krippenkinder angesehen werden kann. Um dem wachsenden Bedarf an Krippenplätzen gerecht werden zu können, kam es in den Erfurter Krippen – wie in der ganzen Republik – zu systematischen Überbelegungen. Eigentlich wiesen die untersuchten Krippen in Erfurt eine Kapazität von 800 Plätzen auf. Da die Krippen allerdings durchschnittlich um 35 Prozent überbelegt waren, wurden 1087 Kinder in den Krippen versorgt. Nur in einer einzigen Erfurter Krippe, der

Krippe der Straße des Friedens, waren die 84 Krippenplätze auch mit 84 Kindern belegt. An der Spitze lag die Krippe Stadtmünze mit einer Überbelegung von 214 Prozent, die Krippe in Gispersleben war mit 192 Prozent ausgelastet, die Krippe in der Filßstraße verfügte über eine Kapazität von 23 Plätzen, angemeldet waren jedoch 45 Kinder. Entsprechend reichte der Platz zum Spielen nicht aus, und die sanitären Anlagen waren zu klein. Schäfer resümierte: «Die Kapazität der Krippen war bisher viel zu hoch angegeben. Nach den Indexangaben von Schmidt-Kolmer wurde die wirkliche Kapazität der Krippen ermittelt. Nach diesen Zahlen sind die Krippen im Jahresdurchschnitt überbelegt.»[58]

Auch die bereits genannte Krippe in Hoyerswerda war eigentlich für 70 Kinder ausgelegt. Aufgenommen wurden jedoch 100 Kinder. Angegeben wurde hierzu im Inspektionsbericht des Operativeinsatzes:

> «Auf Grund des von der Abt. Finanzen beim Rat des Kreises ausgeübten Druckes, in allen Krippen eine überdurchschnittliche Belegung zu erreichen, und des Vorliegens von täglich 12–15 Voranmeldungen auf Krippenplätze, erfolgte bisher die Aufnahme von Kindern weit über die Kapazität hinaus.»[59]

Der Druck in der Stadt Hoyerswerda, laut des Berichts Anfang der 1960er Jahre eine der kinderreichsten Städte in der DDR, Krippenplätze zu schaffen und Frauen in den Arbeitsprozess einzugliedern, war, wie in vielen Teilen der Republik, hoch.[60] Dass die Überbelegung – wie auch von Schäfer angenommen – zu einer erhöhten Krankheitswahrscheinlichkeit führte, beschrieb ebenfalls Helga Rayner: «Demnach begünstigen Kindereinrichtungen mit hoher Kapazität die Ausbreitung von Infekten, besonders ausgeprägt dann, wenn diese Einrichtungen zusätzlich überlastet sind.»[61]

In der Abwägung zwischen der Förderung von weiblicher Berufstätigkeit und dem Gesundheitsschutz der Kleinkinder im

Alter bis zu drei Jahren waren die Prioritäten klar. Die Kinder mussten trotz des erheblich erhöhten Gesundheitsrisikos in den Krippen versorgt werden, damit die Mütter arbeiten konnten. Dass die Kinder dabei krank wurden, gefiel der Regierung zwar nicht, jedoch wurde es billigend in Kauf genommen. Man wusste, dass die Kinder in der Familie besser versorgt werden konnten und dort weniger häufig krank wurden. Trotzdem wollte man das Tempo des Krippenausbaus nicht drosseln, weil man auf die weiblichen Arbeitskräfte nicht verzichten wollte. Hierfür war man sogar durchaus bereit, noch höhere Opfer in Kauf zu nehmen.

IV. STERBENDE KINDER

Jussuf-Ibrahim-Krippen

Mit dem sozialistischen Fortschritt – zu dem auch die Erwerbstätigkeit der Frau und der Krippenausbau gehörten – war es wie mit dem sozialistischen Helden, es durfte keine zwei Meinungen geben. Was nicht eindeutig war, wurde eindeutig gemacht, notfalls ließ man einfach die unschönen Kapitel seiner Geschichte weg, um den Mythos nicht zu gefährden. So war es auch bei dem sozialistischen Helden Jussuf Ibrahim und den nach ihm benannten Krippen, die natürlich nichts anderes als fortschrittlich sein konnten.

Als Jussuf Ibrahim am Sonntag, den 8. Februar 1953, auf dem Nordfriedhof in Gera beigesetzt wurde, waren nach Angaben der *Berliner Zeitung* neben höchsten Regierungsvertretern der DDR und der Sowjetunion auch zehntausende Menschen gekommen, um sich von dem beliebten Jenaer Kinderarzt zu verabschieden.[1] Ob es tatsächlich Zehntausende waren, lässt sich schwer feststellen; jedenfalls hatte Ibrahim eine hohe Popularität in der DDR erlangt. Vor und nach seinem Tod wurde er zum «Retter der Säuglinge»[2] stilisiert. Die Kinderklinik der Universität Jena wurde nach ihm benannt, genauso wie Straßen und vor allem auch Kinderkrippen in der ganzen Republik.

1877 war Jussuf Ibrahim als Sohn eines ägyptischen Arztes und einer Berlinerin in Kairo geboren worden. Er hatte seine Kindheit in Neapel verbracht, bevor er in München Medizin studierte. Nach seiner Promotion 1900 wechselte Ibrahim für seine Habilitation nach Heidelberg, wo er begann, sich für Kinderheilkunde zu interessieren. In dem neu entstehenden Fach erlangte Ibrahim

Abbildung 7: Trauerzug anlässlich der Beerdigung Ibrahims, Jena 1953

schnell Reputation. 1912 wurde er zum außerordentlichen Professor in München ernannt, nach einer Station in Würzburg wurde er 1917 zum Professor für Kinderheilkunde in Jena berufen, wo er bis zu seinem Tod als Direktor die Kinderklinik leitete. In Jena leistete Ibrahim wichtige Arbeit für die Senkung der Säuglingssterblichkeit, wofür er mit zahlreichen Ehrungen bedacht wurde. Mit großem Engagement setzte sich Ibrahim auch für die Ausbildung der Säuglingsschwestern in der DDR ein, die man in Jena respektvoll die «Ibrahim-Schwestern» nannte. Zudem entwickelte er eine Milchpumpe für Mütter, die sogenannte «Ibrahimische Milchpumpe». Zu Ehren seiner medizinischen Leistungen trug die Universitätskinderklinik in Jena nach seinem Tod seinen Namen.[3]

Wie die Geschichte der Krippen hatte auch die Geschichte von Jussuf Ibrahim einen offiziellen und einen inoffiziellen Teil. Bei genauerem Hinsehen zeigen sich Parallelen im Umgang mit der offiziellen und inoffiziellen Geschichte von Jussuf Ibrahim und einiger der nach ihm benannten Krippen. Was für den Mythos taugte, stand in der Zeitung, der Rest verschwand in zu DDR-Zeiten geheim gehaltenen Akten.

Die in der DDR nicht thematisierte Geschichte Ibrahims betraf seine Verstrickung in die sogenannte «Euthanasie» im Nationalsozialismus als Leiter der Kinderklinik in Jena. Unter der Parole der «Vernichtung lebensunwerten Lebens» wurden zwischen 1933 und 1945 etwa 216 000 Menschen, darunter vor allem körperlich und geistig behinderte sowie psychisch kranke Menschen, von den Nationalsozialisten ermordet. Den Krankenmorden der Nationalsozialisten fielen auch 5000 Kinder zum Opfer.[4] Ibrahim beteiligte sich an diesen nationalsozialistischen Mordprogrammen. Zwischen 1941 und 1945 wurden aus der von ihm geleiteten Kinderklinik in Jena sieben schwerstbehinderte Kinder «in die weit über Thüringen hinaus berüchtigte Mordanstalt Stadtroda»[5] überwiesen. In der für «Euthanasie» vorgesehenen «Kinderfachabteilung» des Landeskrankenhauses wurden Kinder ermordet, deren Leben die Nationalsozialisten als lebensunwert verachteten. Über die Todesursache der Kinder wurden die Eltern in der Regel getäuscht. Damit die einmal eingewiesenen Kinder nicht mehr ins Leben zurückkehrten, starben sie vermeintlich oft plötzlich, bevor die Eltern sie wieder abholen konnten.[6] In dem Untersuchungsbericht der Universität Jena ist hierzu zu lesen:

> «Auffällig ist auch, dass mindestens drei Kinder wenige Tage nach der Ankündigung der Eltern, die Kinder wieder aus Stadtroda abholen zu wollen, verstarben. So beispielsweise auch der kleine Junge E. E. Am 23.02.1945 schrieb die Mutter nach Stadtroda: ‹Hiermit möchte ich mich erkundigen, ob sich sein Zustand gebessert hat, oder ob nichts hilft. Sonst möchte ich mein Kind wieder zu uns holen›. Die Antwort aus Stadtroda vom 06.03.1945 lautete: ‹Wie Ihnen bereits fernmündlich mitgeteilt worden ist, ist Ihr kleiner Junge E. am 05.03.1945 sanft entschlafen.›»[7]

Aus unterschiedlichen Dokumenten geht hervor, dass Jussuf Ibrahim von der Tötungspraxis der behinderten Kinder im Nationalsozialismus wusste und dass er diese Tötungspraxis aktiv unterstützte, indem er schwerbehinderte Kinder zur Ermordung nach Stadtroda überwies. Der Reichsbeauftragte für Heil- und Pflegeanstalten, Dr. Herbert Linden, schrieb mehrfach den Rektor der Universität Jena, Karl Astel, an. Linden beschwerte sich in den Briefen über die von Ibrahim geleitete Klinik, weil hier in offiziellen Dokumenten immer wieder Formulierungen wie «Euthanasie beantragt» und «Die beantragte Euthanasie ist noch nicht bewilligt»[8] genutzt wurden. Im Untersuchungsbericht der Universität Jena kann man aus dem Brief von Linden an den Rektor lesen:

> «(...) wie Sie wissen, soll nach außen hin die Tatsache, dass in Einzelfällen Euthanasie gewährt werden kann, nicht in Erscheinung treten. Ich wäre Ihnen daher sehr dankbar, wenn Sie als Rektor der Universität Jena mit dem Leiter der Kinderklinik sprechen würden und ihn ersuchten, von derartigen Eintragungen in die Krankengeschichten Abstand zu nehmen.»[9]

Das folgende Gespräch mit Ibrahim[10] hatte aber nicht den gewünschten Effekt. Ein weiterer Brief des Reichsbeauftragten Linden an den Rektor der Universität Jena vom 21. Oktober 1943 ist in dem genannten Bericht ausgeführt:

> «Lieber Parteigenosse Astel! Der Mutter eines idiotischen Jungen wurde nach Mitteilung von Direktor Kloos in Stadtroda in der Kinderklink Jena folgendes gesagt: ‹Ihr Junge sei ein Idiot, ohne Entwicklungsaussichten und müsse daher nach Stadtroda ins Landeskrankenhaus verlegt werden, wo drei Ärzte aus Berlin die Kinder in bestimmten Zeitabständen untersuchen und darüber entscheiden, ob sie getötet werden sollen.› Ich muss gegen die Verbreitung eines derartigen Unsinns durch die Kinder-

klinik erheblich protestieren. Soweit ich mich erinnere, habe ich bereits schon einmal in einer ähnlichen Angelegenheit an Sie geschrieben. Die Registratur kann aber diesen Vorgang nicht finden. Ich bitte Sie aber, dem Direktor der Kinderklinik zu eröffnen, dass, falls derartige Äusserungen sich nochmals ereignen sollten, ich gezwungen wäre, die Angelegenheit der Staatspolizei mit der Bitte zu überweisen, ganz energisch hiergegen einzuschreiten.»[11]

Ein Kollege von Jussuf Ibrahim – Professor Kihn – antwortete dem Rektor der Universität Jena schon am selben Tag:

«Lieber Astel! Vom Schreiben des Herrn Min. Dir. Dr. Linden habe ich Kenntnis genommen. Ich bin der Meinung, Herr Kloos in Stadtroda sollte sich in dieser Sache nicht so wichtig tun! Er hätte, wenn er Lust gehabt hätte, sich ja auch direkt an Herrn Professor Ibrahim persönlich wenden können oder an mich oder an Dich. Man braucht da nicht gleich einen solchen Stunk zu machen. Im übrigen kann ich nur sagen, dass ich mit der Kinderklinik gerade in dieser Frage bis jetzt sehr schön zusammengearbeitet habe und wenn mal eine Ungeschicklichkeit passiert, so ist das meiner Meinung nach menschlich.»[12]

Diese und andere Dokumente belegen, dass Jussuf Ibrahim und seine von ihm geleitete Klinik einerseits von der Tötung behinderter Kinder wussten und sie sich andererseits daran aktiv beteiligten. In einem Begleitbrief eines behinderten Jungen schrieb Ibrahim an den Direktor der Klinik in Stadtroda:

«Sehr geehrter Herr Kollege! S. Sch. aus E., jetzt 12 1/2 Mon. alt, leidet an Microcephalia vera. Ein Erbmoment ist nicht bekannt. Eine normale Entwicklung wird sich nicht erreichen lassen. Euthan. wäre durchaus zu rechtfertigen und im Sinne der Mutter.

> Vielleicht nehmen Sie sich des Falles an? Mit besten Empfehl. u. Heil Hitler! Ergebenst Dr. Ibrahim.»[13]

Der Junge wurde nicht in Stadtroda aufgenommen und konnte überleben, sieben andere Kinder aus Ibrahims Klinik hatten dieses Glück nicht.[14]

In der DDR fragte man offiziell nicht allzu genau nach Ibrahims Tätigkeiten zwischen 1933 und 1945 in der Jenaer Kinderklinik. Inoffiziell beschäftigte sich wohl das Ministerium für Staatssicherheit mit den Todesfällen in Stadtroda, wobei man auf Verbindungen zu dem berühmten Kinderarzt Prof. Ibrahim hätte stoßen können oder sogar stieß.[15]

In der DDR war man jedoch froh, einen in der Bevölkerung beliebten Kinderarzt für die eigenen Zwecke nutzen zu können.[16] So wurden nach dem Tod Ibrahims 1953 im ganzen Land Jussuf-Ibrahim-Krippen gegründet. Bei der DDR-Berichterstattung über die Person Jussuf Ibrahim zeigen sich dabei gewisse Ähnlichkeiten zur Berichterstattung über die Ibrahim-Krippen. Positives wurde in der Zeitung veröffentlicht, manche Fragen und Details überließ man jedoch lieber den internen Berichten des zuständigen Ministeriums, um die Bevölkerung nicht zu beunruhigen. In einem Zeitungsartikel vom 29. September 1955 im *Neuen Deutschland* konnte man unter dem Titel «Bei den Kleinsten von Stalinstadt» lesen:

> «Bis zur Kinderkrippe ‹Jussuf Ibrahim› sind es nur wenige Minuten; eine leider viel zu kurze Fahrt durch einige der herrlichen Straßen von Stalinstadt. Im ‹Jussuf-Ibrahim-Heim› steckt uns Frau Ochschim, die Leiterin der Krippe, in weiße Kittel. Dann erst dürfen wir uns die Räume der Säuglinge und Kleinstkinder in der ersten Etage ansehen. Der erste Eindruck ist der peinlicher Sauberkeit und Ordnung. In jedem Zimmer gibt es fließendes kaltes und warmes Wasser und eingebaute kleine Badewannen. Wohlgenährte braungebrannte Babys liegen oder

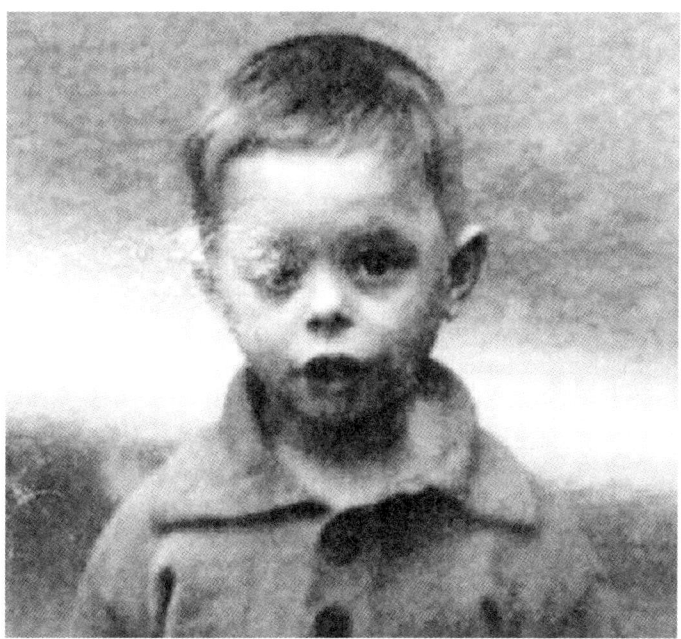

Abbildung 8: Günther E., im Rahmen der «Euthanasie» am 21. Mai 1940 in der Gaskammer des Zuchthauses Brandenburg als «nicht beschulungsfähig» ermordet[17]

stehen in ihren weißen Bettchen und begrüßen uns entsprechend ihrem Alter auf die verschiedenste Art und Weise. Einige Zimmer weiter tummeln sich die Krabbelkinder. Die Tanten haben die Ställchen auf den langen Balkon gestellt, denn heute lacht die liebe Sonne, und davon können die kleinen Geister nicht genug haben.

In einem der Zimmer sitzt eine Pflegerin über verschiedenen Blättern, in die sie eifrig rote und blaue Kurven einzeichnet. Wir erfahren, daß dies die Gesundheitstabellen sind, die für alle Säuglinge und Kleinstkinder geführt und täglich ergänzt werden, so daß Krankheiten oftmals vermieden oder zumindest von vornherein richtig bekämpft werden können. Jede der 89 Müt-

> ter, die morgens ihre Kinder hierher bringen, kann wirklich ohne Sorgen zur Arbeit gehen, denn sie könnte ihr Kleines selbst nicht besser betreuen.»[18]

Um dem Ruf der Krippe als Einrichtung der Armenfürsorge entgegenzuwirken, begann die SED mit einer regelrechten Krippenpropaganda. Es wurden entsprechende Filme gedreht, Radiobeiträge produziert, Broschüren für Eltern erstellt und Zeitungsartikel gedruckt. Der vormalige Notbehelf Krippe sollte nun ein Zeichen des sozialistischen Fortschritts sein. Die SED nutzte hierzu eine Propagandastrategie, bei der sie die Krippen als wissenschaftliche Institutionen darstellte, die, orientiert an den neuesten wissenschaftlichen Erkenntnissen, die Krippenkinder optimal pflegten, so dass sich die arbeitenden Mütter keine Sorgen machen müssten. Um den Krippen einen wissenschaftlichen Anstrich zu verleihen, benannte man diese gern nach bekannten Persönlichkeiten aus der Wissenschaft, so unter anderem auch nach Ibrahim. Damit das Bild des sozialistischen Fortschritts gepflegt werden konnte, wurde jedoch von einer Berichterstattung abgesehen, die nicht in das heile Bild der Republik passte. Beispielsweise taucht das Jussuf-Ibrahim-Heim in Weimar im Gegensatz zu der gleichnamigen Krippe in Stalinstadt nicht in der Presse, sondern nur in den Akten des zuständigen Ministeriums für Gesundheitswesen auf. So erhalten wir Beschreibungen von einem Jussuf-Ibrahim-Heim, die im *Neuen Deutschland* nie hätten abgedruckt werden dürfen:

> «Die personelle Versorgung des Heims ist (…) als recht schlecht zu bezeichnen. Ärztliche Betreuung erfolgt durch prakt. Arzt, der kinderärztlich wenig Erfahrung hat und des Öfteren schlecht zu erreichen ist. Die Kinder sehen durchschnittlich blass aus. Bei einigen finden sich ausgeprägte Gewohnheiten, die man unter den kinderärztlichen Begriff ‹Hospitalismus› zusammenfasst.

> Die Betten stehen Seit zu Seit eng aneinander. Dazu wird folgendes von der stellv. Leiterin geschildert:
> Die Kinder reissen sich gegenseitig an den Haaren, können sich gegenseitig die Fäustchen in den Mund stecken usw. Die Überbelegung ist erheblich und von pädiatrischen Gesichtspunkten aus unstatthaft. Es fehlt eine Wäschetrockenanlage. Bei der Besichtigung hat sich folgendes Bild [ergeben]: jeder verfügbare Heizkörper sowie die Treppengeländer waren mit feuchten Windeln behangen, besonders grotesk wirken die als Trockenbehälter benutzten, im Flur des 1. Stockes eng aneinander aufgestellten Kinderwagen. Im Keller waren – direkt neben der Küche! – gleichfalls zahlreiche Wäschestücke aufgehängt. Durch diese Maßnahmen war das gesamte Haus von einem intensiven, dunstigen üblen Wäschegeruch erfüllt, unter den sich Küchendünste mischten. Auf Befragen wurde erklärt, dass eine andere Lösung räumlich unmöglich sei. Es ist also nicht zu erwarten, dass diese geradezu scheusslichen Zustände in Kürze geändert werden können.»[19]

Das Jussuf Ibrahim-Heim in Weimar ist nur eine unter vielen Fremdbetreuungseinrichtungen der 1950er Jahre, die neben anderen Problemen vor allem mit schwierigen Räumlichkeitsverhältnissen zu kämpfen hatte. Um möglichst schnell möglichst viele weibliche Arbeitskräfte gewinnen zu können, forcierte die DDR-Regierung den Krippenausbau in einem Tempo, bei dem auf die hygienischen Standards nicht immer geachtet wurde. So entstanden Krippengebäude, in denen die Kinder krank wurden.

Der schon angeführte Bericht über das Jussuf-Ibrahim-Heim in Weimar ist Teil eines Operativeinsatzes aus dem Jahr 1959, in dem die Krippen aus den Bezirken Erfurt, Gera und Suhl kontrolliert wurden. Hier kann man zu einer Dauerkrippe in Kahla lesen: «Keine Wasserleitung vorhanden! Wasser muss in Wannen eingeschöpft werden».[20] Aus der Tageskrippe Stotternheim wurde gemeldet:

> «Das Heim liegt im ‹Schloss› im Parterre. Nur Räume zu ebener Erde ohne Unterkellerung. Im Mauerwerk ist der Schwamm. Die Räume sind an Zahl viel zu gering. Fliessendes Wasser gibt es nicht. Einen Spielplatz gibt es nur dem Namen nach, der aber kaum benutzbar ist, als Ausweg wird viel spazieren gegangen, zumal auch die Räume von unten her feucht sind. Z. T. schlafen 2 Kinder in einem Bett. Eine Küche ist nicht vorhanden. Die Kinder bekommen ihr Essen von der Schulspeisung mit, die oft für Kleinstkinder ungeeignet ist.»[21]

In Bad Langensalza war eine Krippe gleichzeitig Tages- und Wochenkrippe sowie Säuglingsdauerheim. Im Bericht wurde ausgeführt:

> «Die Einrichtung ist insgesamt ein Beispiel dafür, wie man eine pädiatrische Einrichtung dieser Art nicht einrichten soll. Es besteht der Allgemeineindruck, dass hier mit möglichst geringen finanziellen Mitteln möglichst viele Kinder in einer räumlich nicht genügenden Einrichtung, man kann fast sagen, zusammengepfercht wurden. Derartige insuffiziente Einrichtungen sind geeignet, das Heim- und Krippenwesen bei der Bevölkerung in Misskredit zu bringen und sind, wie die Kontrollen gleicher Einrichtungen in anderen Orten gezeigt haben, in der heutigen Zeit weder notwendig noch zu verantworten.»[22]

Die Tageskrippe in Hausen[23] «ist als Fehleinrichtung zu bezeichnen. Es existiert nur ein Raum, der feucht und kalt ist. Darin finden Essen, Schlafen und Spielen statt.»[24] Über das Säuglingsdauerheim in Neumark bei Weimar wurde berichtet:

> «Das ehemalige Einfamilienhaus ist für diesen Zweck denkbar ungeeignet. Die Betten stehen eng, entweder Kopf an Kopf oder Seit an Seit. Aus Mangel an Bettwäsche werden unbezogene graue Wolldecken (Reinigung kaum möglich) zum Zudecken

> benutzt. Als Essraum dient der nur sehr wenig warme Hausflur (Zugluft). Die Kinder sehen im Durchschnitt blass aus und einige bieten ausgeprägte Zeichen des Hospitalismus (unentwegtes Tanzen von einem Bein auf das andere, stereotype Armbewegungen u. a.). In den Zimmern herrscht teilweise eine Temperatur von nur 12°–13°. Ein Zimmer fiel durch durchnässte Betten auf und war von einem intensiven Uringeruch erfüllt. Weiterhin fehlte den Kindern eine ausreichende Bekleidung. Mehrere lagen mit blossen Beinen im Bett. Dadurch entstand der Eindruck, dass hier Kleinkinder bei ungenügender Zimmertemperatur halbnackt im Bett liegen.»[25]

Die Aktennachlässe des ehemaligen Staatsapparates der DDR zeigen eine andere Realität als die Propaganda in den Zeitungen. Wie bei Jussuf Ibrahim muss die offizielle Berichterstattung über die DDR-Krippen durch weitere, nichtoffizielle Quellen ergänzt werden. Die damalige Presse stellte die Krippen als penibel saubere Einrichtungen dar, die nach den neuesten wissenschaftlichen Standards arbeiteten, mit denen die Eltern rundum zufrieden waren und in denen glückliche und gesunde Kinder umhertollten. Mängel wurden nicht genannt oder heruntergespielt. In den Akten des Ministeriums für Gesundheitswesen und auch in den wissenschaftlichen Fachzeitschriften zeichnete sich jedoch ein gänzlich anderes Bild ab.

Toxische Dyspepsien

In den 1950er und 1960er Jahren standen die forcierte Integration von Müttern mit kleinen Kindern in den Arbeitsprozess und der Schutz von Mutter und Kind in der DDR in einem starken Spannungsverhältnis. Deutlich wird dies am Beispiel des Umgangs der DDR-Regierung mit schweren Erkrankungen von Säuglingen und Kleinkindern, vorrangig toxischen Dyspepsien. Toxische Dyspepsien, schwere Ernährungsstörungen, waren bis Mitte der 1960er Jahre in der DDR eine der drei häufigsten Todesursachen für Säuglinge im Alter bis zu einem Jahr.[26] Die dabei anhaltenden Durchfälle ließen die Säuglinge so viel Wasser verlieren, dass sie unter starken Schmerzen innerlich austrockneten, bis ihre Organe versagten. Die Ärzte Meyer und Nassau beschrieben in den 1930er Jahren die Entwicklung der Ernährungsstörungen:

> «Der Eintritt einer akuten Dyspepsie setzt sich in aller Schärfe von den vorangegangenen Zeiten der Gesundheit ab. Die Stuhlentleerungen, die noch am Vortage häufig normal erschienen oder nur wenig vermehrt und breiig waren, erscheinen nunmehr dünnflüssig, verfärbt, schleimig oder zerfahren und werden fünf- bis siebenmal und öfter am Tage entleert. Trotz ausreichender Ernährung kommt es zu der paradoxen Erscheinung einer Gewichtsabnahme. (...) Die rosige Farbe der Haut schwindet und macht einer fahlen Blässe Platz. Der Tonus der Muskulatur lässt sehr rasch nach; die Muskeln erscheinen welk, und die Bauchmuskeln geben dem Druck der oft stark geblähten Darmschlingen nach; es kommt zum Meteorismus [Blähbauch]. (...) Das seelische Gehabe des Kindes wandelt sich gleichzeitig mit diesen Veränderungen der Körperbeschaffenheit. Das an einer akuten Dyspepsie erkrankte Kind äussert keinerlei Lustgefühle mehr. Regungen der Unlust beherrschen sein Gehabe, wobei vielleicht das Temperament entscheidet, ob in dem einen Fall mehr lebhaftes und häufiges Geschrei und Unruhe oder im anderen Falle mehr Abgekehrtheit von der Umwelt und eine gewisse Apathie die Veränderungen der Psyche anzeigen. Vielleicht ist es auch Vorhandensein oder Fehlen kolikartiger Schmerzen, wodurch es einmal zum schmerzhaften Geschrei, das andere Mal mehr zum stillen Dulden kommt.»[27]

Feer schrieb über Symptome der toxischen Dyspepsie:

> «(…) *Bewußtseinsstörung.* Im Beginn Zeichen von Mattigkeit, Schläfrigkeit. Das Kind verfällt nach dem Aufwecken rasch wieder in Schlafsucht. Der Blick ist starr, verloren, das Gesicht nimmt maskenartigen Charakter an mit umränderten eingesunkenen Augen (…). Die Bewegungen der Extremitäten sind langsam und zeigen öfters Fechterstellung der Arme. In schweren Fällen kommt es zum Koma, oft mit Krämpfen und Lähmungserscheinungen (…). Das Koma kann durch wildes Geschrei und Jaktation [krankhafte Unruhe] unterbrochen werden.»[28]

Anhand des Aktenmaterials konnte das Ausmaß der Todesfälle infolge von toxischer Dyspepsie rekonstruiert werden.

Bis 1965 starben weit über 20 000 Säuglinge in der DDR qualvoll an toxischer Dyspepsie (Tabelle 9).[29] Mitte der 1960er Jahre konnte das DDR-Gesundheitswesen, vermutlich durch die Ausbreitung qualitativ hochwertiger Infusionsbehandlungen,[30] die Todesfälle von Säuglingen mit Ernährungsstörungen eindämmen.[31] Bis zu diesem Zeitpunkt waren die Ernährungsstörungen jedoch ein drängendes Problem in der DDR.

Um das Spannungsverhältnis zwischen der Berufstätigkeit der Frau und dem Gesundheitsschutz der Säuglinge einordnen zu können, muss man zunächst festhalten, dass für die DDR die Senkung der Säuglingssterblichkeit von großer Bedeutung war. Die Säuglingssterblichkeit war nach 1945 einer der wichtigsten Indikatoren, um die kulturelle Fortschrittlichkeit einer Gesellschaft zu bestimmen.[32] In der DDR wurde viel investiert, um den möglichen Tod von Säuglingen zu verhindern. Auch im internationalen Maßstab konnten durchaus beachtliche Erfolge bei der Senkung der Säuglingssterblichkeit nachgewiesen werden. Von 1950 bis 1970 nahm die Säuglingssterblichkeit je 1000 Lebendgeborene von 72,2 auf 18,5 ab.[33] Neben der Hebung des allgemei-

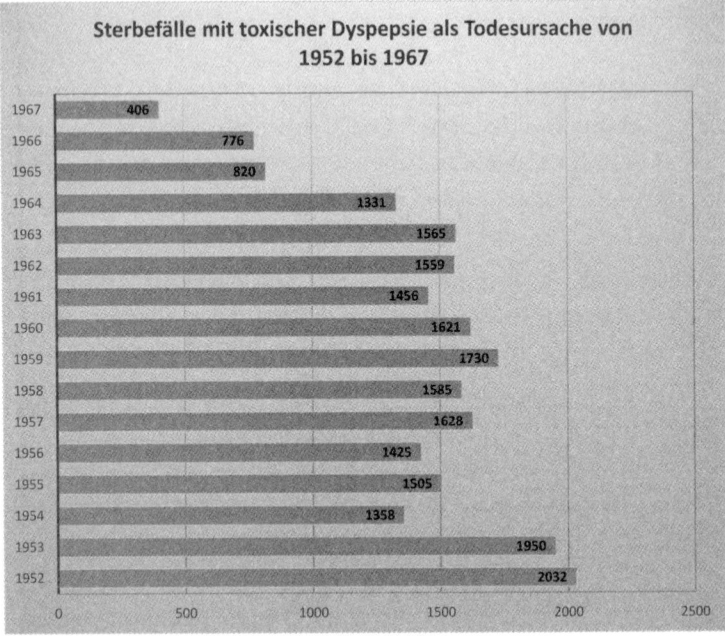

Tabelle 9: Quelle: eigene Berechnungen[34]

nen Lebensstandards wurde dies vor allem durch die Senkung der Frühsterblichkeit erreicht. Die Gefahr eines Säuglingstodes war vor, während und direkt nach der Geburt am höchsten. Als Faustregel galt, dass die Wahrscheinlichkeit eines Säuglingstodes abnahm, je älter und damit physisch stabiler ein Säugling wurde. Der Fokus der DDR-Medizin bei der Bekämpfung der Säuglingssterblichkeit lag vor allem auf dieser gefährlichen Phase bei der und um die Geburt herum.[35] Die Erfolge bei der Senkung der Frühsterblichkeit kaschierten die Probleme der DDR in Bezug auf die Säuglingsspätsterblichkeit, die sich auf den Zeitraum von Säuglingstodesfällen zwischen dem dritten und zwölften Monat bezieht. Hier wies die DDR im internationalen Vergleich Defizite auf, und zwar nicht nur im Vergleich mit Westdeutschland, sondern auch im Vergleich mit einigen sozialistischen Bruderländern.[36] In einem Schreiben des «Arbeitskreises für Säuglings- und Kleinkindhygiene» aus dem Jahr 1956 wurde die Säuglingssterblichkeit der Bundesrepublik, der ČSR und der DDR verglichen. Hinsichtlich der Säuglingsspätsterblichkeit zwischen dem dritten und zwölften Monat schnitt dabei die DDR am schlechtesten ab. Die Vorsitzende des Arbeitskreises, Eva Schmidt-Kolmer, schrieb hierzu:

> «(…) ein Faktor fällt bei der Analyse besonders auf: Das Hauptkontingent an Sterbefällen liegt im 1. Lebensmonat. Im 2. Monat ist die Sterblichkeit nur etwa 1/7 verglichen mit dem 1. Lebensmonat. Im 3. Lebensmonat steigt sie aber wieder an, im Gegensatz zur sonstigen internationalen Tendenz. Als Erklärung hierfür sind folgende Tatsachen anzuführen: In Großstädten der DDR sind mehr als 50% der Mütter von Säuglingen berufstätig. Sie nehmen ihre Arbeit am Ende ihres Wochenurlaubs von 6 Wochen wieder auf und stillen zu diesem Zeitpunkt fast ausnahmslos ab. Die Folge davon ist, daß ein großer Teil unserer Säuglinge die im 1. Vierteljahr so dringend benötigte Ernährung mit Muttermilch im 3. Monat fast gänzlich entbehrt. Beim Übergang von der natürlichen zur künstlichen Ernährung sind die jungen Säuglinge besonders anfällig und darauf dürfte die erhöhte Sterblichkeit im 3. Lebensmonat zurückzuführen sein.»[37]

Die Kinderärzte empfahlen nun, den Zeitpunkt der Wiederaufnahme der Arbeit von Müttern nach hinten zu verlegen, um so die Phase des Stillens verlängern zu können und die Säuglingssterblichkeit zu senken. Angeführt wurden die Beispiele der UdSSR sowie der ČSR, welche durch eine Verlängerung des Wochenurlaubs Erfolge bei der Senkung der Säuglingssterblichkeit zwischen dem dritten und zwölften Monat hatten erzielen können.[38]

Am 4. Februar 1957 traf sich im Ministerium für Gesundheitswesen zum gleichen Thema eine Expertenrunde, um mit den zuständigen Politikern über «Probleme der Säuglingssterblichkeit» zu diskutieren.[39] Im Zentrum stand ein Referat der Leiterin des Referates Gesundheitsschutz für Mutter und Kind, Hiltrud Sturmhöfel. Als Ursache für den Anstieg der Säuglingssterblichkeit nach dem dritten Lebensmonat erläuterte Sturmhöfel: «Die Erklärung für diese Tatsache sehen wir vor allem in der Abnahme der Stillfähigkeit der Frau durch Wiederaufnahme der Arbeit nach der Geburt.»[40] Dieser Zusammenhang wird in den Akten des Ministeriums für Gesundheitswesen mehrfach ausgeführt; er stellt den zentralen Erklärungsansatz für den Anstieg der Säuglingssterblichkeit zwischen dem zweiten und dritten Monat dar. Die Mütter stillten ab, weil sie wieder arbeiten gehen mussten. Das Abstillen diente damit der Vorbereitung auf eine Fremdbetreuung, sei es durch Familienangehörige oder durch die Krippe. Da die Qualität der für die Säuglingsnahrung bestimmten Milch in der DDR in den 1950er Jahren mangelhaft war und die Entwicklung von und Versorgung mit einer künstlichen Säuglingsnahrung noch nicht in einem befriedigenden Maße sichergestellt werden konnte,[41] war die Wahrscheinlichkeit hoch, dass die Säuglinge durch die Ernährungsumstellung unter Ernährungsstörungen litten. Die Arbeit der Mütter und die Ernährungsstörungen der Säuglinge ließen sich zu diesem Zeitpunkt nicht getrennt voneinander betrachten. Sturmhöfel führte hierzu aus, was die Experten bereits wussten:

> «Die *Ernährungsstörungen* des Säuglings gehören noch immer zu den häufigsten Todesursachen. Ernährungsstörungen sind vermeidbar, und doch finden wir sie heute, besonders die chronische Ernährungsstörung im frühen Kindesalter auf dem Lande noch oft. Die Ursachen dafür fallen schon in die Zeit des Abstillens noch vor der 6. Lebenswoche, wenn die Mütter wieder ihre Arbeit aufnehmen. Die Umsetzung auf künstliche Ernährung in den ersten Lebenswochen ist ein roher, harter und unphysiologischer Eingriff und bietet große Gefahren.»[42]

Um die Gefahr der Säuglingssterblichkeit zu reduzieren, fokussierte das Referat – wie schon die Kinderärzte im Jahr zuvor – die Verlängerung des Wochenurlaubs. Sturmhöfel konstatierte dazu:

> «Bei der Schilderung der Notwendigkeit verstärkter nachgehender Fürsorge erwähnte ich schon den Wochenurlaub. Zur Zeit wird er für 6 Wochen nach der Geburt als starre Zeiteinheit gewährt. Wenn er endet, erleidet der Säugling berufstätiger Mütter meistens einen Ernährungswechsel, bestimmt aber einen Pflegewechsel. Beide Wirkungen können zu ernsten Schäden in dem noch zarten Kindesalter führen, die in der Folge im Ansteigen der Sterblichkeitskurve im 3. Lebensmonat ihren Ausdruck finden.»[43]

Hier wurde der Zusammenhang zwischen der frühen Aufnahme der Arbeit durch die Mütter, einem Pflegewechsel und damit zusammenhängenden «ernsten Schäden», die sich bei den Säuglingen bis zum Tod ausweiten konnten, explizit angesprochen. Sturmhöfel forderte deshalb:

> «Der Wochenurlaub müßte also länger als bisher sein. (…) Wenn man berücksichtigt, daß in den Großbetrieben der Deutschen Demokratischen Republik mehr als 50% der Mütter von Säuglingen berufstätig sind, wird man die Notwendigkeit der geforderten Maßnahmen verstehen.»[44]

Im Referat wurde auch festgestellt, dass die ČSR in Bezug auf die Säuglingssterblichkeit besser abschnitt als die DDR. Als Gründe wurden in diesem Zusammenhang angeführt, dass in der ČSR weniger Frauen arbeiteten und dass hier ein längerer Wochenurlaub eingeführt worden war, mithilfe dessen die Frauen die Wiederaufnahme einer Beschäftigung weiter nach hinten schieben konnten. Die 1957 beobachteten Unterschiede wurden auch noch Anfang der 1960er Jahre festgestellt. In einem

Vergleich der Todesursachen von Säuglingen im Jahr 1961 zeigte sich, dass auf 1000 Lebendgeborene in der ČSSR 1,14 Kinder an Magen-Darm-Erkrankungen starben, in der DDR waren es im gleichen Jahr 6 Kinder. In der DDR starben also mehr als fünfmal so viele Kinder an Magen-Darm-Erkrankungen wie in der ČSSR.[45]

Sturmhöfel hatte sehr deutlich auf einen Zusammenhang zwischen der frühen Wiederaufnahme der Arbeit durch die Mütter und einer Häufung der Säuglingssterblichkeit hingewiesen. Die Verlängerung des Wochenurlaubs nach der Geburt könne Säuglingsleben retten, würde aber einen längeren Arbeitsausfall von Müttern mit Säuglingen bedeuten.

In der Beschlussvorlage der Kollegiumssitzung wurde zunächst festgehalten, dass der Wochenurlaub der Mütter verändert werden sollte.[46] Nach einer Überarbeitung der Beschlussvorlage war aber letztlich im Protokoll nicht mehr von einer «Veränderung des bisherigen Schwangeren- und Wochenurlaubs zugunsten des Wochenurlaubs» die Rede, sondern lediglich von einer «Überprüfung des Schwangerschaftsurlaubs».[47] Die DDR-Regierung verlängerte den Wochenurlaub zu diesem Zeitpunkt nicht. Spätestens ab 1957 nahm man damit den Tod von Säuglingen für die Gewinnung von weiblichen Arbeitskräften billigend in Kauf. Ökonomische und ideologische Interessen wogen schwerer als die Möglichkeit, die Gesundheit der Säuglinge zu schützen. Das angesprochene Spannungsverhältnis zwischen dem Schutz der Mütter und Kinder und der weiblichen Arbeitskraftgewinnung wurde von der SED in den 1950er und 1960er Jahren klar entschieden. Die Berufstätigkeit auch von Müttern mit Säuglingen und Kleinkindern war wichtiger als der Gesundheitsschutz der Kinder. Nachdem man 1945 in der Sowjetischen Besatzungszone den Wochenurlaub von acht auf sechs Wochen reduziert hatte, erhöhte man diesen – trotz der schon bekannten ernsten Gefahren – erst im Oktober 1963 von sechs auf acht Wochen nach der Entbindung.[48] Erst nachdem in der Mitte der 1960er Jahre die

Geburtenzahlen rapide eingebrochen waren, entschloss man sich im Politbüro der SED zu einer längerfristigen Regelung. 1972 wurde der von den Kinderärzten schon in den 1950er Jahren geforderte zwölfwöchige Wochenurlaub festgeschrieben.[49] Für die zentralen Stellen im Staats- und Parteiapparat der DDR war also in den 1950er und 1960er Jahren die Arbeitskraft von Müttern wichtiger als der Gesundheitszustand ihrer Säuglinge, mit der Konsequenz, dass man bewusst eine im internationalen Vergleich höhere Spätsterblichkeit von Säuglingen zwischen dem dritten und zwölften Monat in Kauf nahm. Der Preis für die arbeitende Mutter eines Säuglings oder Kleinkindes war damit in dieser Zeit in der DDR ungleich höher, als man es sich heute vorstellt: Tausende Säuglinge mussten durch die frühzeitige Arbeitsaufnahme ihrer Mutter und die damit einhergehende Ernährungsumstellung schwerwiegende Ernährungsstörungen erleiden. In den schlimmsten Fällen führte dies zu einem qualvollen Tod durch eine toxische Dyspepsie.

Der Lederriemen

Die Ursachen für den Tod von Kindern in Krippen waren vielfältig. In den Akten des Ministeriums für Gesundheitswesen sind zahlreiche Todesfälle dokumentiert, darunter auch der Fall eines Jungen, der in einer Krippe der Staatssicherheit in Halle (Saale) sterben musste. Am Kirchtor 8 a in Halle, genau gegenüber dem Gefängnis «Roter Ochse», befand sich das ehemalige Gebäude des Lageraufsehers, in dem in den 1950er Jahren eine Wochenkrippe eingerichtet wurde, die auch die Mitarbeiter des Roten Ochsen nutzten.[50]

Im Jahr 1842 wurde die «Königlich-Preußische Straf-, Lern- und Besserungsanstalt» in Halle eröffnet. Wohl weil das Gefängnis aus roten Backsteinen erbaut war, nannten es die Hallenser schon zum Ende des 19. Jahrhunderts «Roter Ochse».[51] Zwischen

1933 und 1935 wurde der Rote Ochse von den Nationalsozialisten als Schutzhaftlager genutzt; ab 1935 diente er überwiegend der Unterbringung politischer Gefangener. Zwischen 1942 und 1945 wurde im Gebäude zusätzlich eine zentrale Hinrichtungsstätte von den Nationalsozialisten eingerichtet. Nach der Befreiung der Insassen durch die US-Amerikaner im April 1945 begann im Sommer desselben Jahres die sowjetische Geheimpolizei (NKWD), das Gebäude als Haftanstalt zu nutzen. Unter dem Deckmantel der Entnazifizierung wurde der Rote Ochse auch als Repressionsinstrument eingesetzt, um gegen vermutete Sowjetgegner vorgehen zu können.

Von 1950 bis 1989 wurde das Gefängnis vom Ministerium für Staatssicherheit (MfS) der DDR als Untersuchungshaftanstalt genutzt. Zudem richtete das MfS in den Gebäuden einen Dienstsitz für unterschiedliche Abteilungen, wie die Abteilungen «Beobachtung und Ermittlung», «Untersuchungsorgan», «Untersuchungshaft und Strafvollzug» sowie «Terrorabwehr» ein.[52] Da das Bewachen, Verhören, aber auch Foltern in Schichtarbeit erfolgte, mussten die Kinder der MfS-Mitarbeiter des Roten Ochsen entsprechend betreut werden, wozu eine betriebseigene Wochenkrippe des MfS eingerichtet war. Wie für Schichtarbeiter in der DDR nicht unüblich, gaben die Mitarbeiter des Roten Ochsen ihre Säuglinge und Kleinkinder am Montagmorgen um 6.00 Uhr in der Wochenkrippe ab, um sie dann am Samstagnachmittag um 16.00 Uhr, soweit die Arbeit es zuließ, wieder abzuholen.

Gezwungenermaßen mussten damit viele Kinder sowohl von Funktionären als auch von vermeintlichen Gegnern des SED-Staates den Großteil ihrer Kindheit rund um die Uhr in der Krippe verbringen. Die Organisation politischer Repression zeigte damit für die Kinder der Täter und die Kinder der Opfer ähnliche Wirkungen – die fortdauernde Trennung von den Eltern. Während allerdings die Wochenkrippenkinder der Staatsbediensteten in Schichtarbeit teilweise das Wochenende bei der Familie verbringen konnten, wurden die Kleinkinder der Inhaftierten – soweit diese nicht bei Angehörigen untergebracht wurden – oft in Säuglingsdauerheimen 24 Stunden an 365 Tagen im Jahr untergebracht. In Halle (Saale) wurde 1959 bei 30,2 Prozent der Kleinkinder, die in Dauerheimen untergebracht waren, folgender Einlieferungsgrund genannt: «Unzureichende häusliche Versorgung einschl. Inhaftierung der Mutter, Westflucht, Sorgerechtsentzug».[53]

Über den Alltag in der Betriebskrippe[54] des MfS gegenüber der Haftanstalt des Roten Ochsen erfahren wir aufgrund eines Todesfalles Näheres: In den frühen Morgenstunden des 11. November 1959 verstarb das Krippenkind Michael Neumann[55] allein in seinem Bett. Sein erster Geburtstag lag gerade erst zwei Monate zurück. Niemand bemerkte, wie der kleine Körper mitten in der Nacht mit dem Tod kämpfte, wie ihm der Atem ausging, wie sein Herz zu schlagen aufhörte, wie die Totenstarre einsetzte und sich Leichenflecken bildeten. Um ihn herum lagen andere Krippenkinder, vermutlich schlafend, vielleicht wach, unter Umständen schreiend. Die 31 Krippenkinder wurden von einer «Nachtwache» beaufsichtigt, einer älteren Dame, die als ungelernte Kraft immer wieder nachts in der Wochenkrippe des MfS arbeitete.[56]

Da Michael an einem Mittwoch starb, ist davon auszugehen, dass das Kind seine Pflegemutter[57] an den beiden Tagen vor seinem Tod nicht mehr gesehen hatte. Die Pflegemutter des Kindes arbeitete bei der Polizei[58] und half möglicherweise bei der Bewachung der Frauen, die zu diesem Zeitpunkt im Roten Ochsen inhaftiert waren. Während über den Verlauf des Montags in den Akten nichts berichtet wird, lässt sich der Tag des Wochenkrippenkindes Michael vor seinem Tod zumindest teilweise rekonstruieren. Michael hatte sich im sogenannten «Spielzimmer» aufgehalten, in dem eine Reihe von Betten sowie ein Schrank mit Bettwäsche stand, für den aber beim Personal kein Schlüssel vorhanden war.[59] Die nach dem Tod des Krippenkindes eingeleitete Inspektion der Krippe durch das Ministerium für Gesundheitswesen ergab, dass für die Kinder bis zu eineinhalb Jahren im

Abbildung 9: Eng zusammenstehende Betten in einer Kinderkrippe der DDR, 1955

Spielzimmer, wie auch in der übrigen Krippe, überhaupt kein Spielzeug vorhanden war. Zwar wurde in einem Abstellraum noch verpacktes, neuwertiges Spielzeug gelagert. Ob dies aber tatsächlich, wie angegeben, für das Weihnachtsfest der Krippenkinder bestimmt war,[60] kann zumindest bezweifelt werden. Michael verbrachte also den Tag vor seinem Tod in einem Zimmer ohne Spielzeug in seinem Bett, umgeben von anderen Krippenkindern seines Alters. Dem Bericht der Krippenleiterin ist zu entnehmen, dass Michael «ein kräftiges Kind» war, das den Tag vor seinem Tod teilweise an sein Bett angebunden verbringen musste. Für die Fixierung im Bett wurde im Bericht folgender Grund angeführt: «Am Tage wurde das Kind angebunden, weil es schon aus dem Bett gefallen und auch rausgeklettert war. Das Kind war schon als Säugling außergewöhnlich lebhaft.»[61] Seine Lebhaftigkeit wurde Michael Neumann in der Wochenkrippe zum Verhängnis. Nachdem er sich durch einen Sturz aus dem Bett wahrscheinlich Schmerzen zugezogen hatte, lag er angegurtet ohne Beschäftigungsmittel im Bett. Mit vierzehn Monaten blieb Michael in dieser Situation vermutlich nur eine Bandbreite von Ausdrücken zwischen anhaltendem Schreien und resigniertem Starren an die Decke. Um 18.00 Uhr bekam Michael laut Bericht sein letztes Abendbrot, er wurde gewaschen und kam dann wieder ins Bett – nun allerdings in den Schlafsaal.[62]

Der Schlafsaal war mit einem Ölsockel lackiert, wobei der Anstrich, der Wasser, Schmutz und Fett abweisen sollte, völlig zersplittert war und ausbröckelte. Im ganzen Raum verteilt standen verschiedene offenstehende Medikamente für die Krippenkinder. Der Raum war warm – so warm, dass die offen gelagerten Salben «völlig ausgetrocknet» waren. Weiter fand sich im Schlafsaal nur ein Fieberthermometer, das dem Bericht zufolge wohl für die ganze Gruppe der Kinder eingesetzt wurde und das in einem Becher ohne Desinfektionsmittel lagerte.[63] Der Spätdienst wurde darauf hingewiesen, dass auf Michael besonders zu achten sei, weil er klettere. Um 20.00 Uhr begann der Dienst der Nachtwache, die von der Leiterin «als zuverlässige und ordentliche Kraft» beschrieben wurde. Wegen Personalmangels in den Krippen war es in der DDR zu diesem Zeitpunkt gängig, nicht nur bei Nachtwachen auf ungelernte Kräfte zurückzugreifen. Auch die Nachtwache hatte keine Ausbildung zur Krippenschwester absolviert. Trotzdem war sie, wie üblich, in dieser Nacht allein für die 31 Krippenkinder verantwortlich. Um zwei Uhr nachts wurden die «kleinen Krabbler», und so auch Michael, von ihr noch einmal «trockengelegt». Danach wurde Michael wieder von der Nachtwache angebunden: «Als sie das Kind trockengelegt hatte, machte sie ihn am Anbindegürtel fest und zwar nur auf einer Seite, weil sie dem Kind etwas Bewegungsfreiheit lassen wollte.»[64] In einem Bericht des Ministeriums für Gesundheitswesen wurde nach einem Gespräch mit der Frau über ihr Motiv, Michael nur halb und nicht ganz anzubinden, notiert: «Frau (…) hat dem

Kind aus mütterlichem Gefühl etwas Bewegungsfreiheit geben wollen.»[65]

Der institutionelle Schutz vor der eigenen Lebendigkeit – ein «stabiler Lederriemen» – wurde aus einem «mütterlichen Gefühl» heraus nur halbseitig befestigt. Der Lederriemen kostete Michael Neumann das Leben. Das Kind erstickte, als sich der Lederriemen nach einer Drehung um seinen Hals legte, ihm die Luft zum Atmen nahm und er den Riemen selbst nicht mehr lösen konnte. Im Sektionsbericht des Instituts für gerichtliche Medizin wurde als Todesursache «Atypisches Erhängen» genannt.[66] Im Bericht führte die Krippenleiterin aus:

> «Bei dem Rundgang gegen 3 Uhr soll das Kind wohl auf dem Bauch geschlafen haben. Die Nachtwache nahm an es schlief und wollte es nicht aus dem Schlaf nehmen, ließ es also so liegen. Dann töpfte sie die großen Krabbler, legt anschließend die Säuglinge trocken und gibt ihnen die Flasche. Zwischen ½ [sic!] und 6 Uhr geht sie durch alle Zimmer. Das Kind (…) lag da wohl schon so, wie es später vorgefunden wurde. Die Nachtwache dachte es schläft und ließ es so liegen. Hätte sie es aber umgedreht, so hätte sie sicher gemerkt, daß das Kind tot war.
> Um 6 Uhr löste die Kollegin (…) die Nachtwache ab. Frau (…) berichtete, daß nichts Besonderes sei. (…) Ungefähr 20 Minuten nach 7 Uhr betrat (…) [die Schwester] ihr Zimmer der kleinen Krabbler. Sie machte Licht. Da stehen immer alle Kinder auf im Bett, um guten Morgen zu sagen. Der kleine (…) stand nicht auf. (…) [Die Schwester] wunderte sich und lief zum Bett und wollte ihn wecken. Sie faßte ihn an und erschrickt furchtbar, denn das Kind war eiskalt und hatte schon Leichenflecken an den Beinen. Es hatte sich zur Seite gedreht und lag mit dem Hals auf dem kurzen Riemen des Gürtels.»[67]

Das Berichtswesen erklärte den Tod von Michael Neumann somit als eine Verkettung von ungewollten Umständen. Das Kind war außergewöhnlich lebhaft und wurde deshalb mit einem Lederriemen angebunden. Die Nachtwache hatte gegenüber dem Krippenkind ein mütterliches Gefühl und gewährte ihm Bewegungsfreiheit, eine Bewegungsfreiheit, die dem Kind in Kombination mit der halbseitigen Anbindung durch einen Lederriemen den Tod brachte. In den folgenden Berichten ging es nur am Rande um den Tod von Michael Neumann. Die Verfasser der Berichte interessierte auch seine außergewöhnliche Lebendigkeit nur nebensächlich, oder dass er aus seinem Bett gefallen war. Auch das mütterliche Gefühl der Nachtwache wurde nur kurz genannt und spielte keine weitere Rolle. Der Protagonist der aufeinanderfolgenden Schreiben in der Akte war nicht das gestorbene Kind, sondern der stabile Lederriemen. Ein Lederriemen, gegen den der kleine Körper irgendwann zwischen dem 10. und dem 11. November 1959 den nächtlichen Kampf um sein Leben verlor. Der Lederriemen, der von den Wochenkrippen und Dauerheimen des Landes benötigt wurde, um trotz durchgehender Personalnot die Kinder nachts bewachen zu können, während die Eltern studieren oder arbeiten mussten. Die Abteilung Gesundheitswesen des Rates der Stadt Halle (Saale) ordnete fünf Tage nach Michael Neumanns Tod an: «In sämtlichen Einrichtungen, die zu unserer Verwaltung gehören, ist das Anbinden der Kinder so weit wie möglich untersagt.»[68]

Die Formulierung deutet darauf hin, dass unter Umständen Kinder angebunden werden mussten und dass auf das Anbinden nur verzichtet werden sollte, wenn dies auch möglich sei. Die in der Akte gesammelten Schreiben unterschiedlicher Einrichtungen verdeutlichen jedoch, dass es in Halle (Saale) zu diesem Zeitpunkt nicht in allen Krippen möglich war, auf die Ledergurte zu verzichten. Schon ab dem nächsten Tag gingen Schreiben ein, welche die nächtlichen Zustände in den Krippen verdeutlichen. Die Oberschwester eines Säuglingsheims schrieb am 17. November 1959:

> «Im Säuglingsheim Adelheidsruh sind 140 Kinder in 28 verschiedenen Zimmern zum Schlafen untergebracht, und zwar: 50 Krabbel- und Kleinkinder im Alter von 1 ½ – 4 Jahren in *3 Stockwerken* und *10 Zimmern* und die übrigen 90 Kinder von 0–1 ½ in *18 Zimmern*. Die 50 großen Kinder, die in Betten mit einer Höhe von 1,05 m liegen, werden von *einer* Nachtwache betreut. Unter diesen Umständen ist dringend erforderlich, daß die Kinder mit Bettgürteln versehen werden, um sie vor einem Unfall zu behüten.»[69]

Die Leiterin der Krippe der Martin-Luther-Universität schrieb am 16. November 1959 an das Gesundheitswesen der Stadt:

> «Gleich nach der Bekanntgabe des bedauerlichen Unglückes in der Krippe Staatssicherheit, rief ich das Pflegepersonal zusammen, berichtete den Unfall und ordnete an, alle Bettgürtel zu entfernen. Ich führte strenge Schlafwache ein, soweit es sich durchführen läßt. Leider geht es nachts schlecht, denn eine Nachtwache, bei 45 Kindern, Säuglingen und Kleinkindern, kann nicht gleichzeitig überall sein. Sollte sich dieses nicht durchführen lassen, da es doch wilde Kinder gibt, so muß es kurz angebunden werden, nur zum Einschlafen, wie wir es bisher getan haben (…).»[70]

Im Auftrag des zuständigen Ministeriums für Gesundheitswesen begutachtete daraufhin eine Ärztin in der folgenden Woche alle in den hallischen Krippen verwendeten Ledergurte, um dann anzuordnen, dass nur noch ein bestimmter Riemen zur Fixierung der Säuglinge und Kleinkinder genutzt werden sollte.[71] Die hallischen Krippen hatten zwei Wochen nach dem Tod Michael Neumanns durch «Atypisches Erhängen» mit einem neu verordneten Lederriemen ein einheitlich-pragmatisches Vorgehen zur weiteren alltäglichen Fixierung von Säuglingen und Kleinkindern bei Tag und Nacht gefunden. Neun Monate nach dem

Tod von Michael Neumann wurde in dem Bericht des Kreisarztes über die Lage der hallischen Krippen und ihre Perspektiven festgehalten: «Solange es uns nicht möglich ist, zumindest die zusätzlichen Planstellen für Nachtwachen zu erhalten, müssen unsere grösseren Kinder nachts mit Leibchen angebunden werden, da die vorhandenen Nachtwachen nicht ausreichen».[72] Trotz dieser massiven Probleme sei die Erhöhung von Planstellen «trotz aller unserer Bemühungen auf Grund der vom Rat des Bezirkes gegebenen Kennziffern ausgeschlossen, eine Änderung in absehbarer Zeit nicht zu erwarten».[73]

Auch die Betriebskrippe des MfS am Kirchtor 8a gegenüber der Haftanstalt «Roter Ochse» bekam zeitnah die entsprechenden Ledergurte geliefert. Die Nachtwache kündigte nach dem Vorfall. Im Bericht des Ministeriums für Gesundheitswesen wurde vermerkt, dass das anhängige Gerichtsverfahren zum Tod von Michael Neumann «vom Ministerium für Staatssicherheit verfolgt und eventuell selbst geführt werden»[74] sollte, wohl auch, damit die Verhältnisse in der eigenen Betriebskrippe nicht öffentlich verhandelt werden mussten. Der Alltag in den DDR-Krippen ging seinen Gang. Es ist davon auszugehen, dass die unzureichende materielle Ausstattung der Krippen – beispielsweise das Fehlen von entsprechenden Betten – und der Mangel an Personal dazu geführt haben, dass weiterhin Krippenkinder am Tag und in der Nacht mit Lederriemen fixiert wurden.[75] Wie die Akten zeigen, kam es in den DDR-Krippen allerdings nicht nur zu Fixierungen, sondern auch zu Sedierungen.

Propaphenin

Konfessionelle Krippeneinrichtungen waren in der DDR wenig verbreitet.[76] Sie stellten in mehrfacher Hinsicht einen Spezialfall dar. Einerseits wurde hier häufig Personal beschäftigt, das anderswo keine Anstellung fand.[77] Andererseits wurden hier in den

1950er und 1960er Jahren zunehmend Kinder untergebracht, die in staatlichen Einrichtungen nicht mehr betreut werden sollten, beispielsweise weil sie Behinderungen hatten.[78] Alternativ wurden Kinder mit geistigen Behinderungen in der DDR in Psychiatrien, Pflege- oder Altenheime abgeschoben und vernachlässigt, oder sie führten jahrelang auf Krankenstationen ohne entsprechende Betreuung ein karges und trostloses Leben.[79] Insofern hatten die konfessionellen Heime eine wichtige Aufgabe.

Das hier beschriebene konfessionelle Heim wurde 1952 vom Leiter der Abteilung Jugendhilfe des Ministeriums für Volksbildung, Eberhard Mannschatz, offiziell zum DDR-Kinderheim ernannt – «Zweckbestimmung: Schwererziehbare Hilfsschüler».[80] Schwererziehbar war man in der DDR unter Umständen schon, wenn man Rockmusik hörte, lange Haare trug oder wechselnde Geschlechtspartner hatte. Schlimmstenfalls landete man dann in sogenannten «Jugendwerkhöfen», in denen Zwangsarbeit und Gewalt zum Alltag der Jugendlichen gehörten. Mannschatz war für die «pädagogische Ausgestaltung» der Jugendwerkhöfe verantwortlich. Jugendliche wurden hier oft so lange psychisch und physisch unter Druck gesetzt, bis sie sich zum Sozialismus bekannten.[81] In seinem Buch *Die Umerziehung von Kindern und Jugendlichen in den Heimen der Jugendhilfe* führte Mannschatz über sein Erziehungsziel aus:

> «Das Ziel der Umerziehung besteht darin, die genannten Besonderheiten in der Persönlichkeitsentwicklung zu überwinden, die Eigenheiten im Denken und Verhalten der Kinder und Jugendlichen, welche die Wirkung der positiven gesellschaftlichen Erziehungseinflüsse abschwächen, zu beseitigen und damit die Voraussetzungen für die normale Persönlichkeitsentwicklung zu schaffen. So sehen wir die Situation unserer Kinder und Jugendlichen in den Spezialkinderheimen und Jugendwerkhöfen.»[82]

Der Geist der Zurichtung richtete sich aber nicht nur gegen die Jugendlichen des Heims, sondern auch gegen die Kleinsten, die im Säuglingsdauerheim untergebracht waren. Hiervon erfahren wir durch einen Bericht an Eberhard Mannschatz und die folgende Korrespondenz. Es geht um den Fall des dreijährigen Dang Nguyen.[83] Das Kind kollabierte am Mittwoch, dem 8. November 1961, nachdem es eine große Menge von beruhigenden Medikamenten[84] einnehmen musste.[85] Die Berichte dokumentieren die entsetzlichen Zustände, die teilweise in DDR-Heimen herrschten – in die leider immer wieder auch Säuglingsdauerheime für Kinder im Alter bis zu drei Jahren integriert waren. Ursache für diese Missstände war vielfach ein überfordertes Pflegepersonal. Der ständige Personalmangel ließ in den DDR-Krippen Praktiken der Ruhigstellung auch für Säuglinge und Kleinkinder zum Einsatz kommen. Ging es in dem zuvor beschriebenen Fall von Michael Neumann um die Fixierung von lebhaften Kindern, zeigt der Fall von Dang, wie Medikamente zur Sedierung von unruhigen und behinderten Kindern eingesetzt wurden.

Dang war 1958 mit einer Behinderung zur Welt gekommen. Sein Vater war vermutlich vor dem Krieg aus Vietnam geflohen und lebte nun als Arzt in der DDR. Über Dangs Mutter ist aus den Akten nichts bekannt. Sie scheint den Berichterstattern unbekannt oder nicht erwähnenswert. Die Familie von Dang konnte oder wollte sich nicht mehr um den kleinen behinderten Säugling kümmern, weshalb sie ihn in einem Säuglingsdauerheim im Bezirk Frankfurt (Oder) unterbrachte. Im Heim war er eines von 75 als behindert bezeichneten Kindern, die anderen 15 galten als «Hilfsschüler».[86]

Die Berichte zeigen, dass das Personal, das Dang Nguyen betreute, völlig unqualifiziert und durch die im DDR-Krippensystem üblichen personellen Unterbesetzungen überfordert war. So wurde bereits im November 1960 vom Ministerium für Volksbildung «eine ungenügende Sorgfalt in der Arbeitsweise des Personals»[87] festgestellt. Bei einer Inspektion durch die zuständige

Abteilung Volksbildung/Jugendhilfe des Rates des Bezirkes war aufgefallen, dass auf der Toilette das Desinfektionsmittel «Kresol» für die Kinder zugänglich gelagert wurde. In einem darauffolgenden Gespräch gab die Heimleitung zu, dass «bereits ein Kind im Krankenhaus an inneren Verbrennungen lag [sic!], da es ebenfalls Kresol getrunken hatte».[88] Trotzdem stand bei einer Überprüfung vier Wochen später das Kresol wieder am gleichen Ort.[89]

Ein Jahr später war der Heimleiter abgelöst worden, angeblich lag «unmoralisches Verhalten vor».[90] In der Regel wussten die Eltern wenig bis nichts über den Alltag ihrer in Betreuungseinrichtungen untergebrachten Kinder, auch weil diese zu Hause oder bei etwaigen Besuchen nicht in der Lage waren, über ihre Lebenssituation Auskunft zu erteilen. Hätten die Eltern von Dang über die Verhältnisse im Säuglingsdauerheim Bescheid gewusst, hätten sie ihn wahrscheinlich in eine andere Einrichtung verlegt. So befand sich Dang jedoch am Dienstag, den 7. November 1961, zusammen mit neun anderen Kindern im Alter zwischen drei und vier Jahren im Spielzimmer des Säuglingsdauerheimes. Bei den Kindern konnte aufgrund ihrer Behinderungen von einem erhöhten Betreuungsaufwand ausgegangen werden. Aufsicht führte Schwester Helga Schneider.[91] Gegen Mittag wurden die Kinder in Dangs Gruppe unruhig. Schwester Schneider verließ daraufhin für zehn Minuten den Raum, um Beruhigungsmittel zu holen. Die zehn behinderten Kinder waren in dieser Zeit allein im Raum. Die Praxis der Sedierung war nach den Angaben der Schwester von dieser mit dem Heimarzt Dr. Keppler[92] abgestimmt worden. Keppler war Psychiater und kam einmal in der Woche in das Heim, um die Kinder, und damit auch Dang, medizinisch zu versorgen. Im Bericht wird darauf verwiesen, dass der Arzt Folgendes angeordnet habe: «Die unruhigen Kinder erhalten zur Dämpfung und Beruhigung Propaphenin in Tabletten, z. T. regelmässig, z. T. nach Bedarf. Bei grosser Unruhe darf auch mal eine bestimmte Dosis zwischendurch gegeben werden.»[93]

Das Neuroleptikum Propaphenin, das auch zur Behandlung

von Schizophrenie eingesetzt wurde, wirkt vor allem sedierend. Die Kinder sollten leise sein, am besten schlafen, um nicht weiter zu stören. Fragwürdig erscheint in diesem Zusammenhang, dass Frau Schneider den Raum verlassen hatte, obwohl im Raum ein Medikamentenschrank mit den entsprechenden Mitteln vorhanden war. Der abschließbare Schrank war extra eingerichtet worden, um Medikamente «schnell bei der Hand zu haben und nicht extra den Raum verlassen zu müssen, da nicht genug Personal vorhanden ist».[94] Ob aus diesem Schrank oder dem Nebenraum, Dang und die anderen Kinder der Gruppe bekamen nun zur Ruhigstellung Neuroleptika, und zwar eine beträchtliche Menge. Einige Zeit später kam eine zweite Pflegekraft in das Spielzimmer der Krippenkinder. Ihr fiel auf, dass «die Kinder sehr müde waren. Sie legten sich z. T. lang auf den Fußboden, einige sackten regelrecht zusammen, sodass eines nach dem anderen in sein Bett getragen werden musste.»[95] Man kann davon ausgehen, dass dies auch Dang betraf. In dem zweiten Bericht wird zu diesem Vorgang ausgeführt: «Gegen Mittag taumelten einige Kinder. Nacheinander wurden 20 Kinder zu Bett geschafft.»[96] Die zweite Schwester verständigte daraufhin die stellvertretende Heimleitung, welche das Gespräch mit Schwester Schneider suchte, um sich zu erkundigen, ob die Kinder um Dang eine zu hohe Dosis Neuroleptika bekommen hätten. Der Bericht führt hierzu aus: Die Schwester «fand die Müdigkeit der Kinder nicht besonders auffällig und meinte, wenn sie zu viel gegeben hätte, würde sie das schon selbst vor (…) [dem Heimarzt] verantworten».[97]

Die Antwort von Frau Schneider verdeutlicht, dass es sich für sie um einen normalen Vorgang in ihrer Pflegepraxis handelte. Die Müdigkeit war nicht auffällig, sondern gewollt. Schwester Schneider vermutete, dass ihr Handeln sich auch gegenüber dem leitenden Heimarzt vertreten ließe. Der stellvertretende Heimleiter kontrollierte daraufhin den Medikamentenschrank und fand eine leere Flasche Propaphenin – es fehlten ca. 220 Tabletten.

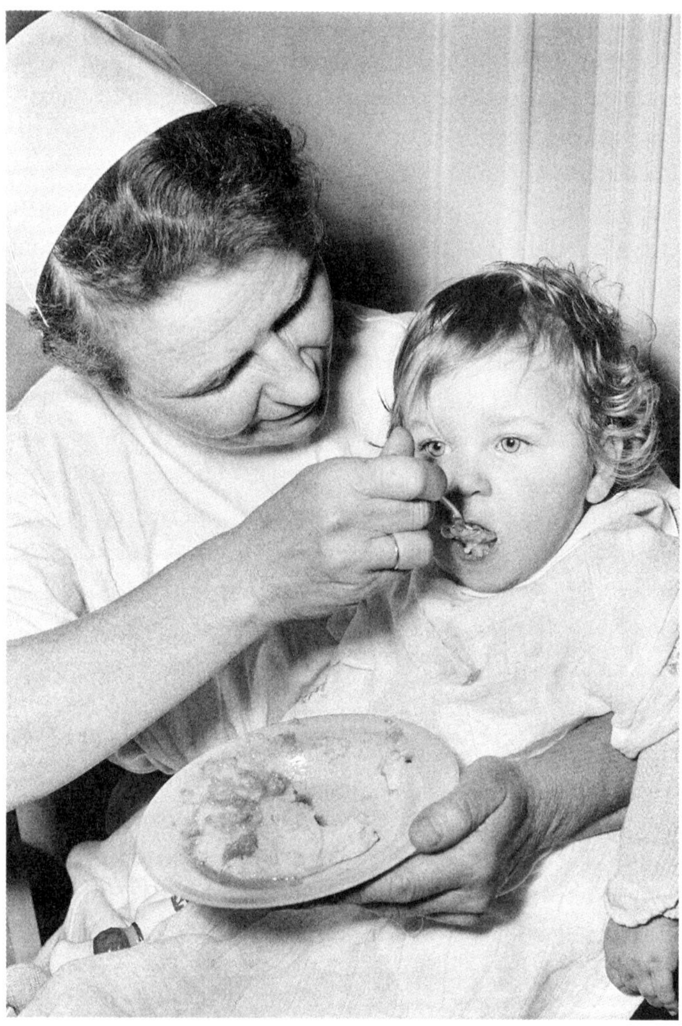

Abbildung 10: Eine Pflegerin füttert ein Kind in einer Krippe, 1956

Dennoch wurde der normale Heimalltag zunächst fortgesetzt. Man ließ Dang und die anderen Kinder in ihren Betten liegen und wartete den Tag und die darauffolgende Nacht ab. Erst am nächsten Morgen entschloss man sich, medizinische Hilfe zu suchen. Gegen neun Uhr trafen die Kinder in der Kinderabteilung des Krankenhauses ein. Dort wachte Dang Nguyen jedoch nicht mehr auf, für ihn kam die medizinische Hilfe zu spät. Sein Kreislauf versagte, bevor er im Krankenhaus verstarb. In der Akte wird vermerkt: «Klinisch stand ein Kreislaufkollaps im Vordergrund neben der völligen Bewusstlosigkeit. Dies deutet auf Propaphenin hin.»[98]

Die anderen sechs Kinder aus Dangs Gruppe schwebten sechs Tage in Lebensgefahr, bevor sie gerettet werden konnten. Der Fall wurde der Kriminalpolizei übergeben. Schwester Schneider arbeitete auch nach dem Vorfall zunächst vorläufig weiter im Heim. Sie gab an, dass die Kinder wohl selbst die Tabletten aus dem Medizinschrank genommen hätten. Dass dies nicht der Wahrheit entsprechen konnte, verdeutlichen die Ausführungen im Bericht:

> «Völlig unklar ist, wie die Kinder an den Schrank gekommen sein sollen. Bei der manuellen Ungeschicklichkeit dieser Patienten ist es kaum anzunehmen, dass sie in der Lage waren, den Schrank zu öffnen, falls sie das Schlüsselbund wirklich erwischt haben sollten. Die Schlüssel lagen auf dem 1,50 m hohen Wandschrank oder auf einem 2 m hohen Sims. Schrank und Wände sind völlig glatt und bieten keine Möglichkeiten, hinaufzuklettern. Die Kinder wären auch nicht in der Lage, sich einen Tisch oder Stuhl an den Schrank zu rücken, um sich das Schlüsselbund vom Schrank zu holen. Bei einer Abwesenheit von 10 Minuten hätte dies auch von der Schwester bei der Rückkehr bemerkt werden müssen. Ebenso hätten sich Spuren von den Tabletten finden lassen müssen, da die Kinder unmöglich ca. 220 Tabletten ohne Verschütten unter sich hätten verteilen können.»[99]

Die Referentin für Mutter und Kind beim Rat des Bezirkes ging daher von einer groben Fahrlässigkeit der Schwester aus: «Wir betrachten die Sache deshalb als grobe Fahrlässigkeit der Hilfsschwester, begünstigt durch den Personalmangel und die daraus entstehende Überlastung.»[100] In den Berichten des Ministeriums wurden die Gründe für die Fahrlässigkeit nicht weiter thematisiert. Die Begründung der Überlastung durch Personalmangel schien als Erklärung ausreichend. Kritisiert wurde in den Berichten zum Tod von Dang Nguyen an keiner Stelle, dass die Kinder systematisch mit Neuroleptika ruhiggestellt wurden – problematisch erscheint nur die Überdosierung. Obwohl die Berichtslage klar war, konnte man der Schwester «nichts Sicheres beweisen».[101] Zum Zeitpunkt des Berichtes im Januar 1962 war sie vorläufig noch im Dienst und pflegte weiter die Kinder im Heim.[102] Der Personalmangel und die damit zusammenhängenden Überlastungssituationen waren durchgehende Probleme des DDR-Krippensystems. Die Akten problematisieren deshalb auch nicht die Praktiken der Fixierung und medikamentösen Ruhigstellung der Krippenkinder. Sie gehörten als Mittel der Wahl bei zu großer kindlicher «Lebhaftigkeit» oder «Unruhe» als Selbstverständlichkeiten zum Alltag der DDR-Krippen in den 1950er und 1960er Jahren.

V. DDR-DEBATTEN UM DIE KRIPPE

Wer ist die bessere Mutter?

«Der Sozialismus siegt!» war die Parole des V. Parteitages der SED 1958 in Ost-Berlin. Beflügelt durch den sowjetischen Erfolg mit dem Sputnik-Satelliten im Oktober 1957 verkündete Fritz Selbmann als stellvertretender Regierungschef im selben Jahr: «Wer als erster den Erdtrabanten in die Welt schicken kann, dem wird es auch möglich sein, die ökonomische Hauptaufgabe zu lösen, nämlich den Kapitalismus in der Produktion von Fleisch und Fett zu überholen.»[1] Als 1958 die Bundesrepublik auch noch eine Konjunkturschwäche zeigte,[2] sah sich die Regierung der DDR im Aufwind. Walter Ulbricht erfand den irritierenden Slogan «Überholen ohne Einzuholen». Auf dem Weg zur kommunistischen Weltrevolution wollte die DDR ihren Teil beitragen und die Überlegenheit des Sozialismus demonstrieren, indem sie bis 1961 die Bundesrepublik beim Pro-Kopf-Verbrauch von wichtigen Lebensmitteln und Konsumgütern zu überflügeln versuchte.[3] Hierfür benötigte die DDR dringend neue Arbeitskräfte. Die größte Arbeitskraftreserve sah die SED nach dem V. Parteitag bei den verheirateten Müttern.[4]

Beim internationalen Frauenseminar 1958 stellte die Justizministerin Hilde Benjamin fest, dass weniger als ein Fünftel der verheirateten Frauen aus Familien in der DDR einer Erwerbstätigkeit nachgingen.[5] Ende der 1950er Jahre hatten die staatlichen Versuche, Frauen zur Aufnahme einer Berufstätigkeit zu bringen, vor allem bei alleinstehenden Frauen Erfolge gezeigt, wohingegen sich verheiratete Frauen in der Regel um den Haushalt und die Pflege und Erziehung der Kleinkinder kümmerten. In dem

Standardwerk *Familienpolitik in der DDR 1945–1980* von Gesine Obertreis heißt es dazu: «Die Propaganda zur Aufnahme einer Berufsarbeit war somit an den Frauen, die durch ihre Ehe materiell gesichert waren, fast spurlos vorbeigegangen.»[6]

Wie zu Beginn des Jahrzehnts folgte nun auch Ende der 1950er Jahre eine sogenannte Frauenoffensive, welche dazu dienen sollte, verheiratete Frauen zur Aufnahme einer Berufstätigkeit zu bewegen. Wie schon bei der ersten Frauenoffensive Anfang der 1950er Jahre wurde von der SED ökonomischer und ideologischer Druck ausgeübt. Ökonomischer Druck entstand unter anderem durch den Ausschluss nichtarbeitender Ehefrauen aus dem Lohnsteuersystem, die verhältnismäßig hohe Besteuerung niedriger Einkommen sowie die Abschaffung der Lebensmittelkarten. Verstärkt wurde dieser Druck durch einen allgemeinen Preisanstieg zum Ende der 1950er Jahre. Diese unterschiedlichen Faktoren führten dazu, dass sich die finanzielle Situation von Familien mit nur einem Verdiener stark verschlechterte.[7]

Neben dem ökonomischen Druck wurde auch ideologischer Druck aufgebaut, um das Bild der Hausfrau in der DDR zu diskreditieren. Obertreis schrieb:

> «Nur-Hausfrauen mußten sich zunehmend verantwortungslos und egoistisch fühlen, wenn sie weiterhin aktive Mitarbeit am Aufbau der neuen Ordnung verweigerten. Jetzt verwandelte sich auch für die verheirateten Frauen das Recht auf Arbeit in die Pflicht zur Arbeit, der sich auf Dauer kaum eine Frau entziehen konnte.»[8]

Bei dem Versuch, innerhalb der Gruppe der verheirateten Frauen neue Arbeitskräfte für die sozialistische Volkswirtschaft zu gewinnen, kam der Krippe in doppelter Hinsicht eine wichtige Bedeutung zu. Einerseits mussten die Krippenkapazitäten stark gesteigert werden, wenn nun auch noch die Kleinkinder der verheirateten Mütter aufgenommen werden sollten, andererseits mussten noch bestehende Vorbehalte der Bevölkerung gegenüber der Krippe weiterhin abgebaut werden.

Bezüglich der Ausweitung der Krippenkapazitäten war das SED-Regime erfolgreicher als beim Abbau der «Krippenskepsis» innerhalb der Bevölkerung. Durch Überbelegung der vorhandenen Plätze und durch Einrichtung neuer Krippen konnte die Kapazität des Krippensystems zwischen 1960 und 1970 weiter gesteigert werden. Gab es 1960 104781 Krippenplätze, wurden diese bis 1970 – trotz eines in der Mitte der 1960er Jahre beginnenden Geburtenrückganges – auf 183412 Krippenplätze erhöht. Besuchten 1960 14,3 Prozent der Kinder zwischen 0 und 3 Jahren in der DDR die Krippe, waren es 1970 schon 29,1 Prozent.[9]

Neben den materiellen Anstrengungen versuchte die DDR-Regierung auch in der ideologischen Auseinandersetzung, die Krippe in Stellung zu bringen. Zeitungsdiskussionen wurden genutzt, um die Vorbehalte der DDR-Bevölkerung gegenüber der Krippe abzubauen.[10] Im zentralen Presseorgan der SED, dem *Neuen Deutschland*, startete 1959 eine solche Diskussion in der Kolumne «Was SIE und UNS bewegt».

Auslöser für eine über Monate anhaltende Debatte war ein Leserbrief einer Frau namens «Gerda», welche der Leserschaft über ihre Ehe Folgendes mitteilte: «Wir sind zehn Jahre verheiratet. Ich habe unsere drei Kinder tagsüber zu versorgen, das füllt mich aber nicht aus.»[11] Gerda beschrieb in dem Artikel, wie sie begonnen hatte, sich über Volkshochschulkurse weiterzubilden und sich für politische Arbeit zu interessieren. Die von der SED geforderten Motive der Qualifizierung und Politisierung der Frau wurden also im Brief aufgegriffen. Beides führte sie jedoch mit ihrem Mann immer stärker in Konflikt: «Doch oh weh! Als mein Mann nach Hause kam und eine kalte Stube vorfand und die Bratkartoffeln auf dem Herd standen, war der Ehekrieg da.»[12] Der Mann untersagte seiner Frau daraufhin, weiterzuarbeiten, was Gerda verärgerte und unzufrieden machte. Der Brief endete mit der diskussionseröffnenden Frage: «Mein Mann ist abends von

Abbildung 11: Eine Mutter bringt ihr Kind in eine Wochenkrippe, Berlin-Prenzlauer Berg, 1954

der Arbeit abgespannt und will mich an seiner Seite haben. Ist seine Meinung richtig und gerecht? Ich würde gerne die Meinung anderer Eheleute zu dem wissen, was mich bewegt.»[13]

Den Selbstauskünften des *Neuen Deutschlands* zufolge entfachte der Brief eine lebhafte Diskussion. Die Zeitung bekam sechs Monate lang zwischen Dezember 1959 und Juli 1960 eine Vielzahl von Leserbriefen, auf die vorrangig in einer Kolumne von «Frau Renate» geantwortet wurde. Dabei bekam die Diskussion bald den Titel: «Wer ist seinen Kindern die bessere Mutter?»[14]

Es gab zwei Fraktionen. Eine Fraktion, die immer nur auszugsweise zitiert wurde, sah in der Hausfrau die bessere Mutter, weil sie mehr Möglichkeiten hätte, auf die Kinder individuell einzugehen, ihre Bedürfnisse zu erkennen und zu befriedigen. Eine andere Fraktion, die ausführlich auch mitunter in Form von parteinahen Fachleuten zu Wort kam, sah in der berufstätigen Mutter die bessere Mutter, weil sie dem Aufbau des Sozialismus diente und so ein Vorbild für die Kinder sein konnte. In diesem Zusammenhang wurde auch ausgiebig über die Fremdbetreuung von Kleinkindern diskutiert. Die erste Fraktion ging davon aus, dass die Berufstätigkeit der Mutter und die damit verbundene Fremdbetreuung der Kinder der Familie schade. Diese Briefe wurden im *Neuen Deutschland* jedoch nur auszugsweise abgedruckt. Sie dienten vielmehr als Aufhänger für entsprechende Überschriften wie «Zerstört die berufstätige Frau ihre Familie?».[15] In Artikeln dieser Art wurden dann Fachfrauen mit negativen Thesen zur Berufstätigkeit der Frau oder zur Fremdbetreuung konfrontiert. Der regierungsfreundliche Standpunkt wurde dabei in den Antworten der Expertinnen schnell deutlich.

So auch beispielhaft in dem Beitrag der späteren Professorin für Familienrecht an der Berliner Humboldt-Universität, Anita Grandke, welche zunächst Leserbriefe anführte, um ihre Antwort vorzubereiten:

> «Zwei Leserinnen schreiben in ihren Briefen, die Unterbringung der Kinder im Kindergarten usw. entwickele die Kinder zu Serienmenschen, führe zur Vermassung und dadurch zur Zerstörung der Familie. Diese beiden Leserinnen haben unbe-

> wußt eine Meinung aufgegriffen, die unsere Gegner seit Jahrzehnten strapazieren. Sehen Sie, liebe Leserinnen: Die Gegner des Sozialismus kennen sehr wohl die große Rolle der Familie bei der Erziehung der Kinder zu sozialistischen Menschen, vor allem jener Familien, deren beide Ehepartner arbeiten. Und so möchten sie einen Keil zwischen diese kleine persönliche Gemeinschaft und die sozialistische Gesellschaft treiben. Dabei knüpfen sie wiederum an die Berufsarbeit der Ehefrau und Mutter an.
> Gefahren der Zerstörung drohen unseren Familien ausschließlich von einer Seite, nämlich vom aggressiven deutschen Militarismus, der diese Gemeinschaft bereits zweimal millionenfach zerstört hat. Gefahren der Vermassung drohen den Kindern, der Jugend vom preußischen Militärdrill, von der Verrohung durch Comics, Gangsterfilme usw. (…).»[16]

Die Kampagne im *Neuen Deutschland* zeigte deutlich, dass man sich überlegen musste, ob man sich wiederholt öffentlich gegen die Krippenbetreuung stellen wollte. Tat man dies, konnte man schnell zum Gegner des Sozialismus und zum Gegner der Gleichstellung der Frau abgestempelt werden, und dieser Stempel der Unangepasstheit konnte in der DDR unangenehme Folgen haben. Die Richtung der Diskussion war also vorgegeben und drückte sich in Titeln wie «Das Hausfraueneinerlei stumpft ab»[17] aus. Immer wieder ging es dabei auch um die Vor- und Nachteile der staatlichen Kinderbetreuung. Ein zentraler Artikel in diesem Zusammenhang wurde unter der Überschrift «Bleibt ein Krippenkind zurück?» veröffentlicht. Der Artikel begann wie so oft mit einem Lob auf den wohltätigen Staat:

> «In ihren Briefen zur Diskussion ‹Wer ist seinen Kindern eine bessere Mutter?› schreiben viele berufstätige Mütter und Väter an Frau Renate über die Erziehung und Betreuung ihrer Kinder in den Krippen und Kindergärten. Fast ausnahmslos finden sie

> herzliche Worte über die Fürsorge unseres Staates auch auf diesem Gebiet und über die Vorteile der Gemeinschaftserziehung, die ihre Kinder auf das Leben in der sozialistischen Gesellschaft vorbereitet.»[18]

Der Artikel verweist hier auf andere Artikel mit Überschriften wie «Das könnte ich meinen Kindern nicht bieten»,[19] die aufzeigen wollten, dass das staatliche Betreuungsangebot der Familienbetreuung überlegen wäre. Die Argumentation wurde dabei immer wieder auf zwei Säulen aufgebaut: Die Kinder würden erstens von Experten betreut, die es besser als die Eltern verstünden, die Kinder zu pflegen und zu erziehen. Und zweitens könnte die berufstätige Mutter ihre Kinder aufgrund ihrer umfassenderen Lebenserfahrung besser erziehen als die Hausfrau. Um das sozialistische Modell der Gemeinschaftserziehung auch bei den DDR-Familien siegen zu lassen, mussten die letzten Zweifel durch Artikel wie «Bleibt ein Krippenkind zurück?» von Experten ausgeräumt werden. In diesen Artikeln zeigte sich immer wieder ein ähnliches Schema: Zuerst das Lob für den Staat und seine Großzügigkeit, die Krippen auszubauen, dann ein kritischer Leserbrief, der von einer Expertin beantwortet und eingeordnet wurde. In dem genannten Artikel wurde aus einem kritischen Brief eines Herrn Winfried Schweitzer aus Wittenberge zitiert: «Holen wir unser Jüngstes von der Krippe über Sonnabend/Sonntag ab, dann ist es bleich und kommt mit irgendeinem Unwohlsein zurück, während es zuhause aufblüht. Der Grund kann doch nur in der unzweckmäßigen Betreuung zu suchen sein.»[20]

Offensichtlich hatte Herr Schweitzer sein Kind in einer Wochenkrippe untergebracht, in der das Kind von Montagmorgen bis Samstagnachmittag durchgehend ohne die Eltern leben musste. Dass das Kind am Wochenende bleich und mit Unwohlsein bei den Eltern eintraf, führte er auf die Betreuung in der Krippe zurück. Als Antwort auf seinen Leserbrief bat die Zeitung eine «Expertin» um ihre Einschätzung:

> «Frau Renate wandte sich daraufhin an Frau Annemarie Nimmergut, die Leiterin eines Stalinstädter Kindergartens, selbst Mutter von drei Kindern und zudem Fernstudentin, und bat sie, aus dem Schatz ihrer reichen Erfahrungen auf diese wichtigen Bemerkungen unserer Leserinnen und Leser zu antworten.»[21]

Die Kindergärtnerin Nimmergut, die nach ihrem Zeitungsbeitrag und dem angedeuteten Fernstudium promoviert wurde und 1984 mit dem Vaterländischen Verdienstorden in Gold für ihre «Verdienste um die Stärkung unseres Staates» geehrt werden sollte,[22] antwortete pflichtbewusst:

> «Es ist eine unumstößliche Tatsache, daß die Kinder in den Krippen vorbildlich versorgt werden. Ich konnte in meiner nunmehr 17jährigen Berufsarbeit feststellen, daß die gesundheitliche Betreuung der Kinder in der Krippe vielfach die Pflege in der Familie übertrifft, weil die junge Mutter aus falsch verstandener Fürsorge oft Fehler in der Ernährung und Betreuung der Kleinen macht.»[23]

Konträr zu Herrn Schweitzers Erfahrungen mit seiner Tochter argumentierte Frau Nimmergut, dass die Betreuung in den Krippen nicht schlechter, sondern besser als in den Familien sei. Die «Expertin» Nimmergut übernahm dabei ein in öffentlichen Diskussionen über die Krippen oft anzutreffendes Argumentationsmuster: Die Krippenbetreuung sei der Familienbetreuung überlegen, weil die Krippe von fachkundigem Personal geleitet würde, das sich an den neuesten wissenschaftlichen Erkenntnissen orientierte. Dass die Kinder in den Säuglingsdauerheimen und Wochenkrippen ohne ihre Eltern litten, sei wahlweise ein falsches Gerücht aus dem imperialistischen Bonn, mit dem Ziel, den Sozialismus zu schwächen, oder ein Zustand, der durch den Fortschritt der sozialistischen Wissenschaft überwunden werden könne. In einem weiteren Leserbrief wurden Hospitalismusschäden und Entwicklungsrückstände der Krippenkinder thematisiert.[24] Schmidt-Kolmer hatte bereits 1957 die Symptome des psychischen Hospitalismus eindrücklich beschrieben. Dieser zeichnete sich nach ihren Ausführungen durch vier Merkmale aus: 1. durch «mangelhafte Konzentrationsfähigkeit» und «ungenügende Entwicklung der Selbstbeherrschung», 2. durch «ungenügende Entwicklung der Untersuchungs- und Nachahmungstätigkeit», was zu einer Verminderung der Erkenntnis- und Lernfähigkeit führe, 3. durch «Verkümmerung der zwischenmenschlichen Beziehungen und damit des Gefühlslebens, insbesondere der gefühlsmäßigen Grundlagen des Gewissens und der sittlichen und moralischen Charaktereigenschaften» und 4. durch das «Zurückbleiben der Sprachentwicklung und damit der Fähigkeit der Abstraktion und Verallgemeinerung, d. h. also des bewußten Denkens.»[25]

Der Hospitalismus von Krippenkindern war laut der Antwort von Frau Nimmergut aber kein reales, sondern nur ein theoretisches Problem der Vergangenheit, mit dem man sich in der Fachausbildung beschäftige. Frau Nimmergut schrieb:

> «Auch während meiner, wie erwähnt, über 17 Jahre zurückliegenden eigenen Ausbildung wurde über die Erscheinung des ‹geistigen Zurückbleibens› von Kindern in Krippen und Heimen – die Frau Jaenisch antippt – gesprochen. In der faschistischen Zeit stellte man diesen ‹Hospitalschaden› als eine unabänderliche Tatsache dar, als eine Gefahr, mit der man beim Kind in Gemeinschaftserziehung ‹eben rechnen müsse›. Auch in kapitalistischen Ländern meint man, daß es sich hier um eine unabänderliche Naturerscheinung handelt. ‹Hospitalschäden› müssen aber nicht sein. Wissenschaftliche Gründlichkeit in Erziehung und Betreuung der Kinder schließen sie von vornherein aus.
>
> Auf diesem Gebiet kann und muß unsere Arbeit ständig weiter verbessert werden. Bisher wurde die Ausbildung des Krippen-

> personals besonders auf die pflegerische Betreuung des gesunden und kranken Säuglings gerichtet. Die Bedeutung pädagogischer und entwicklungspsychologischer Kenntnisse für die Arbeit in den Krippen wurde eine Zeitlang unterschätzt. Aber aus diesem Fehler wurde gelernt. Jetzt werden den jungen Schwesternschülerinnen auch diese Fächer in größerem Umfange vermittelt.
> (...) Erscheinungen oder auch nur Ansätze von ‹Hospitalschäden› haben wir bisher keineswegs festgestellt!»[26]

Nimmergut wiederholte die offizielle Argumentation der öffentlichen Krippendiskussionen der 1960er Jahre: Teilweise wurde eingeräumt, dass es so etwas wie Entwicklungsrückstände und Hospitalismusschäden bei Krippenkindern gegeben habe, diese seien in der DDR aber überwunden worden. Man hätte sich in den 1950er Jahren unter Umständen zu stark auf die Pflege und zu wenig auf die psychische Entwicklung und Erziehung der Krippenkinder fokussiert. Durch eine Veränderung der Ausbildung und durch Weiterbildungsangebote seien diese pädagogischen und entwicklungspsychologischen Defizite aber überwunden worden, weshalb Hospitalismusschäden in der DDR nicht mehr festgestellt werden könnten. Dass diese eine Folge der Trennung von der Mutter seien, stellte man als eine Auffassung aus faschistischen Zeiten dar. Krippengegner waren also nicht nur Gegner des Sozialismus, sondern sie bedienten sich auch der Argumente, die schon von Faschisten angeführt worden seien. Der ideologische Druck der Argumentation wurde hier greifbar. Wenn man sich nicht im Geiste des Faschismus als Gegner des Sozialismus verstehen wollte, sollte man die Krippenbetreuung in der DDR grundsätzlich besser nicht in Frage stellen. Der Artikel «Bleibt ein Krippenkind zurück?» endete mit dem Resümee:

> «Unsere berufstätigen Frauen sollen und werden mehr und mehr auch die restlichen Bedenken über die Entwicklung ihres

> Kindes in Krippe und Kindergarten aufgeben können. Viele andere Frauen werden größeres Zutrauen gewinnen, wenn sie ihre Kinder in guten Händen wissen und sich in den Prozess der gesellschaftlichen Produktion einreihen.»[27]

Ähnliche volkserzieherische Diskussionen um die Frage nach der Berufstätigkeit von Müttern sowie der Kindererziehung finden sich auch in anderen Zeitungen und Zeitschriften Ende der 1950er und Anfang der 1960er Jahre. Iris Goldstein – zu diesem Zeitpunkt Ehefrau des späteren Ministers für Kultur Klaus Gysi – schrieb 1958 einen Artikel in der Zeitschrift *Elternhaus und Schule* unter dem Titel «Bin ich eine schlechte Mutter?».[28]

In dem wiederum eine ähnliche Debatte eröffnenden Artikel beschrieb Goldstein das von ihr erlebte Glück beim ersten Kind, aber auch, wie sie bald Befriedigung erfuhr, als sie wieder in die Arbeit einsteigen konnte.[29] Auf diesen Artikel antwortete in bemerkenswerter Weise die Mutter Alice Keller 1959:

> «Seit mehreren Jahren lese ich die Zeitschrift ‹Elternhaus und Schule› mit großem Interesse. Heute möchte ich Ihnen zu dem Artikel ‹Bin ich eine schlechte Mutter?› von Iris Goldstein in Heft 10/58 etwas schreiben. Leider erlebte ich nie dieses Glück ‹in den vier Wänden› mit dem ersten Kind. Ich musste mein Kind gleich nach sechs Wochen in ein Wochenheim geben, damit ich mein Studium beenden konnte. Teils wohnungs-, teils arbeitsmäßig bedingt, konnte ich mein Kind drei Jahre lang immer noch nicht nach Hause nehmen. In der Zwischenzeit wurde ich geschieden, und der Junge ist nun fünfeinhalb Jahre alt. Er kommt im nächsten Jahr in die Schule. In meinem jährlichen Urlaub lernte ich mein Kind immer ein bisschen näher kennen. So stellte ich in diesem Jahr zum Beispiel fest, dass er schlecht und ungepflegt spricht, dass er sehr nervös und laut ist und dass er einen Hang zum Schwindeln hat. Mir blieb das verborgen, weil ich das Kind jahrelang nur übers Wochenende zu Hause hatte.

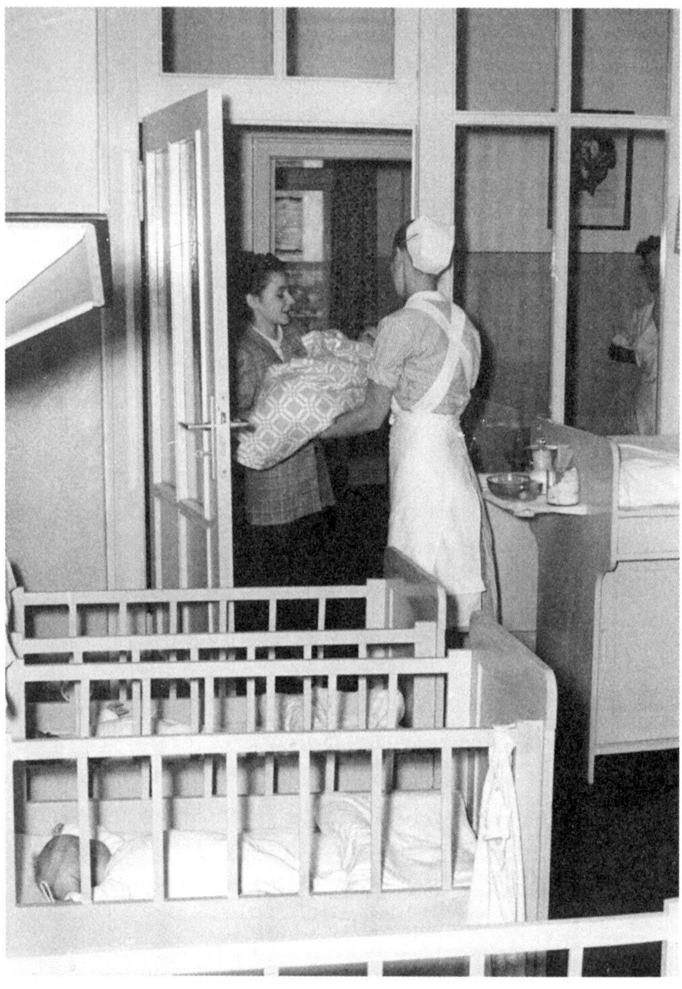

Abbildung 12: Eine Berliner Mutter beim Abholen ihres Kindes, 1954

Obwohl ich an der Erziehung im Wochenheim beim besten Willen nichts auszusetzen hatte, nahm ich in diesem Sommer das Kind aus dem Heim heraus. Er geht jetzt seit einigen Monaten in den Kindergarten und kommt folglich täglich 17 Uhr nach Hause. Dann beschäftige ich mich mit ihm eine Stunde, wir es-

> sen zusammen und ich bringe ihn ins Bett. Jetzt lerne ich ihn erst richtig kennen und versuche, ihn zu lenken und zu erziehen. Ich habe Schwierigkeiten dabei, vieles gelingt mir nicht. Ich muss sagen, dass ich darüber sehr, sehr traurig und manchmal verzweifelt bin, denn auch ich liebe mein Kind natürlich sehr und möchte aus ihm einen tüchtigen, klugen Menschen machen.
> Um zum Kern der Sache zu kommen: Ich halte es für unbedingt richtig, dass man als Frau auch einen Beruf hat und ihn gut ausübt. Aber das darf nie so weit gehen, dass man dafür sein Kind weggeben muss. Ich habe das sehr bereut und würde es auf keinen Fall wieder tun. Die wichtigste Aufgabe ist für eine Frau die Erziehung der Kinder, dahinter muss der berufliche Ehrgeiz zeitweise zurücktreten.»[30]

In dem Artikel drückt sich die Verzweiflung einer Mutter aus, welche die frühe Kindheit ihres Sohnes verpasst hatte. Sie kannte ihren Sohn nicht und freute sich, nun zumindest mit ihm nach dem Kindergarten eine Stunde zu spielen, Abend zu essen und ihn dann ins Bett zu bringen. Nur an wenigen Stellen des öffentlichen Diskurses wurde auch der Schmerz, den die Eltern über die Trennung von den Kindern empfanden, so offensichtlich.

Kasernen des Kapitalismus

Die Zeitungsdiskussionen zeigten, womit die Kritiker der Krippe in der DDR zu rechnen hatten. Sie galten schnell als Gegner des Sozialismus, die Positionen aus dem Lager der kapitalistischen Imperialisten oder sogar der Faschisten teilen würden. Umso erstaunlicher und mutiger war der Artikel des Professors für Sozialhygiene Rudolf Neubert, den er 1962 in der Zeitschrift *Die Wirtschaft* veröffentlichte.[31] Nachdem sich Neubert, der an der Universität Jena lehrte, mit der Geschichte der Frauenarbeit

Abbildung 13: Kinder in Laufställen in einer Krippe in Hoyerswerda, 1965

auseinandergesetzt hatte, kam er zu einem verblüffenden Schluss. Die Krippen seien weniger eine sozialistische als vielmehr eine kapitalistische Idee gewesen: «Um die jungen, eingearbeiteten weiblichen Kräfte im Betrieb behalten zu können, haben die Unternehmer Aufbewahrungseinrichtungen für Säuglinge und Kleinkinder erfunden. Es sind die Säuglings- und Kleinkinderkrippen.»[32]

Neubert drehte die öffentlichen Argumentationsmuster um. Die Krippen waren kein Produkt des sozialistischen Fortschritts, um die Frauen vom Herd zu befreien, sondern ein kapitalistischer Rückschritt, um junge Frauen im Betrieb zu behalten und ausbeuten zu können. Neubert richtet an den Leser die Frage:

«Wollen wir die Kasernierung der Säuglinge und Kleinstkinder, jene Erfindungen der kapitalistischen Großbetriebe, unbesehen übernehmen? Die Frage stellen heißt sie verneinen.»[33]

Gründe für die Ablehnung der Krippe suchte Neubert in den Grundmotiven des Sozialismus. Für Neubert versuchte der Sozialismus, den «Menschen und sein Bedürfnis in die Mitte»[34] zu stellen. Hiervon ausgehend versuchte er, die Bedürfnisse der Säuglinge gegenüber ökonomischen Interessen zu verteidigen:

> «Die Bedürfnisse des Säuglings und des kleinen Kindes aber heißen: Kontakt mit seiner Mutter. Zuerst natürliche Ernährung. Es handelt sich hierbei um ein Grundrecht jedes Neugeborenen. Der Kapitalismus hat sich um dieses Grundrecht nicht gekümmert, der Sozialismus muß es tun, nach dem Gesetz, nach dem er angetreten ist.»[35]

Als Professor für Sozialhygiene hatte Rudolf Neubert sich auch intensiv mit dem Thema der Säuglingssterblichkeit und den toxischen Dyspepsien auseinandergesetzt. Von der zu diesem Zeitpunkt immer noch aktuellen Diskussion um den frühen Wiedereinstieg von Müttern in die Arbeit, damit verbundenen Ernährungsumstellungen und den Gefahren der Ernährungsstörungen ausgehend, plädierte Neubert für das Recht des Säuglings auf natürliche Ernährung, sprich Muttermilch.[36] Unter Umständen war das qualvolle Leiden der Säuglinge in den Krippen – trotz der absehbaren Gegenreaktionen – sogar ein Motor für seine Motivation, einen solch kritischen Artikel zu den Krippen zu veröffentlichen. Neubert wusste, dass die Krippen für die Säuglinge und Kleinkinder ein physisches und psychisches Entwicklungsrisiko darstellten. Anders als andere vertrat er diese Meinung in einem Zeitungsbeitrag, der sich an ein breites Publikum richtete, und nicht nur in Fachaufsätzen: «Die Säuglinge und Kleinstkinder bleiben in Krippen und Heimen in ihrer körperlichen und geistigen Entwicklung zurück, wenn man nicht besondere Vorkehrungen trifft, d. h., wenn man nicht familienähnliche Situationen schafft (…).»[37]

Einlassungen wie von Neubert blieben in der Öffentlichkeit der DDR eine Seltenheit. Die Reaktion ließ nicht lange auf sich warten. Eva Schmidt-Kolmer – als eine Protagonistin des DDR-Krippenausbaus – antwortete Neubert in einem Artikel, den sie zusammen mit ihrem Ehemann Heinz Schmidt veröffentlichte. Die seit dem Ende der 1950er Jahre geführten Diskussionen über die Rolle der Frau im Sozialismus vor Augen, schrieb Schmidt-Kolmer:

> «Es ist verständlich, daß in dieser Diskussion nicht nur vorwärts gerichtete Meinungen und Vorschläge geäußert, sondern auch mehr oder weniger naiv oder bewußt uralte und entsprechend fest verwurzelte Männervorrechte verteidigt werden. Bedenklich allerdings wird es, wenn in dieser Diskussion Tendenzen auftauchen, der reaktionären Illusion des spießbürgerlichen ‹Trautes Heim, Glück allein› Konzessionen zu machen, die in unserer Zeit des wirtschaftlichen und politisch-moralischen Kampfes zwischen Sozialismus und Kapitalismus, zwischen Frieden und Krieg schädlich sind und gefährlich werden können. Und doppelt ernst ist es, wenn im Namen des wissenschaftlichen Sozialismus Konzessionen an reaktionäre Einwände bürgerlicher Wissenschaftler gegen die Berufstätigkeit der Frauen erhoben werden, wie es in einem ganzseitigen Artikel geschah, den der bekannte Sozialhygieniker Genosse Prof. Dr. Neubert in der Zeitschrift ‹Die Wirtschaft› veröffentlicht hat. Genosse Neubert erhebt nicht nur den Anspruch, vom Standpunkt des wissenschaftlichen Sozialismus zu schreiben, sondern die ‹Grundprinzipien des Sozialismus zu Ende› zu denken. Dabei kommt er zu der Forderung auf Abschaffung der Kinderkrippen (bis auf ein paar unvermeidliche Reste) und auf jahrelange Unterbrechung der Berufsarbeit junger Mütter.»[38]

Mit ihrem Ehemann zusammen versuchte Schmidt-Kolmer, die Argumente von Neubert zu widerlegen. Dabei hatten sie sich folgende Gegenargumentation zurechtgelegt. Die moderne Gesellschaft sei immer komplexer geworden, weshalb an Kinder jeden Alters immer höhere gesellschaftliche Ansprüche gestellt würden. Die Eltern könnten die Kinder allein nicht mehr auf die moderne Gesellschaft vorbereiten. Damit sich die Kinder orientieren könnten, seien sie auf die Hilfe von geschultem Fachpersonal angewiesen. So sei zunächst die Schule entstanden, welche den Kindern ein Wissen vermittle, das sie in der Regel im Elternhaus so nicht erhalten könnten. Folgerichtig sei diese Entwicklung mit der Krippe nun auch im Bereich der frühen Kindheit fortgesetzt worden. Die Krippe sei demzufolge im Sozialismus kein Notbehelf mehr, sondern eine notwendige Ergänzung, die die Familie unterstütze. Die Krippe hemme und verzögere die Entwicklung der Kinder nicht, sondern das Gegenteil sei der Fall: Wie die Schule helfe auch die Krippe den Kindern, über die beschränkten Entwicklungsmöglichkeiten in der Familie hinauszuwachsen. Die Krippe sei in diesem Sinn

> «kein Kompromiß zwischen den Interessen des Kindes und denen seiner Mutter (und seines Vaters), *sondern eine im Interesse der optimalen Entwicklung der Kinder immer notwendiger werdende Ergänzung der Familienerziehung durch gesellschaftliche Erziehungseinrichtungen. In den Vorschuleinrichtungen muß und wird sich immer mehr der planmäßige und systematische Erwerb der Erfahrungen, Kenntnisse, Fähigkeiten und Fertigkeiten abspielen, die das Kind für die Vorbereitung auf die Schule braucht.*»[39]

Die Krippe sei also nicht mehr entwicklungshemmend, sondern entwicklungsfördernd. Anders als bei Neubert müsse umgekehrt darüber nachgedacht werden, dass die beschränkten Entwicklungsmöglichkeiten der Familie nicht mehr ausreichten, um die

Kinder auf die sozialistische Gesellschaft vorzubereiten. In der modernen Familie fehle es an der Vermittlung von

> «Grunderfahrungen, die früher in der Familie spontan erworben werden konnten, aber heute durch eine planmäßige und systematische, auf wissenschaftlichen Grundlagen beruhende Arbeit ausgebildeter Erzieherinnen in Kinderkrippen und -heimen viel besser und von früh an bewußt gefördert werden können.»[40]

Krippen wurden hier nicht als die Kasernen des Kapitalismus, sondern als die Blüten des Sozialismus verstanden. Aus dieser Perspektive würde man den Säuglingen und Kleinkindern Möglichkeiten der Entwicklung vorenthalten, wenn man sie nur in der Familie erziehen und pflegen würde. Entsprechend müssten nach Schmidt-Kolmer Krippenkinder in ihrer physischen und psychischen Entwicklung den Familienkindern überlegen sein.

1963, also ein Jahr nach diesen Ausführungen, veröffentlichte Eva Schmidt-Kolmer unter dem Titel «Der Einfluss der Lebensbedingungen auf die Entwicklung des Kindes im Vorschulalter» die Ergebnisse einer groß angelegten Vergleichsstudie an der Humboldt-Universität Berlin, in der sie gemeinsam mit Mitarbeitern und Doktoranden die Entwicklung von Krippen- und Familienkindern verglichen hatte.[41] In dieser Studie kam Schmidt-Kolmer, wie auch schon in vielen ihrer vorherigen wissenschaftlichen Arbeiten, zu Ergebnissen, die ihren öffentlichen Äußerungen zu den Entwicklungsmöglichkeiten der Krippenkinder diametral entgegenstanden.

VI. DIE KINDLICHE ENTWICKLUNG IN DER KRIPPE

Entwicklungsrückstände

Traurige Wahrheit der DDR-Krippengeschichte war, dass der überwiegende Teil der Krippenkinder durch die frühe Trennung von den Eltern nachweislich in seiner geistigen Entwicklung zurückblieb. Während für die älteren Kinder der Kindergarten zumindest potentiell entwicklungsfördernd sein konnte, wurden die Säuglinge und Kleinkinder durch die Krippe in dieser Hinsicht massiv beeinträchtigt. Dieses Ergebnis offenbarte unter anderem die 1963 publizierte Vergleichsstudie von Eva Schmidt-Kolmer.

Zwischen 1957 und 1960 wurden dafür 215 Familienkinder, 115 Kinder aus Tageskrippen, 115 Kinder aus Wochenkrippen und 155 Kinder aus den Säuglingsdauerheimen über vier Jahre hinweg untersucht. Die Vergleichsstudie verdeutlichte, wie stark die Krippe die geistige Entwicklung der Kleinkinder verlangsamte und behinderte. Je länger die Kinder durch die Krippe von ihren Familien getrennt waren, desto verzögerter und schlechter verlief diese.[1] Ein Jahr nach der ideologischen Auseinandersetzung mit Rudolf Neubert widerlegte Schmidt-Kolmer durch die empirischen Ergebnisse ihre eigenen Aussagen selbst. Nicht die Krippe musste die Entwicklungsrückstände der Kinder aus der Familie ausgleichen, sondern die Familie die Entwicklungsrückstände der Krippenkinder. Die besten Entwicklungsmöglichkeiten bestanden nicht in der Kombination von Familie und Krippe, sondern in der Meidung der Krippe.

Um ihre Ergebnisse zumindest in der Darstellung abzumildern, verglich Schmidt-Kolmer die Familienkinder überwiegend mit den Kindern aus der Tageskrippe und diese wiederum mit den Kindern aus der Wochenkrippe. Die Kinder aus den Säuglingsdauerheimen wurden nicht in die direkten Vergleiche miteinbezogen, weil die Ergebnisse hier so desaströs waren, dass die ohnehin schon alarmierenden Befunde zu den Wochenkrippenkindern noch einmal überboten wurden.[2]

Anders als Schmidt-Kolmer im Artikel mit ihrem Mann angab, waren es nun nicht die Familienkinder, die von den Erwachsenen nicht richtig auf die komplexen Aufgaben der Gesellschaft vorbereitet wurden, sondern die durch ausgebildete Krippenschwestern betreuten Kinder. Im Vergleich von Familienkindern und Tageskrippenkindern fand Schmidt-Kolmer heraus: «Die Mehrheit der Tageskrippenkinder beginnt mit dem Sprechen ein halbes Jahr später als die Familienkinder.»[3]

Die Krippenkinder begannen aber nicht nur verspätet mit dem Sprechen, sondern sie lernten das Sprechen auch sehr viel schlechter als die Familienkinder. Die Sprachentwicklung der Kinder wurde umso schlechter, je mehr Zeit sie in der Krippe verbringen mussten. Die in der Studie dokumentierten Ergebnisse eines Sprachtestes zeigten das Ausmaß der Entwicklungsrückstände der Krippenkinder. Die meisten Kinder aus den Familien übertrafen mit zwei Jahren die Anforderungen des Sprachtestes (53 Prozent). In den Krippen gelang dies nur sehr wenigen Kindern. In der Tageskrippe konnten 10 Prozent und in der Wochenkrippe 6 Prozent die Anforderungen des Sprachtestes übertreffen. Der relativ niedrige Anteil von Kindern, der die Erwartungen des Sprachtestes erfüllte, verteilte sich relativ gleich. 13 Prozent der Familienkinder, 13 Prozent der Tageskrippenkinder und 8 Prozent der Wochenkrippenkinder genügten den Anforderungen. Schockierend war jedoch, wie viele Krippenkinder den Anforderungen des Sprachtestes nicht genügten. In den Familien waren dies immerhin schon ein Drittel (33 Prozent). Dieser hohe Wert relativierte sich allerdings im Vergleich zu den Krippenkindern. 87 Prozent der Kinder aus der Tageskrippe und 86 Prozent der

Kinder aus der Wochenkrippe konnten mit zwei Jahren laut dem Test nicht in ausreichender Art und Weise sprechen.[4]

Man sah an diesen und anderen Statistiken, wie verheerend die sprachlichen Entwicklungsdefizite der Krippenkinder gegenüber den Familienkindern waren. Bedenkt man, dass der geistige Horizont maßgeblich durch die sprachlichen Möglichkeiten der Kinder abgesteckt war, wird die Bedeutung dieser sprachlichen Entwicklungsrückstände deutlich. Entsprechend zeigten die Krippenkinder bei den kognitiven Tests gegenüber den Familienkindern Entwicklungsrückstände. Auch in den zwischenmenschlichen Beziehungen zeigten nicht die Familienkinder, sondern die Krippenkinder Entwicklungsrückstände:

> «Das Entwicklungstempo der zwischenmenschlichen Beziehungen bleibt bei den Tageskrippenkindern um 10% niedriger als das der Familienkinder. Der Entwicklungsrückstand der Kinder wächst allmählich an und beträgt am Ende des 3. Lebensjahres im Durchschnitt etwa 5 Monate.»[5]

Die DDR-Krippenforscher versuchten erst gar nicht, zu argumentieren, dass der vermehrte Umgang mit Altersgenossen in den Krippen soziale Kompetenzen stärken würde. Sie wussten, dass das Gegenteil der Fall war. Das Kleinkind lernt etwas über seine eigenen Gefühle und Beziehungen im engen Austausch mit einem Erwachsenen. Dabei ist offensichtlich, dass es sowohl für das Kind als aber auch für den Erwachsenen einen Unterschied machte, ob man sich in der Familie die Aufmerksamkeit mit zwei, drei oder vier Personen oder ob man sich in der Krippe die Aufmerksamkeit mit zehn, fünfzehn, zwanzig und dreißig Personen teilen musste.

Die sprachlichen, kognitiven und emotionalen Entwicklungsrückstände stellten dabei für die Kleinkinder aus der Krippe eine Bürde dar, die nicht leicht auszugleichen war. Relativ zum Ende der Darstellung der Ergebnisse der Krippenstudie notierte

Schmidt-Kolmer: «Eine Verlangsamung des Entwicklungstempos im 1. Lebensjahr, eine Verspätung im Sprechenlernen usw. wird nachträglich nur sehr schwer wieder wettgemacht.»[6]

Die entwicklungsverzögernde Prägung der Krippe legte ein Fundament, von dem aus die Krippenkinder ihr Leben gestalten mussten. Je nachdem, wie stark sich die sprachlichen, kognitiven und emotionalen Entwicklungsrückstände auswirkten, waren die Kinder unter Umständen für ihr weiteres Leben schwer beeinträchtigt; ob sie dies nun selbst so empfanden, war eine andere Frage. Die Entwicklungsverzögerungen der Krippenkinder führten in den 1960er Jahren zu einem ausgiebigen Konflikt zwischen dem für die Krippen zuständigen Ministerium für Gesundheitswesen und dem für die Kindergärten zuständigen Ministerium für Volksbildung. Das Ministerium für Gesundheitswesen wollte die Kinder nicht mehr wie bisher mit drei Jahren in den Kindergarten überweisen, sondern schon mit zweieinhalb, um auf diese Weise mehr Kinder in die Krippe aufnehmen zu können.[7] Nach längerem Streit verblieb man aber bei der Altersgrenze von drei Jahren für die Krippe.[8]

Die Ergebnisse ihrer Vergleichsstudie zusammenfassend, kam Schmidt-Kolmer zu dem Schluss,

> «daß die durchschnittliche neuro-psychische Entwicklung der Kinder im allgemeinen um so günstiger ist, je enger sie mit dem Alltag der Erwachsenen verbunden sind und durch die Beobachtung und den Umgang mit den Erwachsenen während deren Tätigkeit lernen können. Deshalb stehen die von uns überprüften Familienkinder in fast allen Seiten der Entwicklung an der Spitze. Ihnen am nächsten stehen die Kinder aus der Tageskrippe, im Abstand folgen dann die Kinder aus den Wochenkrippen.»[9]

Man könnte auch sagen, je mehr Zeit die Kinder in den Familien verbringen konnten, desto besser entwickelten sie sich, oder um-

Abbildung 14: Kinder in einer Dresdener Betriebskrippe auf dem Töpfchen, um 1965

gekehrt, je länger sie Zeit in der Krippe verbringen mussten, desto mehr Entwicklungsrückstände wiesen sie im Durchschnitt auf. Ganz anders als in dem von ihr und ihrem Ehemann 1962 verfassten Artikel sah Schmidt-Kolmer in der Familie die besten Entwicklungsmöglichkeiten: «Die Lebensbedingungen beim Durchschnitt der von uns überprüften Familien, unabhängig von der sozialen Schicht, bieten dem gesunden, reifgeborenen Säugling die Gewähr für eine altersgerechte, entwicklungsspezifische Ausbildung seines Verhaltens.»[10]

Für die Krippen hatte Schmidt-Kolmer das Gegenteil bewiesen. Je mehr Zeit die Kinder in den Krippen verbringen mussten, desto höher war das Risiko, dass sie geistige Entwicklungsrückstände zeigten. Am schlimmsten traf es die Kinder aus den Säuglingsdauerheimen. Die Mitarbeiterin von Schmidt-Kolmer, Margot Nissen, schrieb in demselben Buch: «Die Monotonie des Lebens in der Säuglingsstation der Heime führt in diesem Zeitraum zu einer Verlangsamung des Entwicklungstempos, die unter den bisherigen Lebensbedingungen nicht mehr aufgeholt wird.»[11]

In einer früheren Veröffentlichung schrieb Schmidt-Kolmer, dass Entwicklungsstörungen, die sich schon im Säuglingsdauerheim zeigten, sich im Kindergartenalter wiederholten. Zwei Drittel der fünfjährigen Kinder kannten keine Straßenbahnfahrer, Feuerwehrmänner oder Polizisten, «während Kindergartenkinder keinerlei Schwierigkeiten hatten, diese Berufe an Hand der gezeigten Bilder zu erkennen und richtig zu bezeichnen».[12] Die Heimkinder waren so vom Alltag isoliert, dass die Normalität für sie fremd war. Sie lebten in einer eigenen abgesonderten Welt. Die Beispiele zeigen, dass die Entwicklungsrückstände in den Krippen im Allgemeinen und in den Säuglingsdauerheimen im Besonderen die Kinder weit über ihre Krippenzeit hinaus begleiteten – manche ein Leben lang. Das grundlegende Problem der Vergleichsstudien war, dass die befassten Experten ihre Ergebnisse nicht akzeptieren wollten oder konnten. Die Krippenforscher und zuständigen Ministerien taten so, als ließe sich die Wirklichkeit genauso verändern wie die Faktoren eines wissenschaftlichen Experiments. Verglichen wurde, wie sich ein Kind entwickelte, wenn es von den Eltern oder von medizinischem Fachpersonal oder von pädagogischem Fachpersonal gepflegt und erzogen wurde. Waren die Kinder häufiger und schwerer krank, musste die medizinische Ausbildung verbessert werden, waren die Kinder unterentwickelt, musste die pädagogische Ausbildung verbessert werden. Dass es jedoch einen Unterschied machte, ob man das eigene Kind pflegte und erzog oder ein fremdes, dass es für die Bewältigung der Pflege- und Erziehungsaufgaben einen Unterschied machte, ob man ein, zwei oder drei der eigenen Kleinkinder vor sich hatte oder fünf bis zwanzig fremde

Kleinkinder, blieb immer außen vor. Das musste es auch, wollte man an den Krippen festhalten.

All diese und viele weitere bedeutsame Unterschiede zwischen der Pflege und Erziehung in der Familie und in der Krippe blieben in der Sprache des wissenschaftlichen Vergleichs unberücksichtigt. Die DDR-Krippenforschung folgte einem schwer zu erschütternden Fortschrittsglauben, der ihr nahezulegen schien, die Wirklichkeit so lange manipulieren zu können, bis das gewünschte Ergebnis erreicht war. Die Wirklichkeit ließ sich aber nicht manipulieren. Die Kinder blieben in ihrer sprachlichen, kognitiven und emotionalen Entwicklung in der Krippe hinter den Familienkindern zurück. Der Ausbildungsstand der Schwestern und Erzieherinnen konnte die Entwicklungsdefizite der Krippenkinder teilweise lindern, aber nicht beheben. Die Entwicklungsmöglichkeiten der Kinder, die in Familien aufwachsen durften, wurden in den Krippen nie erreicht.

Zitternde Hände

Die Kinder, die in Säuglingsdauerheimen leben mussten, spürten den Verlust der Familie mit all seinen brutalen Konsequenzen am härtesten. Ihr Leid drückte sich sichtbar in allen Statistiken der DDR-Krippenforschung aus, die ihnen enorme physische und psychische Entwicklungsrückstände bescheinigen mussten. 1959 veröffentlichte Schmidt-Kolmer ein Buch, in dem sie die Kinder in unterschiedlichen Krippenformen vergleichend untersuchte. In ihrem Fazit beschrieb sie ihre allgemeinen Eindrücke von den Kindern, die sie während ihrer nun zehnjährigen Forschungstätigkeit in den Säuglingsdauerheimen kennengelernt hatte:

> «(…) die Kinder können sich nur schwer konzentrieren, sie sind fahrig. Ihre Hände zittern leicht, wenn sie etwas Komplizierteres tun sollen. Sie ermüden schnell. Es besteht ein ungenügendes

> Gleichgewicht zwischen Erregung und Hemmung; sie sind unbeherrscht und man beobachtet bei ihnen oft Phasenzustände (z. B. Schlaf mit offenen Augen, mangelnde Ansprechbarkeit im Wechsel mit Reizbarkeit). Wut- und Affektausbrüche sowie stereotype Bewegungen (Schaukeln, mit dem Kopf schlagen) sind Zeichen des Vorherrschens subcorticaler Prozesse. Auch in der Tätigkeit neigen sie zum stereotypen Fortsetzen des einmal Begonnenen. Anpassung, Beweglichkeit, Umstellung auf Neues fehlen weitgehend.»[13]

Die allgemeinen Beschreibungen von Schmidt-Kolmer passen zu Phänomenen, die man in den Diskussionen der Zeit gemeinhin als Hospitalismus beschrieb. In den Akten und Fachdiskursen der 1950er Jahre und beginnenden 1960er Jahre kann man den Begriff des Hospitalismus noch finden. Beispielsweise steht in Akten über Operativeinsätze aus dem Jahr 1959:

> «Dauerheim Günstedt
> Die Säuglinge werden wenig ins Freie gebracht, obwohl ein Garten vorhanden ist. Die Kinder sehen vereinzelt sehr blass aus, bei einigen finden sich Zeichen für Hospitalismus. Drei debile Kinder werden zusammen mit gesunden gehalten. Nachahmungen werden beobachtet.»[14]

Dass sich dieser Aktenvermerk auf ein Säuglingsdauerheim bezog, war kein Zufall. In unterschiedlichen wissenschaftlichen Arbeiten der 1950er und frühen 1960er Jahre beschrieben Schmidt-Kolmer und ihre Mitarbeiter, wie die bedrückende Monotonie des Alltags in Säuglingsdauerheimen die dort untergebrachten Kinder innerlich verkümmern ließ. 1961 widmete sie diesen Kindern einen Aufsatz unter dem Titel «Hospitalismusschäden in Kindereinrichtungen des Vorschulalters». Nachdem Schmidt-Kolmer beschrieben hatte, dass die Kinder im Dauerheim kränker wurden, leichter waren und weniger gut wuchsen, ging sie auf die psychische Entwicklung der Kinder ein. Die Dauerheimkinder zeigten nach Schmidt-Kolmer: «bis ins 6. Lebensjahr sehr verlangsamte Reaktionen. (…). Dieses Ergebnis muss man als Ausdruck eines mangelnden Trainings der höheren Nerventätigkeit infolge der monotonen, erlebnisarmen Lebensweise der Heimkinder auffassen.»[15]

Die Säuglingsdauerheime hatten oft den Status einer Aufbewahrungsstation. Die Kinder lebten in einer Monotonie und Einsamkeit, die in schweren Fällen zu Hospitalismuserscheinungen führte. Dass es sich bei den Ausführungen der Fachliteratur – wie Nimmergut in ihrem Zeitungsartikel postulierte – nicht um rein theoretische Beschreibungen zum Hospitalismus handelte, zeigten die Akten des Ministeriums für Gesundheitswesen, das durch einen Bericht über einen pädagogischen Versuch im Kinderheim Königsheide, den Schmidt-Kolmer leitete, über die Situation in den Dauerheimen in aller Deutlichkeit informiert wurde:

> «Trotzdem kann man sich mit den bisher erzielten Erfolgen bei der Bekämpfung der Hospitalisationsschäden [sic!] noch nicht zufriedengeben, weil die Erscheinungen des sogenannten ‹psychischen› Hospitalismus bei langfristigem Heimaufenthalt von Säuglingen, Klein- und Vorschulkindern noch immer deutlich festzustellen sind. (…)
> Man findet Rückstände im Wachstum, erhöhte Anfälligkeit vor allem gegen Infekte der Atemwege und der Haut, Verhaltens- und Kontaktstörungen und Retardierung der psychischen Entwicklung. Am auffälligsten sind die Retardierungserscheinungen in der Entwicklung von Sprache und Denken, also in der Entwicklung der Abstraktions- und Verallgemeinerungsfunktionen der höheren Nerventätigkeit (…).
> Jahrelange Untersuchungen der Ursache für diese Erscheinungen des ‹psychischen Hospitalismus› haben erwiesen, daß es sich um ein Mangelsyndrom handelt. Die Lebensbedingungen der Heimkinder entsprechen nicht den für die normale geistige

> und körperliche Entwicklung im Vorschulalter notwendigen Gesetzmäßigkeiten. (…)
> Bei den langfristig in Heimen aufwachsenden Kindern erreicht ein beträchtlicher Teil (30–50%) die Schulfähigkeit am Ende des 6. Lebensjahres nicht, sondern ist in wichtigen intellektuellen Bereichen 1–2 Jahre in der Entwicklung zurück. Diese Rückstände entstehen dadurch, daß den Kindern besonders in den ersten drei Lebensjahren der enge und dauernde Kontakt mit und die intensive Betreuung durch vertraute Erwachsene fehlt. (…)
> Die bisher monotone Lebensweise der Säuglinge und Kleinkinder in den Heimen in altersgleichen Gruppen, in denen auf 8–10 nicht-sprechende Kinder eine einzige erwachsene Betreuerin kam, die sich meist nur auf die notwendigen Pflegearbeiten konzentrierte, dabei mit den Kindern kaum individuellen Kontakt aufnahm, sie nicht ansprach, ihnen kaum Anleitung für ihr Spiel gab, mußte zu entsprechenden Mangelsymptomen und Retardierungserscheinungen führen. Hinzu kam der häufige Wechsel der betreuenden Erwachsenen, der es den Säuglingen und Kleinkindern erschwert oder unmöglich macht, feste und vertraute Beziehungen und Bindungen zu den Betreuerinnen zu entwickeln, die den Kindern die Eltern ersetzen müßten. Die ungenügende Entwicklung des Bindungsstrebens und damit der zwischenmenschlichen Beziehungen der Kinder führt zu Verhaltensstörungen, diffusem Kontaktsuchen und in vielen Fällen im späteren Vorschulalter zur Kontaktschwäche und damit zu Erziehungsschwierigkeiten.»[16]

Anders als in den Kindergärten, in denen die Erzieherinnen nicht so stark mit der Pflege der Kinder beschäftigt und die Kinder teilweise schon groß genug waren, um sich eine Zeitlang selbst oder miteinander zu beschäftigen, fehlte in den Krippen oft die Zeit für einen persönlichen Kontakt. In den Säuglingsdauerheimen waren nach Schmidt-Kolmer «noch sehr ernste Hospitalismusschäden vorzufinden, die bei Fortsetzung der stationären

Betreuung im Vorschul- und Schulalter oft nicht wettgemacht werden und zu bleibenden Intelligenzrückständen und Abartigkeiten der Persönlichkeit führen können».[17]

Die Kinder waren oft gewalttätig oder still, ohne Grenzen oder gehemmt. In diesen Extremen gefangen, waren sie unfähig, sich auf andere Menschen einzulassen, weil sie nur mit sich selbst beschäftigt waren. Ihnen fehlte Kontakt, auch weil sie unfähig wurden, mit anderen Menschen Kontakt aufzunehmen. Als Marxistin hätte Schmidt-Kolmer wissen können,[18] dass die «Abartigkeiten der Persönlichkeit» Produkt der gesellschaftlichen Umstände waren, in denen die Kleinkinder leben mussten. Sie waren getrennt von ihren Familien, untergebracht in einer Schicksalsgenossenschaft von Kleinkindern, die ohne ihre Eltern auskommen mussten. Vierundzwanzig Stunden, sieben Tage die Woche, zwölf Monate im Jahr lebten sie mit anderen Kleinkindern zusammen, denen das Leben ebenfalls schwere Hürden gestellt hatte.

Dass viele der Kinder unter diesen Umständen Bindungsstörungen ausbildeten, war wenig verwunderlich. Ein Teufelskreis entstand: Die Kinder konnten nicht erzogen werden, weil ihnen Bindung fehlte. Später konnten sie keine Bindungen eingehen, weil ihnen Erziehung fehlte. Schmidt-Kolmer notierte:

> «Zur Ausbildung einer normalen, in die menschliche Gemeinschaft harmonisch eingegliederten Persönlichkeit sind feste zwischenmenschliche Beziehungen unerläßlich. Sie sind die Voraussetzung für die Erziehung. Ein bindungsloses oder bindungsschwaches Kind ist schwer erziehbar. Es ist auf dem Weg zur asozialen oder antisozialen Persönlichkeit.
> Bei monate- oder jahrelangem stationären Aufenthalt werden die Kinder, je jünger sie sind, desto abrupter und einschneidender aus ihren zwischenmenschlichen Beziehungen, aus ihrer Stellung im ihnen vertrauten menschlichen Alltag herausgerissen und dadurch der sicheren Grundlage ihrer Persönlichkeit beraubt. In der frühen Kindheit führt das zunächst zu Verhal-

> tensstörungen (psychisches Trauma, Adaptionsstörungen), später zur Bindungsschwäche und Haltlosigkeit, wenn nicht neue Bindungen und ein gut gegliedertes Kollektiv geschaffen werden.»[19]

Die Hoffnung der Krippenforscher war es, dass die schweren Bindungstraumata, die viele Kinder durch den Verlust der eigenen Familie erleiden mussten, durch die Krippenschwestern kompensiert werden konnten. Diese Aufgabe war jedoch für einen Großteil der Kinder und auch des Personals unmöglich zu bewerkstelligen. Die schwer getroffenen Kinder hätten sehr viel persönlicher Zuwendung und Geduld über eine längere Zeit bedurft, um unter Umständen langsam wieder Zutrauen zu einem Menschen finden zu können. Um langsam wieder die Kraft zu finden, sich für einen Menschen zu öffnen, obwohl sie vorher in jungen Jahren schmerzlich verletzt worden waren. Nun mussten sich die Schwestern allerdings nicht um eines dieser im höchsten Maße bindungsbedürftigen, weil bindungslosen Kleinkinder kümmern, sondern im Durchschnitt um fünf, zehn oder sogar fünfzehn Kleinkinder.[20]

Zwar lag der offizielle Betreuungsschlüssel bei Heimkindern bei eins zu fünf, das bedeutete jedoch nur, dass für fünf Heimkinder eine Betreuerin eingestellt werden konnte. Um die Kinder über vierundzwanzig Stunden im Schichtdienst betreuen zu können, musste daher eine Pflegerin eher zehn als fünf Kinder betreuen.[21] Stand Urlaub an oder wurden Kolleginnen krank, konnte es auch schnell passieren, dass eine Schwester fünfzehn und mehr Kleinkinder zu betreuen hatte. Wenn man sich dann vergegenwärtigt, was es bedeutete, fünf, zehn, fünfzehn Kinder zu beaufsichtigen und gleichzeitig zu pflegen, also an- und umzuziehen, zu windeln, zu waschen, zu füttern, dann war es verständlich, dass für persönliche Zuwendung – beim allerbesten Willen, den die Schwestern aufzubringen im Stande waren – nur sehr wenig Zeit blieb.

Abbildung 15: Eine Säuglingsschwester betreut neun Kleinkinder im Kinderheim Königsheide, die ohne ihre Eltern aufwachsen. Berlin, 1957

In den Säuglingsdauerheimen war es für die kleinen Kinder unter diesen Umständen sehr schwer, dauerhaft stabile Beziehungen einzugehen. Selbst wenn sie eine Schwester liebgewonnen hatten, mussten sie sich diese mit vielen anderen bedürftigen Kindern teilen, wodurch die Möglichkeiten eines intensiven Kontaktes sich auf kleinere Augenblicke beschränkten. Aber auch die liebgewonnenen Schwestern mussten – wie beschrieben – irgendwann nach Hause gehen, hatten freie Tage oder Urlaub, wodurch sich die für die Heimkinder besonders schmerzlichen Trennungserfahrungen zwangsläufig wiederholen mussten. Schlimmer als der Urlaub war jedoch, wenn die Lieblingsschwester irgendwann gar nicht mehr kam, beispielsweise, weil das Kind in eine andere Betreuungsgruppe für ältere Kinder versetzt wurde oder weil die Schwester ihre Stelle aufgab, wenn sie etwa ein eigenes Kind bekam. Gerade in den Säuglingsdauerheimen gab es eine sehr starke Personalfluktuation. Die Erzieherinnen waren in der Regel von der Arbeit mit einer Vielzahl von traumatisierten und bindungslosen Kleinkindern völlig überfordert.[22] Selbst wenn sie wollten, konnten sie unter den gegebenen Bedingungen den Kindern nicht so viel Aufmerksamkeit schenken, wie es nötig gewesen wäre. Die Schichtarbeit auch an Wochenenden und Feiertagen tat ihr Übriges. Sie zehrte genauso an den Nerven wie die chronische Unterbesetzung, die in den meisten Säuglingsdauerheimen vorherrschte.

Die Bezahlung und die Arbeitsbedingungen waren schlecht, weshalb die Mitarbeiterinnen die Heime oft nach ein paar Monaten wieder verließen. Sie konnten alternativ beispielsweise im Krankenhaus oder im Kindergarten arbeiten, wo sie unter sehr viel besseren und einfacheren Arbeitsbedingungen mehr Geld verdienen konnten.[23] Zurück blieben die bedürftigen Kinder, die immer wieder neu verlassen wurden, um sich dann – solange sie die Kraft dazu aufbringen konnten – auf neue Menschen einzulassen. Viele Kinder im Säuglingsdauerheim verkrafteten diese wiederholten Trennungserfahrungen nicht. Sie verschlossen sich oder explodierten, brachen auf die ein oder andere Art und Weise jegliche Form von Beziehung ab, weil sie nicht mehr bereit waren, sich den damit verbundenen schmerzlichen Gefühlen auszusetzen. Stabile Beziehungen waren damit sowohl für die Schwestern als auch für die Kleinkinder im Säuglingsdauerheim nur unter erschwerten Bedingungen möglich.

Im Ministerium für Gesundheitswesen wusste man um die Hospitalismusschäden in den Säuglingsdauerheimen. Trotzdem wurde diese Institution genauso wie die Wochenkrippen benötigt, wenn man die hohen Quoten der Frauenerwerbsarbeit stabilisieren und steigern wollte. Ende der 1950er und zu Beginn der 1960er Jahre begann man deshalb, im Ministerium für Gesundheitswesen Druck auszuüben, damit der Begriff des psychischen

Hospitalismus nicht mehr oder nur eingeschränkt genutzt wurde. Hospitalismuserscheinungen gäbe es in den Krippen der DDR gar nicht, so 1965 die Ausführungen in einem Lehrmaterial zur Ausbildung von mittlerem medizinischen Personal.[24] Aufsätze, die Schmidt-Kolmer in den 1950er und frühen 1960er Jahren geschrieben hatte, wurden zunehmend als problematisch gewertet. Noch in den 1950er Jahren konnte Schmidt-Kolmer ihre Eindrücke aus den Säuglingsdauerheimen mit den Pawlowschen Experimenten an Hunden vergleichen. Der von ihr verehrte sowjetische Physiologe hatte seinen Hunden nicht nur chirurgisch einen Behälter zur Speichelsammlung implantiert, sondern auch «Augen, Ohren und Nase verschlossen».[25] Pawlow wollte herausfinden, wie sich die Hunde verhalten, wenn sie in völliger Reizarmut leben mussten, weil ihnen die Sinnesorgane zugenäht wurden und sie in einem weitgehend dunklen und schallisolierten Turm eingesperrt waren. Scheinbar verhielten sich Kleinkinder aus den Säuglingsdauerheimen ähnlich wie Pawlows Versuchshunde. Schmidt-Kolmer schrieb hier noch offen, was sie später so nicht mehr schreiben konnte oder wollte:

> «Diese Hunde, denen die Reize der Außenwelt fehlten, schliefen fast den ganzen Tag und wachten nur auf, wenn Reize aus ihren inneren Organen (…) die Hirnabschnitte in Erregung versetzten. Ähnliches kann man in manchen Heimen erleben, wo die Eintönigkeit des Tagesablaufs, das Fehlen von Anregungen die Kinder apathisch, trage, schläfrig werden läßt und nur der Hunger oder Durstreiz sie zu größerer Aktivität anspornen, nämlich zu ausgesprochener Gefräßigkeit.»[26]

Die Kleinkinder litten in den Säuglingsdauerheimen für Schmidt-Kolmer wie Hunde, aber wie Hunde, denen man die Augen, die Ohren und die Nase zugenäht hatte, bevor man sie in die Stille und Dunkelheit einsperrte. In den Akten des Ministeriums für Gesundheitswesen wurden sie dann als «pseudo-debil» diskutiert.[27] Diese Kinder vegetierten vor sich hin, wurden von Institution zu Institution geschoben, waren zu oft alleingelassen worden, um den Schmerz, der sie in sich gefangen hielt, noch überwinden zu wollen oder zu können.

VII. POLITIK UND PÄDAGOGIK

Politische Repression

Im April 1962 platzte der Justizministerin Hilde Benjamin der Kragen. Vor dem Hintergrund ihrer empirischen Ergebnisse zu den Entwicklungsrückständen von Krippenkindern hatte die führende DDR-Krippenforscherin Eva Schmidt-Kolmer mit ihren Mitarbeiterinnen die Ansicht vertreten, die Betreuung in Wochenkrippen und Dauerheimen nur in Notfällen zuzulassen. Die Diskussionen um die Rolle der Frau und die Kritik an der staatlichen Unterbringung von Kleinkindern gingen damit für Benjamin in die völlig falsche Richtung. Nachdem sie sich schon im März 1962 im Ministerrat Luft gemacht hatte, schrieb sie ihrem Kollegen, dem Gesundheitsminister Max Sefrin, einen verärgerten Brief. Sefrin sollte in seinem Ministerium für Ordnung sorgen und Schmidt-Kolmer zur Raison rufen.[1] Die Reaktion des zuständigen Gesundheitsministers zeigte, wie die DDR mit der eigenen Krippenforschung umging: Kritische Ergebnisse sollten mit politischem Druck kleingehalten werden, um unliebsame Diskussionen zu vermeiden.

Benjamin hatte am 15. Juli 1953 das Amt des Justizministers von Max Fechner übernommen. Nach dem Volksaufstand vom 17. Juni 1953 hatte die SED Fechner für zu lasch befunden, weil er nur Demonstranten bestrafen wollte, die nachweislich schwere Straftaten begangen hatten, und weil er nicht vorhatte, die Streikenden ohne Nachweise auf bloßen Verdacht hin einzusperren. Daraufhin wurde Fechner als Feind des Staates und der Partei festgenommen. Nach zweijähriger Untersuchungshaft in Obhut des Staatssicherheitsdienstes in Berlin-Hohenschönhausen wurde er zu acht Jahren Zuchthaus verurteilt.[2] Nicht nur dieser Fall zeigte den ministerialen Mitarbeitern, wie gefährlich es werden konnte, wenn man durch abweichende Meinungen als Feind des Staates und der Partei eingestuft wurde.[3]

Als Benjamin 1953 für Fechner ins Amt berufen wurde, galt sie schon als rigorose sozialistische Richterin. Zwischen 1950 und 1953 hatte Benjamin in ihren Verfahren zwei Todesurteile, 15 lebenslängliche Haftstrafen und insgesamt 550 Jahre Zuchthaus verhängt, was ihr den Spitznamen «blutige Hilde» einbrachte.[4] Benjamin galt als kompromisslos, sowohl in der Sache als auch gegen Personen. Sie war durchaus bereit, politische Gegner wegzusperren und notfalls auch exekutieren zu lassen. Der Weg eines Kritikers zum Feind des Sozialismus und damit zum Feind der Partei war kurz und konnte schnell in unangenehmen Befragungen, Behinderung oder Beendigung der beruflichen Karriere oder sogar in der Untersuchungshaftanstalt und anschließend im Gefängnis enden. Mit diesem Wissen im Hinterkopf war man Anfang der 1960er Jahre gewarnt, wenn man den Zorn von Hilde Benjamin auf sich gezogen hatte. Entsprechende Wellen schlug der folgende Brief von Benjamin an den Gesundheitsminister aus dem April 1962:

> «Sehr geehrter Herr Kollege!
> Ich komme auf unser Gespräch vom Donnerstag und meine in der Sitzung des Ministerrats gemachten Ausführungen zum Beschluss zur Durchführung des Frauen-Kommuniqués zurück.
> Mir ist bekannt, dass führende Kinderärzte – besonders Frau Dr. Eva Schmidt-Kolmar [sic!] – die Auffassung vertreten, dass Kinder in den Wochenkrippen sich langsamer entwickeln. Aus diesem Grunde befürworten sie «höchstens» die Unterbringung von Kindern in Tageskrippen und betonen das erhebliche Bedürfnis der Kleinkinder nach ‹Nestwärme›. Ihnen ist wahrscheinlich auch das Buch ‹Verhalten und Entwicklung des Kleinkindes› von Frau Dr. Schmidt-Kolmar [sic!] bekannt, in dem sie

> mit Statistiken, deren Methode ich zwar nicht genau einschätzen kann, die ich aber doch nicht für absolut stichhaltig ansehe, ihre Auffassung zu beweisen sucht. Ich habe den Eindruck, dass ihre Auffassung von vielen Kinderärzten geteilt wird.»[5]

Unter dem Titel «Die Frau, der Frieden und der Sozialismus» hatte das Politbüro im Dezember 1961 ein Kommuniqué verabschiedet. Ziel war es, die Frauen der DDR stärker in den Aufbau des Sozialismus einzubeziehen. Die Entwicklungsstudien von Schmidt-Kolmer wurden nun von Benjamin genau in diesem Rahmen verhandelt. Weniger die Gefährdung der Gesundheit der Kleinkinder als vielmehr die Gefährdung der Frauenarbeit war für Benjamin bedeutsam. Wenn man die Arbeit von Müttern mit jungen Kindern fördern wollte, musste man vor allem ihre Sorgen gegenüber der staatlichen Betreuung zerstreuen. Schmidt-Kolmers Studien hatten das Potential, genau das Gegenteil zu tun, weshalb ihre Verbreitung verhindert werden musste. Benjamin versuchte daher, die Studien von Schmidt-Kolmer zu diskreditieren, indem sie ihre Wissenschaftlichkeit anzweifelte. Die verwendeten Methoden seien unter Umständen nicht stichhaltig.

Die folgenden Korrespondenzen zeigen, dass das Gesundheitsministerium diese Argumentation folgsam übernahm. Sefrin beauftragte die für die Krippen zuständige Abteilung, zu dem Schreiben von Benjamin eine Stellungnahme auszuarbeiten. Die Referatsleiterin Maria Wohlfahrt antwortete dem Gesundheitsminister:

> «Zweifellos vertreten noch Ärzte den Standpunkt, daß Mütter nicht arbeiten und ihre Kinder selbst betreuen sollten. Die Entwicklung hat jedoch bewiesen, daß die Kindereinrichtungen, auch für die Kleinsten, als Voraussetzung für die Gleichberechtigung der Frau aus unserem gesellschaftlichen Leben nicht mehr wegzudenken sind. Die noch bestehenden Vorurteile bürgerlicher Kreise, insbesondere bürgerlicher Intellektueller gegen

> die Kindereinrichtungen sind der Ausdruck bürgerlicher Ideologie, die bezüglich unserer Probleme nur im Prozess der Auseinandersetzung, auf den Gebieten der Pädagogik, der Psychologie und der Medizin überwunden werden kann.
> Die Untersuchungen der Kinder in Tages-Wochenkrippen und Dauerheimen für Säuglinge und Kleinkinder von Frau Prof. Schmidt-Kolmer beruhen z. T. auf Testmethoden der bürgerlichen Psychologie, die von uns nicht vertreten wird und auf die Entwicklung der Krippen auch in der Perspektive keinen Einfluß hat.»[6]

Benjamin zog mit ihrem Schreiben an den Gesundheitsminister eine rote Linie, sie benannte ihre politischen Gegner – Schmidt-Kolmer und die kritischen Kinderärzte –, und sie forderte nun vom Ministerium für Gesundheitswesen, sich für eine Seite zu entscheiden. Der Minister und seine Abteilung folgten und übernahmen die Argumentation, indem sie sich gegen die Krippenforscherin und die kritischen Kinderärzte stellten. Dass die Kinder in den Krippen entwicklungsverzögert waren, entsprach, der Ideologie der SED folgend, nicht der Realität der sozialistischen Gesellschaft, sondern war nur ein Ergebnis der bürgerlichen Psychologie und damit der Psychologie des imperialistischen Klassenfeindes. Die Existenzberechtigung der Krippen war als Voraussetzung für die Arbeit der Frau nicht in Frage zu stellen. Die Referatsleiterin Wohlfahrt folgte der Argumentation. Schmidt-Kolmer hatte allerdings überhaupt nicht die Krippen im Grundsatz in Frage gestellt, sondern vor allem vor den schwerwiegenden Folgen der Wochenkrippen und Dauerheime gewarnt.

Die Kleinkinder in den Wochenkrippen, die wegen ihres Alters oft noch zu jung waren, um zu sprechen, aber auch um angesprochen zu werden, hatten massive Probleme, das Geschehen emotional zu verarbeiten. Die Kleinen konnten nicht verstehen, warum ihre Eltern abrupt einfach weg waren und sie nun Tag und Nacht mit fremden Erwachsenen, in einer fremden Umgebung, mit fremden Kindern leben mussten. In einem dieser Situation geschuldeten, natürlichen Zustand der Angst verharrten die Kinder anfangs, bis die Eltern sechs Tage später wieder auftauchten, um sie – soweit es die Schichtarbeit zuließ – über das Wochenende von Samstagnachmittag bis Montagfrüh mitzunehmen. Nahmen die Kinder über das Wochenende wieder eine Bindung zu ihren Eltern auf, schmerzte die Trennung am Montagmorgen umso mehr. Die seelenverletzende Prozedur der Trennung, des Wartens in der langen Abwesenheit und des kurzen Wiedersehens wiederholte sich für die Kleinkinder und die Eltern immer wieder, über Wochen, Monate und Jahre. Viele Kinder in den Wochenkrippen warteten irgendwann nicht mehr auf ihre Eltern und versuchten, die emotionale Bindung, die sie irgendwann einmal verspürt hatten, zu verdrängen. In einem Radiointerview erzählt René Grünewald über das Ende seiner Zeit in einer Wochenkrippe Anfang der 1970er Jahre:

> «Ich war dreieinhalb Jahre im Wochenheim und ich kann mich an den Tag erinnern, wo mir gesagt wurde, dass ich nicht mehr ins Wochenheim muss. Das ist ein Tag, wo ich allein auf einem Berliner Hinterhof mit meinem Dreirad fahre, auf einem Garagenhof. Und schleifenartig vor mich hin rede, dass diese Frau meine Mama ist und dass ich hier wohne. Das war ein sehr unwirkliches Gefühl, weil diese Frau, die mich zur Welt gebracht hat und mich dann bei sich aufgenommen hat, für mich eine fremde Frau war.»[7]

Die Kleinkinder verstanden nach einigen Monaten dieser Prozedur überhaupt nicht mehr, wer oder was ihre Eltern waren, weil sie aufgehört hatten, etwas für sie empfinden zu können. Die natürlichen Bande zwischen Eltern und Kind wurden durch die Wochenkrippen zerrissen. Emotional war die Situation den Kindern schon nicht vermittelbar und sprachlich auch nicht. Einem ein-, zwei- oder dreijährigen Kind lässt sich sprachlich nicht vermitteln, warum es den überwiegenden Teil seines Lebens nicht bei seinen Eltern sein darf. Dass die Kinder in den Wochenkrippen schlecht sprechen konnten und entsprechend auch schlecht ansprechbar waren, verschärfte das Problem der abreißenden Kommunikation zwischen Eltern und Kind weiter. Diese Situation – über die alle an der Diskussion beteiligten Personen Bescheid wussten – muss man sich vergegenwärtigen, wenn man die Brutalität des Konflikts über die Wochenkrippen zwischen Benjamin und Schmidt-Kolmer verstehen möchte. Benjamin schrieb zu Schmidt-Kolmers Forderung, die Wochenkrippen und Säuglingsdauerheime nur in äußersten Notfällen einzusetzen, Folgendes:

> «Diese Auffassungen stehen in krassem Widerspruch zu den Notwendigkeiten, die sich aus der Berufstätigkeit der Frauen, insbesondere aber zu den Notwendigkeiten, die sich für Frauen in leitenden Stellungen und Frauen, die sich auf solche Stellungen vorbereiten, ergeben. Eine Frau, die eine verantwortliche Stellung im Staatsapparat oder in der Wirtschaft ausübt und ihren dieser Stellung entsprechenden gesellschaftlichen Pflichten nachkommt, kann nicht von 4.00 Uhr oder ½ 5 Uhr an ständig nach der Uhr sehen, um ja nicht zu spät zu kommen, um ihr Kind aus der Krippe abzuholen. Dies hemmt sie in der Ausübung ihrer Funktion und bedeutet für Mütter und Kinder, die die Unruhe ihrer Mütter durchaus spüren, eine große Nervenbelastung. Auch eine Teilung der Pflichten zwischen den Eheleuten löst dieses Problem nicht, da ja sehr häufig der Ehemann in gleicher Weise berufliche und gesellschaftliche Verantwortung trägt. (…)
>
> In der letzten Zeit gibt es auch Bestrebungen in dem verständlichen Interesse, um die Kapazität der Krippenplätze im Allgemeinen zu erhöhen, Wochenkrippenplätze in Tageskrippenplätze umzuwandeln. Dieses Bemühen ist verständlich, da Tageskrippen eine höhere Kapazität haben als Wochenkrippen.

> Diese Entwicklung darf jedoch nicht überspitzt werden, da, wie ich oben darlegte, gerade im Interesse der Frauen in verantwortlichen Stellungen auch Wochenkrippenplätze dringend notwendig sind.»[8]

Die DDR-Regierung verlangte Opfer, sowohl von den Kindern als auch von ihren Eltern. Beim Aufbau des Sozialismus sollten die Eltern nicht ständig auf die Uhr schauen oder an ihre Kinder denken. Die Kleinkinder und ihr Bedürfnis, ihre Mutter zu sehen, waren für Benjamin in erster Linie zweitrangige Relikte einer bürgerlichen Ideologie der Nestwärme. Entwicklungsverzögerungen und weitere Schädigungen der Gesundheit der Krippenkinder mussten billigend in Kauf genommen werden, um die eigenen Ziele nicht zu gefährden. Der Kurs war festgelegt, die rote Linie gezogen. Nun ging es darum, Maßnahmen zu ergreifen. Benjamin schrieb in ihrem Brief an den Gesundheitsminister:

> «Ich halte es daher für dringend notwendig, dass im Zusammenhang mit dem Frauen-Kommuniqué eine ideologische Klärung bei den Ärzten über die Bedeutung der Unterbringung von Kleinkindern in Wochenkinderheimen für die Sicherung der Durchsetzung der Gleichberechtigung der Frau erfolgt.»[9]

Wer die Entwicklungsdefizite der Kinder nutzte, um die Krippenbetreuung zu kritisieren, stellte sich in einen krassen Widerspruch zur Berufstätigkeit der Frau und damit in einen Widerspruch zu einem Kernelement der SED-Politik. Dass mit Parteigegnern nicht zimperlich umgegangen wurde, wusste man 1962 in der DDR. Insofern war die Aufforderung Benjamins an den Gesundheitsminister, eine «ideologische Klärung (…) über die Bedeutung der Unterbringung von Kleinkindern in Wochenkinderheimen für die Sicherung der Durchsetzung der Gleichberechtigung der Frau» herbeizuführen, durchaus als Drohung zu verstehen. Die Drohung galt sowohl für die kritischen Kinderärzte und insbesondere für Schmidt-Kolmer als auch für den zuständigen Minister, der für Ordnung in seinem Ressort sorgen sollte. Im Ministerium für Gesundheitswesen wollte man dementsprechend nicht den Eindruck erwecken, das Problem nicht schon vorher erkannt zu haben. Der Historiker Andreas Petersen schrieb über die Haltung der «Moskauer», die späteren SED-Funktionäre, die aus der sowjetischen Emigration zurückkehrend die DDR aufbauten: «Meldung jeder Abweichung eines Genossen, rückhaltlos, immer und auch auf Verdacht. Denunziation wurde zur internalisierten Normalität jedes guten Genossen. Man schrieb eben Berichte.»[10]

Wachsamkeit war eine der ersten sozialistischen Pflichten, und wer im eigenen Stab den Klassenfeind nicht erkennen konnte, durfte kein Ministerium und auch keine Abteilung innerhalb eines Ministeriums leiten. Sowohl der Gesundheitsminister Sefrin als auch die Referatsleiterin Wohlfahrt wussten dies und versicherten entsprechend in ihren Schreiben mehrfach zwei Dinge. Erstens gaben sie sich loyal gegenüber der Parteilinie, indem sie gegen die Bedenken der Krippenskeptiker argumentierten, und zweitens zeigten sie, dass ihre Abteilungen selbst schon gegen die Krippengegner aktiv geworden waren. Sefrin antwortete Benjamin also in Bezug auf die Leiterin der Abteilung Mutter und Kind:

> «Frau Kern hat selbst und auch gemeinsam mit Vertretern des Ministeriums für Volksbildung wiederholt Aussprachen mit Frau Prof. Dr. Schmidt-Kolmer geführt, um die negativen Diskussionen über den angeblich in den Kindereinrichtungen vorhandenen psychischen Hospitalismus zu überwinden.»[11]

Sefrin wusste, dass es fatal wäre, wenn die Sorgen der Krippengegner nun auch noch wissenschaftlich bestätigt werden würden. Er ging auf die laufenden Diskussionen ein und schrieb an Benjamin:

«Die Vergleiche zwischen der Erziehung in Kinderkrippen mit der Familienerziehung führte [sic!] zu der falschen Schlussfolgerung, dass die Kinder in Kinderkrippen benachteiligt sind. Es wurde klargestellt, daß die Erziehung in Kinderkrippen kein Ersatz, sondern eine Ergänzung und Unterstützung der Familienerziehung ist. Unter den Bedingungen der Gruppenerziehung müssen andere Erziehungsmethoden als in der Einzelerziehung angewendet werden. Durch die systematische, geplante zielgerichtete Erziehung der Kinder, mit dem Ziel einer allseitigen altersgemäßen Entwicklung, werden in der Gruppenerziehung z. T. bessere Erfolge erzielt, als es selbst unter günstigen Familienverhältnissen möglich ist. Diese Erfolge werden von den Eltern der Kinder immer wieder bestätigt.»[12]

Die Argumentation des Ministers stellte die Ergebnisse der Krippenforschung auf den Kopf. Die sozialistischen Krippen wären – bei richtiger Organisation und Ausbildung – den Familien nicht unter-, sondern überlegen. Es ging nicht darum, die Krippenaktivitäten ab-, sondern auszubauen. Sefrin wusste aber, dass Diskussionen an dieser Stelle nicht mehr ausreichen würden, wollte er seinen Kopf aus der Schlinge ziehen, bzw. wollte er seinen Kopf gar nicht erst in die Schlinge hineingleiten lassen. Der Minister musste daher Handlungsstärke beweisen, um den Eindruck zu vermitteln, die Situation im Griff zu haben. Er schrieb an Benjamin:

«Dem Standpunkt bürgerlicher Kreise, dass die ‹Nestwärme› ein Bedürfnis des Säuglings und nur durch die Mutter zu befriedigen sei, als Argument gegen die Berufstätigkeit der Mutter und gegen die Pflege und Erziehung in Kinderkrippen wurde entgegengetreten. (…) Die von Frau Prof. Dr. Schmidt-Kolmer, vom Standpunkt des Facharztes für Sozialhygiene, aufgestellten und veröffentlichten Untersuchungsergebnisse bei Kindern bis zu 3 Jahren führten zu Missverständnissen. (…).

> Auch dazu ist z.B. in dem ‹Symposium über den Einfluss der Umwelt auf das Gedeihen des Säuglings und Kleinkindes› des Arbeitskreises für Kleinkindhygiene im Jahre 1959 in Leipzig durch Mitarbeiter des Ministeriums kritisch Stellung genommen worden. Im gleichen Jahr wurde auf einer Konferenz im Ministerium für Gesundheitswesen mit dem Ministerium für Volksbildung eine Auseinandersetzung mit Frau Prof. Dr. Schmidt-Kolmer über die von ihr angewandte Testmethode als ein Verfahren der bürgerlichen Psychologie geführt und beschlossen, die Testmethode nicht mehr in Anwendung zu bringen. Frau Prof. Dr. Schmidt-Kolmer hat aufgrund der mit ihr geführten Diskussion die Testungen in Kinderkrippen und Dauerheimen für Säuglinge und Kleinkinder eingestellt.»[13]

Die wissenschaftlichen Forschungen von Schmidt-Kolmer wurden einfach nicht mehr genehmigt, ihre Testmethoden als bürgerlich abqualifiziert. In den Ministerien arbeitete man gegenüber der Öffentlichkeit einfach mit der Lüge weiter, dass die staatliche Kollektiverziehung der Familienerziehung potentiell überlegen sein könnte. Dass ein Großteil der Krippenkinder in Wirklichkeit gegenüber den Familienkindern Entwicklungsrückstände aufwies und die Kinder in den Wochenkrippen und Dauerheimen die Beziehungen zu ihren Familien verloren, wurde im Ministerium nicht eingehender diskutiert, weil es nicht in das Wunschbild von einer sozialistischen Gesellschaft passte. Um die unangenehmen Wahrheiten über die Krippen zu verschleiern, wurde die Krippenforschung politisch unterdrückt. Von sterbenden Kleinkindern konnte man nur hinter verschlossenen Ministertüren hören oder in einzelnen Akten lesen; von kranken, unterentwickelten und hospitalisierten Krippenkindern nur in medizinischen Fachjournalen. Wer keinen Zugang zu diesen ausgesuchten Quellen hatte oder sich selbst kein Bild machen konnte, wurde belogen. Auch aus Angst, selbst politisch unter Druck geraten zu können, wollte in den zuständigen Ministerien niemand der heiligen Kuh der Frauenarbeit zu nahetreten, indem er die Fremdbetreuung von Kleinkindern in Frage stellte. Tat man es doch, folgte politische Repression.

«Kinder ohne Liebe»

Ein Blick in die Tschechoslowakei zeigt, dass der Weg des forcierten Krippenausbaus mit all seinen negativen Konsequenzen für die Kleinkinder im sozialistischen Block nicht alternativlos war. Schon Mitte der 1950er Jahre galt die Tschechoslowakei für kritische Kinderärzte aus der DDR als vorbildlich,[14] weil die dortige Regierung sich nicht scheute, den Wochenurlaub nach der Geburt auf drei Monate auszudehnen, um die Säuglingsspätsterblichkeit zu bekämpfen und die Gesundheit von Mutter und Kind zu schützen.[15]

Die Verantwortlichen in der Tschechoslowakei nahmen schon zu diesem frühen Zeitpunkt mehr Rücksicht auf die physischen und psychischen Bedürfnisse der Säuglinge, indem sie ihren Gesundheitsschutz höher gewichteten als den frühen Wiedereintritt der jungen Mütter in das Berufsleben. Bezüglich der Krippenbetreuung lässt sich ab den frühen 1960er Jahren etwas Ähnliches feststellen. Auch wenn in der Tschechoslowakei zunächst – genauso wie in der DDR – in den 1950er Jahren die staatliche Kleinkindbetreuung forciert ausgebaut wurde, begann Anfang der 1960er Jahre eine Umorientierung. Über die Ausgangslage in der ČSSR schrieb der Psychologe Jaróslav Šturma rückblickend:

> «In der sozialistischen Tschechoslowakei herrschte vor allem in den 50er und 60er Jahren eine rigide Doktrin. Sie stellte das kollektive Menschenbild über das Individuum und gab die Erziehung der Kinder in die Verantwortung des Staates. Damit schwächte der sozialistische Staat bewußt den Einfluß der Familie auf die Kinder. Besonders in der Anfangszeit, nachdem die

> Kommunisten die Macht übernommen hatten, übte der Staat mit der Begründung, es gehe um die berufliche Gleichberechtigung der Frau, ökonomischen und ideologischen Druck auf die Mütter aus, möglichst rasch nach der Geburt des Kindes wieder arbeiten zu gehen. Sie wurden veranlaßt, ihre Kinder in die Pflege staatlicher Kindereinrichtungen mit Ganztagsbetreuung – anfangs auch mit Wochen- oder sogar Dauerbetreuung – zu geben. Es wurde argumentiert, Eltern wären in der Erziehung und in der Fürsorge für ihre Kinder Laien und besäßen keine hinreichende Kompetenz, während in einer Kinderkrippe fachlich geschultes Personal für die Kinder sorgen würde.»[16]

Ähnlich wie in der DDR unter dem Titel «Wer ist die bessere Mutter?» wurden auch in der ČSSR Ende der 1950er und Anfang der 1960er Jahre kritische Diskussionen über die Krippenbetreuung von Kleinkindern geführt. Die deutsch-tschechische Publizistin Alena Köhler-Wagnerová schreibt über diese Diskussion:

> «Standen in den fünfziger Jahren Kinderärzte und Öffentlichkeit der Kinderkrippe (vor allem mit Wochenbelegung) mit nicht geringen Vorbehalten gegenüber (im Unterschied zur unkritischen Presse), so riefen Anfang der sechziger Jahre die allmähliche Verbreitung der neuen Erkenntnisse der Kinderpsychologie und Medizin über die Bedeutung der ersten Lebensjahre für die psychische Entwicklung des Kindes eine starke gesellschaftliche Reaktion hervor.»[17]

In diese Diskussion reihte sich auch die Arbeit der beiden tschechischen Kinderpsychologen Zdeněk Matějcěk und Josef Langmeier ein, die ihre Ergebnisse 1963 in dem international vielbeachteten Buch *Psychische Deprivation im Kindesalter. Kinder ohne Liebe* bündelten. Die Forscher gingen von folgender These aus:

> «So, wie ernste Erkrankungen aus einem allgemeinen Nahrungsmangel, aus einer Eiweiß-, Vitamin- und Sauerstoffkarenz entstehen, können auch schwere Störungen aus einem psychischen Mangel an Liebe, an Stimulation, an sozialem Kontakt, Erziehung usw. entstehen.»[18]

Wie Wissenschaftler in der DDR kamen auch die tschechischen Krippenforscher zu dem Ergebnis, dass die Kinder in der Krippe Wachstums- und Gewichtsstörungen aufwiesen, häufiger krank wurden und emotionale, sprachliche und geistige Entwicklungsrückstände gegenüber den Familienkindern aufwiesen. Vor allem in den Säuglingsdauerheimen stellten die Wissenschaftler schwere Hospitalismuserscheinungen bei den Kindern fest.[19]

Von diesen Ergebnissen ausgehend, verhielten sich Matějcěk und Langmeier in den kritischen Diskussionen um die Rolle der Mutter und die staatliche Betreuung von Kleinkindern anders als ihre Kollegen aus der DDR. Die DDR-Krippenforscher – Rudolf Neubert ausgenommen – schrieben in den öffentlichen Diskussionen etwas anderes als das, was sie in ihren wissenschaftlichen Forschungen herausgefunden hatten. Sie wagten es nicht, sich kritisch mit den staatlichen Plänen der Kinderbetreuung auseinanderzusetzen. Im Gegensatz dazu versuchte Matějcěk, seine Forschungen zu nutzen, um die tschechoslowakische Diskussion zu befeuern.

Zupass kam ihm hierbei, dass die kommunistische Führung der ČSSR ihn Anfang der 1960er beauftragt hatte, einen Dokumentarfilm über die dortigen Kinderkrippen zu drehen. Es sollte ein schöner Propagandafilm werden, welcher vorbildlich eingerichtete Krippen, freundliche Erzieherinnen und glückliche, aufgeweckte Kinder zeigte. 1963 war der Film fertig, aber den Auftraggebern gefiel nicht, was sie sahen. Der Film zeigte nicht die Überlegenheit der Pflege und Erziehung in der Krippe gegenüber der Familie, sondern er verdeutlichte sehr eindrücklich die ungeheure psychische Belastung der Kollektiverziehung von Kleinkindern. Man sah die Verhaltensauffälligkeiten, die Angst, Scheu, aber auch die Aggressivität und Bindungslosigkeit der Krippenkinder und vor allem ihre Traurigkeit über die wiederkehrenden Verlusterfahrungen. Teilweise machte der Film erfahrbar, was die Krippenkinder durch die Trennung von der Familie verloren, wie schlecht es vielen Kindern in den Krippen und vor allem in den Säuglingsdauerheimen ging und mit welchen Problemen sie zu kämpfen hatten. Der Film mit dem Titel *Kinder ohne Liebe* wurde in der ČSSR verboten, gelangte aber über Umwege in den Westen und wurde 1963 mit Erfolg bei den Filmfestspielen in Venedig aufgeführt, wodurch er breitere Aufmerksamkeit erlangte.[20] Obwohl die Regierung der ČSSR versuchte, den Film im Giftschrank verschwinden zu lassen, zog sie – anders als die SED – aus den kritischen Diskussionen entsprechende Konsequenzen und veränderte 1963 die Familiengesetzgebung mit entsprechenden Folgen für die tschechische Kleinkindbetreuung. Dies führte nach Jaróslav Šturma dazu,

> «daß das Familiengesetz in der Tschechoslowakei 1963 geändert wurde. Die Familie nahm, entgegen der herrschenden Ideologie, wieder den ersten Platz in der gesellschaftlichen Rangordnung ein, sozusagen als die ‹Institution›, die eine optimale und harmonische Entwicklung der Kinder garantiert.»[21]

In der 1977 ins Deutsche übersetzten Fassung von *Psychische Deprivation im Kindesalter. Kinder ohne Liebe* stellten Langmeier und Matějcěk die 1963 in der ČSSR begonnenen Reformen dar. Wie schon in den 1950er Jahren lag ein entscheidender Unterschied zwischen der DDR und der ČSSR in den unterschiedlichen Möglichkeiten der Mütter, durch den Wochenurlaub nach der Schwangerschaft bei ihren kleinen Kindern bleiben zu können und sie eben nicht – wie in der DDR üblich werdend – in die Krippe geben zu müssen. Die tschechischen Kinderpsychologen schrieben:

> «Für das Kind bedeutet die Krippe vor allem das Erlebnis der täglichen Trennungen von der Familie und die Anforderungen einer vorzeitigen Eingliederung in die Gemeinschaft. Man muß also Maßnahmen ergreifen, die ihm zu einer schnellen und erfolgreichen Adaption verhelfen können.
> Die heutige Entwicklung der Krippen in der ČSSR bewegt sich in diese Richtung. Es wird z. B. die Aufnahme der jüngsten Kinder eingeschränkt – was u. a. auch durch den zweijährigen Arbeitsurlaub der Mütter ermöglicht wird. Die Dauer des Aufenthalts in den Krippen wird immer häufiger auf 6 Stunden beschränkt.»[22]

Der entscheidende Unterschied zwischen der DDR und der Tschechoslowakei zeigte sich wieder in einer großen Differenz des gewährten «Arbeitsurlaubs», der in der ČSSR auf zwei Jahre ausgeweitet wurde. Weiter wurde versucht, zur Verhinderung der vor allem in Heimen auftretenden Hospitalismusschäden, die Kinder in Ersatzfamilien unterzubringen. Dabei wurden «künstlich-gebildete Großfamilien, in denen ein Ehepaar, also ein Mann und eine Frau, eine Gruppe von 6–10 Kindern unterschiedlichen Alters und Geschlechtes annehmen»,[23] eingerichtet. Matějcěk und Langmeier schrieben hierzu:

> «In den 50er Jahren bis 1963, als das neue Familiengesetz in der ĊSSR verabschiedet wurde, gab es eigentlich nur zwei Möglichkeiten einer Ersatzkinderpflege: die Adoption oder die Unterbringung in einem Heim. Da man in dieser Zeit eine Kollektiverziehung vom jüngsten Alter an bevorzugte, kam es relativ selten zu einer Adoption, und das Augenmerk wurde vor allem dem Aufbau von Säuglings- und Kinderheimen gewidmet. Dies geschah im Hinblick auf ökomische Zweckmäßigkeit und in Erwartung eines pädagogischen Vorteils, der in einer möglichst vollkommenen Durchsetzung der Prinzipien der Gemeinschaftserziehung liegen sollte. Das ist am besten mit Kinder-

> gruppen Gleichaltriger möglich. (…) Das Familiengesetz von 1963 schuf günstigere Voraussetzungen dafür [für die Familienersatzpflege], indem es die Familie wiederum an die erste Stelle der Erziehungsinstitutionen stellte. In den folgenden Jahren kam es dann zu einer bemerkenswerten Entwicklung.»[24]

Die Einweisungen in Säuglingsdauerheime wurden zugunsten von Adoptionen und der Eingliederung in Ersatzfamilien reduziert. In der Tschechoslowakei begann man mit «Mikrokrippen (Tagesmüttern)»[25] zu experimentieren und zu versuchen, die Krippe durch kleinere Gruppenstärken und Maßnahmen der Individualisierung etc. dem Familienmilieu ähnlich zu gestalten.

In der DDR nahm man die tschechoslowakische Position in den 1960er Jahren als rückständig, weil bürgerlich, wahr. Als 1966 der Film *Kinder ohne Liebe* in Prag auf einer internationalen Krippenkonferenz der sozialistischen Länder gezeigt wurde, konnte die DDR-Delegation nur mit dem Kopf schütteln. Im Reisebericht hielt Referatsleiterin Maria Wohlfahrt[26] fest:

> «Der Film der ČSSR ‹Kinder ohne Liebe› wurde gezeigt. In diesem Film [sic!], der nicht im Auftrag des Ministeriums gedreht wurde, aber in Westdeutschland gezeigt wurde, stellt m. M. [nach] eine Verunglimpfung der staatl. Kindereinrichtungen dar. Es werden in übertriebener Form schädigende Einflüsse der Kollektiverziehung demonstriert, um damit die Eltern auf ihre Pflichten den Kindern gegenüber aufmerksam zu machen. An diesem Film zeigen sich deutlich die Einflüsse der bürgerlichen Psychologie und Tendenzen, die die Einrichtungen der sozialistischen Gesellschaft in ein falsches Licht setzen.»[27]

Während die DDR trotz aller bekannten Probleme an dem bedingungslosen Ausbau der Krippen festhielt, begann in der ČSSR Anfang der 1960er Jahre ein Umdenken. Die Pflege und die Erziehung in der Familie wurden unterstützt, der Ausbau der staatlichen Kinderbetreuung wurde gedrosselt. Hierfür wurde der Ausbau von Wochenkrippen zugunsten von Tageskrippen zurückgenommen: «Es werden mehr Tageskrippen gebaut und die Zahl der Wocheneinrichtungen wird beschränkt (die Kapazität der Wochenkrippen in der ČSSR überschreitet jetzt nicht 5% der Gesamtkapazität der Krippen).»[28]

Zudem wurde konträr zum staatlichen Handeln der DDR im sozialistischen Nachbarland die Familienerziehung gegenüber der Krippenerziehung gestärkt.

Anders als in der DDR stagnierte der Krippenausbau in der ČSSR völlig. 1964 besuchten in der ČSSR im Durchschnitt täglich 44 913 Kinder die Krippe, 1970 waren es täglich 45 153.[29] Zu einem Zeitpunkt, zu dem die DDR schon auf eine Unterbringung nahezu aller Kleinkinder in staatlichen Krippen zuzusteuern versuchte, schrieben Matějcěk und Langmeier 1977:

> «Auch in Zukunft sollen bei uns die Krippen nicht zu einer universalen Erziehungsinstitution werden – für das Jahr 1980 rechnet man damit, daß etwa 15% der gesamten Kinderpopulation der entsprechenden Altersstufe (bis 3 Jahre) in Krippen untergebracht werden könnte. Die entscheidende Mehrheit der Kinder wird weiterhin in den Familien erzogen.»[30]

Zum Vergleich: In der DDR waren 1980 61,2 Prozent der Kinder zwischen 0 und 3 Jahren in der Krippe untergebracht – also anteilig viermal so viele Kleinkinder wie in der ČSSR. Die in den 1950er Jahren gegenüber der DDR fortschrittlichen Maßnahmen zum Gesundheitsschutz von Müttern und Kleinkindern wurden durch die eingeleiteten Reformen der Kleinkindbetreuung Anfang der 1960er Jahre in der ČSSR noch verstärkt, was sich zwei Dekaden später Anfang der 1980er Jahre in völlig unterschiedlich ausgebauten Krippensystemen zeigte. Während in der Tschechoslowakei zumindest versucht wurde, auf das Bedürfnis des Kleinkindes, in seiner Familie leben zu wollen, Rücksicht zu nehmen, hielt die DDR-Regierung zum Schaden vieler tausend Kleinkinder unbeirrt an den eigenen, überwiegend ökonomisch und ideologisch motivierten Plänen fest. Man suchte nach anderen Wegen, um die Defizite des Krippensystems zu beheben. Schon seit den frühen 1950er und verstärkt dann in den 1960er Jahren versuchte man, die Probleme durch eine Pädagogisierung der Krippen zu lösen.

Pawlows Hunde

Ab den 1960er Jahren wollte man, von unterschiedlichen Ministerien ausgehend, in den Krippen Pädagogik durchsetzen. Die Kinder sollten an den Sozialismus herangeführt werden. Vorbild hierfür war weniger das Krankenhaus als vielmehr die Schule. Die Krippenschwestern sollten nicht mehr nur pflegen, sondern auch erziehen. Ziel war die Bildung der sozialistischen Persönlichkeit. Um die sozialistische Erziehung von den ersten Tagen an durchsetzen zu können, brauchte man die Krippen, die besser organisiert und kontrolliert werden konnten als die Familien, auf die man nicht in gleicher Art und Weise Zugriff nehmen konnte. Für den Aufbau des Sozialismus war es nach Schmidt-Kolmer notwendig, davon auszugehen,

> «daß die Erziehung des Menschen in seinen ersten Lebenstagen beginnt und nur dann tatkräftige, schöpferische und allseitig gebildete Sozialisten herangebildet werden können, wenn der komplizierte Prozeß der Erziehung und Bildung vom ersten Tage bis weit hinein ins Erwachsenenalter einheitlich und kontinuierlich gestaltet wird.»[31]

Einheitlichkeit war das Ziel, und man war hierfür bereit, die Bürger über den Eintritt ins Erwachsenenalter hinaus zu erziehen.[32] Per Gesetz wurde die Krippe 1965 zur ersten Stufe des einheitlichen sozialistischen Bildungssystems erklärt.[33] Alle Lebensphasen sollten durch eine entsprechende staatliche Einrichtung kontrolliert werden. Man wollte die Krippe, den Kindergarten und die Schule miteinander verzahnen. Die Kinder sollten so früh wie möglich mit sozialistischer Erziehung konfrontiert werden. Lieber Früh- als Umerziehung war das Motto. In diesem Sinne stand auch für die Leiterin der Wismut-Kinderkrippe[34] in Schneeberg, Johanna Griegoleit, fest: «Wie der Mensch wird, hängt hauptsächlich davon ab, was aus ihm bis zum fünften Lebensjahr gemacht wird. Wird es [sic!] bis zu seinem fünften Lebensjahr nicht so erzogen, wie es nötig ist, muß er umerzogen werden.»[35]

Pädagogische Zugriffsversuche waren nicht neu. Ohne größeren Erfolg hatte man schon Mitte der 1950er Jahre versucht, eine Krippenpädagogik einzuführen.[36] Auf die Frage, wie Säuglinge und Kleinkinder in Abwesenheit ihrer Mutter aufwachsen könnten, sollte Pädagogik die Antwort sein.

In der ersten Hälfte des 20. Jahrhunderts war eine innige Beziehung zwischen Mutter und Kind für Wissenschaftler die Grundvoraussetzung für eine gesunde Entwicklung. Für die Weltgesundheitsorganisation (WHO) hatte der Brite John Bowlby[37] die Forschungen der Medizin und Psychologie zum Thema zusammengetragen.[38] Untersuchungen zu Kindern, die wegen Krankenhaus- oder Heimaufenthalten länger von ihren Eltern getrennt wurden, machten schwere Entwicklungsdefizite deutlich.

Für ihre Doktorarbeit hatte Schmidt-Kolmer zu Beginn ihrer Karriere die Forschungen von Bowlby Anfang der 1950er Jahre gelesen.[39] In den 1950er Jahren bewertete die DDR-Forscherin die Arbeit des Briten noch als ausgezeichnete Übersicht. Sie lernte, dass die «Auswirkung langjähriger Heimerziehung auch noch für das Schul- und Jugendalter charakteristisch sind.»[40] Weil den Kindern echte zwischenmenschliche Beziehungen fehlten, entwickelten sie «einen isolierten Persönlichkeitstyp», der sich an einer geringen Konzentrationsfähigkeit, einem Mangel an Selbstbeherrschung und einem geringen Bedürfnis, sich in eine Gemeinschaft einzugliedern, zeigte. Bei den Kindern wurden ein geringes «Abstraktionsvermögen, schlechte Schulleistungen im Lesen, Schreiben und Rechnen, mangelhafte Zeitvorstellungen, eingeschränkte Phantasie und Vorstellungswelt» und ein «Fehlen von Zielen und Konzeptionen für die Zukunft» festgestellt.[41] Schmidt-Kolmer übertrug die Erkenntnisse Bowlbys auf die Säuglingsdauerheime der DDR. Die unzureichende Persönlichkeitsentwicklung der Heimkinder sah sie auch durch die «frühzeitige Trennung von der Mutter und der Familie und das Fehlen eines Familienmilieus»[42] verursacht. Was den Heimkindern fehlte, war die Pflege «enger, gefühlvoller und dauerhafter zwischenmenschlicher Beziehungen».[43] Stattdessen war ihr Alltag gekennzeichnet durch eine «Monotonie der Lebensweise, die ungenügende körperliche und geistige Betätigung der Kinder und die unzureichende Versorgung mit Spiel- und Beschäftigungsmaterial», ferner durch einen ungenügenden «Kontakt mit der menschlichen Umwelt innerhalb und außerhalb des Heimes».[44] Gerade in den 1950er Jahren sah man in Säuglingsdauerheimen allerdings noch ein probates Mittel zur Erhöhung der Frauenerwerbstätigkeit, indem alleinerziehenden berufstätigen Müttern angeboten wurde, ihre Kinder auf Staatskosten dort unterzubringen. Die genannten Forschungsergebnisse waren für den DDR-Krippenausbau nicht brauchbar, weil sie die staatliche Fremdbetreuung generell in Zweifel zogen. Die DDR-Krippenforscher suchten nach alternativen wissenschaftlichen Theorien, auf die man sich für den Krippenausbau berufen konnte. Fündig wurde man bei Pawlow.

Zu Beginn des 20. Jahrhunderts hatte Pawlow demonstriert, dass seine Hunde in erster Linie Knechte ihrer eigenen Physiologie waren und vor allem, dass man diese Physiologie mit entsprechenden Reizen manipulieren konnte. Chirurgisch verpflanzte er seinen Versuchshunden Speichelhalter, die sich füllten, sobald er ihnen ihr Fressen zeigte. Nachdem er begonnen hatte, vor jedem Fressen eine Glocke zu läuten, reichte bald der bloße Klang der

Abbildung 16: Hunde und wissenschaftliche Mitarbeiterin Pawlows am St. Petersburg Laboratorium

Glocke und der Speichel floss. Aus dem simpel anmutenden Versuchsaufbau schlussfolgerte Pawlow Bahnbrechendes. Das Verhalten der Tiere konnte durch die Manipulation der Umwelt über ihre Physiologie gesteuert werden – ein Gedanke, der Pawlow 1904 den Nobelpreis für Medizin einbrachte und zugleich eine

Entdeckung, deren totalitäre Dimension Machthabende auch fünfzig Jahre später noch faszinieren konnte. Was wäre, wenn man einfach nur die sozialistischen Glocken läuten lassen müsste und die Republik reagierte, und zwar zwangsläufig, direkt, einheitlich, solidarisch und stark?

Schmidt-Kolmer wollte Pawlows Erkenntnisse nun auf die Krippenkinder übertragen. Generell sollten die festgestellten Entwicklungsprobleme nicht mehr durch die Abwesenheit der Mutter, sondern durch das Fehlen von Reizen erklärt werden. Entsprechend musste eine Pädagogik entwickelt werden, die die Kinder immer wieder mit den richtigen Reizen stimulierte, um sie zu den gewünschten Reaktionen zu bewegen. Säuglinge und Kleinkinder wurden als Reiz-Reaktions-Maschinen verstanden – und Erziehung zur Konditionierung nach Plan degradiert.[45] Die individuelle Auseinandersetzung mit einzelnen Kindern ließ sich republikweit nicht planen und kontrollieren, schon gar nicht über die Familien. Man konnte jedoch für alle Krippen der Republik Pläne erarbeiten und festlegen, was in diesen wann und wie getan werden sollte. Wie die Jahrespläne in der Wirtschaft, so sollten auch wissenschaftliche Erziehungspläne in den Krippen die Überlegenheit des Sozialismus sichern. Egal, ob Schlaf- und Wachzeiten, Zeiten zum Frühstücken, Händewaschen, Töpfen, Spielen oder Spazierengehen, der Zeitpunkt für jegliche Art der Betätigung der Kinder wurde über die Tagespläne für verschiedene Altersgruppen zeitlich genau vorgegeben.[46]

Traten Probleme bei den Kindern auf, konnten diese nun als Erziehungsfehler gewertet werden. Entweder die Familie des Kindes oder das Krippenpersonal war von den Erziehungsplänen abgewichen, oder der Erziehungsplan selbst musste überarbeitet werden.[47] Alle Probleme des DDR-Krippensystems konnten so als pädagogische Fehler thematisiert werden. Das Krippensystem als solches musste jedoch nicht mehr in Frage gestellt werden. Auf die Probleme der Krippenkinder konnte man nun durch den Versuch der Ausarbeitung entsprechender Reiz-Reaktions-

Abbildung 17: Krippenkinder mit Erzieherinnen in See (Niesky), um 1964

Programme reagieren. Tätigkeiten wurden bis ins Detail vorgeschrieben und kontrolliert. Die ab den 1970er Jahren selbst an der Ausarbeitung von entsprechenden Erziehungsprogrammen beteiligte Christine Weber schrieb rückblickend über das Erziehungsprogramm der 1960er Jahre, dass «‹ein Verschulungsprozess› in den Krippen» einsetzte, wodurch eine «Orientierung auf kindliche Leistungen und die Arbeit nach bis ins Detail abgefassten Aufgaben» entstand.[48] Der Tagesablauf war Ausdruck von unterschiedlichen Aufgaben, die für eine Normalentwicklung von allen Kindern bewältigt werden mussten.

So findet sich zu der Aufgabe «Sauber werden, Toilettenbenutzung» in einem Erziehungsprogramm ein Hinweis zum 15. Lebensmonat: «Bis zum Ende dieses Lebensmonats muß es bei allen Kindern zur Selbstverständlichkeit geworden sein, daß sie tagsüber keine Windelpakkung [sic!] mehr benötigen und das Bedürfnis der Entleerung an die im Tagesablaufplan vorgesehenen Topfzeiten anpassen.»[49]

Die Körper des Kinderkollektivs sollten also im 15. Lebensmonat konditioniert werden, sich gemeinschaftlich zwischen 6.15 und 6.45 Uhr, zwischen 11.15 und 11.30 Uhr und zwischen 14.00 und 15.00 Uhr zu entleeren. Dass die Mehrzahl der Kinder erst ab dem 18. Monat begann, den eigenen Stuhlgang kontrollieren zu können,[50] wird die Umsetzung der Vorgabe nicht vereinfacht haben. Ab dem 19. Lebensmonat wurde die entsprechende Aufgabe dann erweitert, indem man die genannten Zeiten teilweise verkürzte. Die Kleinkinder in Säuglingsdauerheimen und Wochenkrippen wurden nun auch zwischen 17.00 und 17.30 Uhr und zusätzlich nach dem Zubettgehen noch einmal um 22.00 Uhr angehalten, selbstständig im Kollektiv auf den Topf zu gehen.[51] Es kann davon ausgegangen werden, dass es nicht leicht war, die Kinder in diesem Alter zu einem kollektiven Töpfen zu animieren. Gerlach berichtet anhand eines Dokuments aus den Akten des Ministeriums für Gesundheitswesen, dass die Kinder «vom Krippenpersonal auf Töpfe mit heißem Wasser gesetzt wurden, was ein Wasserlassen zur gewünschten Zeit ermöglichen sollte».[52] In diesem Zusammenhang berichtet eine Akte auch von Unfällen, bei denen sich Kinder infolge dieser Praxis Verbrennungen zuzogen: «Es wurde heißes Wasser in den Topf gegossen, um ein Kind zur Urinentleerung anzuregen.» Das Kind erlitt daraufhin Verbrennungen zweiten Grades.[53]

Republikweite Tages-, Wochen-, Monats- und Jahrespläne sollten durch wiederholte Übung die synchrone Konditionierung der DDR-Krippenkinder sicherstellen. Dabei besaßen die Vorgaben der Tagespläne für Schmidt-Kolmer nicht bloß den Status einer schlichten Empfehlung. In ihren Publikationen Mitte der 1950er Jahre forderte sie, dass «eine Tageseinteilung, die dem physiologischen Tagesrhythmus entspricht, in allen Krippen und Heimen zur Einführung kommt und daß ihre Durchführung laufend überwacht wird».[54]

In den Kontrollphantasien des Ministeriums für Gesundheitswesen sollten die Umwelteinflüsse aller Kleinkinder möglichst von den ersten Tagen ihres Lebens an durch Entwicklungsbögen einheitlich und permanent überwacht werden. Pläne und die Kontrolle der Pläne sollten auf ein optimales Funktionieren im SED-Staat vorbereiten.

Ende der 1960er Jahre wurde die Pawlow-Orientierung von Vertretern der Akademie der Pädagogischen Wissenschaften als «unmarxistisch» kritisiert.[55] Schmidt-Kolmer war empört und schrieb dem Stellvertretenden Minister für Gesundheitswesen, Ludwig Mecklinger, «daß es nicht unsere Aufgabe als Mediziner sein kann, die pädagogische Theorie für das Säuglings- und Kleinkindalter auszuarbeiten und dabei von der Vorschulpädagogik kritische Hinweise zu erhalten».[56] Es wurde schließlich eine Kommission von Mitarbeitern aus dem Ministerium für Gesundheitswesen und dem Ministerium für Volksbildung gebildet. Die Arbeit an einer neuen Krippenpädagogik begann 1971. Die Kommission benötigte fünfzehn Jahre, um sich auf ein Erziehungsprogramm zu einigen.[57] Zwischen 1956 und 1986 bestand in den DDR-Krippen somit durchgängig eine Orientierung an einer auf Pawlowschen Prinzipien basierenden Planpädagogik.

Es war jedoch weitgehend gleichgültig, mithilfe welcher Planpädagogik die Ministerien versuchten, die Entwicklungsrückstände von Krippenkindern zu kompensieren, die Pläne scheiterten immer wieder an der Realität. Die Akten zeigen, dass selbst die pädagogischen Versuche misslangen, bei denen mit einem hohen organisatorischen Aufwand das vermeintlich beste Personal in den besten Krippenräumen mit dem besten pädagogischen Konzept ausgestattet wurde.[58] Für die Krippenerzieherinnen war es oft schwer, zusätzlich zu den ohnehin schon hohen pflegerischen und organisatorischen Ansprüchen des Krippenalltags, der sie an und häufig auch über die Grenzen des Belastbaren brachte, nun auch noch staatlich vorgegebene pädagogische Aufgaben zu übernehmen. Der Verlust der Kindheit in der Familie, in der sich individuell und kontinuierlich mit dem Kind auseinandergesetzt wird, konnte in den Krippen auch mithilfe einer

Planpädagogik nicht kompensiert werden. Ganz gleich, ob mit Pawlow dressierte Hunde oder mit Makarenko resozialisierte Jugendstraftäter das pädagogische Vorbild der DDR-Krippen darstellten,[59] die strukturellen Probleme der Krippen waren trotz anderslautender pädagogischer Versprechen so nicht zu lösen. Dies war fatal – und zwar vor allem für die kranken, sterbenden und unterentwickelten Kinder, die das Pech hatten, in Krippen gepflegt und erzogen werden zu müssen. Anstatt, wie beispielsweise die Tschechoslowakei es tat, auf diese bekannten Missstände mit einer Drosselung oder sogar mit einem Stopp des Krippenausbaus zu reagieren, hielten die verantwortlichen Personen in der DDR an ihren sozialistischen Erziehungsutopien fest. Es würde der Tag kommen, an dem man die richtige sozialistische Krippenpädagogik finden und richtig umsetzen würde, und dann – spätestens dann – würde die Krippe ihre Überlegenheit gegenüber dem Aufwachsen in der Familie zeigen können. Die harmonisch entwickelte sozialistische Persönlichkeit könnte dann schon in den ersten Tagen und Wochen des Lebens unter der wohlmeinenden Kontrolle des Staates zu blühen beginnen.

Die sozialistischen Glocken läuteten zwar, aber die Kinder hörten sie nicht, weil sie traurig an ihre Mutter dachten und das Gefühl der Trennung ihre kleinen Körper einfach nicht verlassen wollte. Irgendwann ließ der Schmerz nach, sie fühlten ihn nicht mehr, genauso wie sie vieles andere auch nicht mehr fühlen konnten. Sie hatten ihre erste Lektion gelernt. Emotional taub waren viele nun bereit, sich anzupassen. Eine Fähigkeit, die ihnen für das Leben in der DDR nützlich sein würde.

VIII. KAPAZITÄTSSTEIGERUNG

Überbelegung

Die Krippenräume wurden in den 1970er Jahren mit immer mehr Kindern belegt. Der SED war es ein permanentes Anliegen, die Zahl der Krippenplätze unter allen Umständen zu erhöhen. Jeder Volkswirtschaftsplan legte steigende Kapazitäten fest. Durch mehr Krippenplätze – so die Überlegung – könnten mehr Frauen eine Arbeit aufnehmen, wodurch die Wirtschaftsleistung wachsen, der Lebensstandard erhöht und der Sozialismus im Kampf gegen den Kapitalismus gestärkt werden würde.

Nach dem Wechsel von Ulbricht zu Honecker 1971 unternahm die DDR «beinahe verzweifelte Versuche, die Geburtenzahlen und die Frauenerwerbstätigkeit zu steigern».[1] Es wurden umfangreiche sozialpolitische Maßnahmen beschlossen, darunter Arbeitszeitverkürzungen für Mütter mehrerer Kinder und eine Verlängerung des Wochenurlaubs von acht auf zwölf Wochen 1972. Im Jahr 1976 wurde dieser schließlich auf 20 Wochen erweitert. Eine Besonderheit war die Einführung des «Babyjahres» im selben Jahr, das eine bezahlte Freistellung für ein Jahr bei der Geburt des zweiten Kindes und seit 1986 ab dem ersten Kind vorsah.[2] Auch der Ausbau von Kinderkrippen war Teil dieser umfangreichen und kostenintensiven Sozialpolitik. Dadurch nahm das ohnehin schon rasante Tempo des Krippenausbaus in den 1970er Jahren noch einmal deutlich an Fahrt auf.[3] In keinem Jahrzehnt wurden mehr Krippenplätze geschaffen. Mit einem gewissen Stolz über die eigene Ausbauleistung wurde in einer Analyse des Jahres 1979 festgehalten: «2/3 aller Kinder bis zu drei Jahren sind bereits jetzt die längste Zeit ihrer frühen Kindheit (8–10 Stunden täglich), in der entwicklungsintensivsten Etappe ihres Lebens, den Krippen anvertraut.»[4]

Befand sich bis 1970 etwa ein Drittel der Kinder im krippenfähigen Alter unter staatlicher Aufsicht, wurden ab 1975 in der DDR mehr als die Hälfte der Kinder auch vom Staat und eben nicht mehr nur von der Familie versorgt.[5] Ab Mitte der 1970er Jahre war damit bei der Mehrheit die frühe Kindheit durch staatliche Erziehung und Pflege geprägt.[6] Trotz einer ab Mitte der 1960er Jahre stark abnehmenden Geburtenrate stiegen die absoluten Zahlen der Krippenkinder kontinuierlich. Über 180 000 Kinder besuchten 1970 eine Krippe, 1975 waren es über 230 000 und 1980 über 280 000. Die Krippe entwickelte sich zur bestimmenden Betreuungsform für Kleinkinder.

Um diese enorme Steigerung bewerkstelligen zu können, musste Platz geschaffen werden, was aber oft nicht gelang. Die Konsequenz war ein Raummangel. Eigentlich sollten jedem Krippenkind in der Einrichtung durchschnittlich fünf Quadratmeter Raum zur Verfügung stehen.[7] Entsprechende Überprüfungen legen jedoch nahe, dass die meisten Kinder in der Krippe eher mit der Hälfte dieses Platzes auskommen mussten.[8] In einer typischen Formulierung wurde im Jahresbericht 1974 aus dem Bezirk Neubrandenburg gemeldet: «Die Krippen in den Städten sind überfüllt. Sollte der Normwert Quadratmeter pro Kind eingehalten werden, müßten 40% unserer Kapazitäten reduziert werden.»[9] Um die Kapazitäten zu steigern, wurde fast die doppelte Anzahl von Kindern versorgt, die für die Räume eigentlich vorgesehen waren. Einrichtungen platzten fast aus allen Nähten. Um den Platzmangel zu verdeutlichen, führten die regionalen Stellen in ihren Berichten an das Ministerium für Gesundheitswesen drastische Beispiele an. In Oschersleben im Bezirk Magdeburg war 1955 eine Krippe für 35 Kinder eingerichtet worden, in der Ende der 1970er Jahre «ohne Erweiterung der Kapazität durch Um-, Aus- oder Anbau 115 Kinder untergebracht»[10] waren.

In der Praxis brachten die ständigen Kapazitätssteigerungen viele Krippen an ihre Belastungsgrenzen. Im Ministerium für Gesundheitswesen war man über den Raummangel informiert und auch über die damit einhergehenden Gefahren für die Kinder und das Personal. Im Jahr 1974 schrieben die Krippenforscherinnen Gerda Niebsch und Christa Grosch hierzu, was auch zuvor bereits bekannt war: «Wird die Kapazitätsauslastung zu sehr erhöht (etwa über 120 %), dann ist die Gefahr der Überbelastung des Pflegepersonals und der Pferchung der Kinder gegeben.»[11]

Der Zustand einer solchen «Pferchung» zog sich in Berlin durch die gesamten 1970er Jahre. Sowohl zu Beginn als auch zum Ende der 1970er Jahre sprach man im Ministerium von «unzumutbaren Bedingungen sowohl für die Kinder als auch für die Erzieherinnen» in Berlin und Neubrandenburg, wobei diese Probleme «nicht wenige Kreise» beträfen.[12] Im Jahr 1979 wurde gemeldet, dass sich die bisherigen Maßnahmen «wesentlich auf eine optimale und effektive Auslastung und Belegung und die Schaffung neuer Plätze konzentrieren» und zu wenig über Maßnahmen nachgedacht werde, die der «Erhöhung der Qualität und Wirksamkeit der Erziehung und gesundheitlichen Betreuung der Kinder dienen». So sei in den Volkswirtschaftsplänen von Leipzig und Görlitz eine Kapazitätsauslastung von 125 Prozent bzw. 120–130 Prozent festgelegt worden, «unter z. T. unwürdigen Bedingungen für Kinder und Erzieherinnen!!».[13] Die bestehenden Krippenplätze reichten bei weitem nicht aus, um die von staatlicher Seite angestrebte Versorgung zu erreichen. Es wurden immer mehr Kinder in den ohnehin schon knappen Krippenräumen untergebracht.

Der fehlende Platz und die unablässige Forderung der Kapazitätssteigerung hatten aber auch eine positive Seite: Sie trugen dazu bei, dass die Wochenkrippen in den 1970er Jahren zunehmend verschwanden. Die Schlafräume der Wochenkrippen nahmen einfach zu viel Platz weg und waren zu teuer. Indem man die festen Schlafsäle der Wochenkrippen in Gemeinschaftsräume für Tageskrippen umbaute, konnte das Ministerium einerseits die kostenintensiven Wochenkrippenplätze einsparen und andererseits die Raumkapazitäten und damit die Krippenplätze erhöhen.[14] Neben ökonomischen Überlegungen zeichnete sich in den 1970er Jahren bezüglich der Wochenkrippe aber auch ein Mentalitätswandel innerhalb der DDR-Bevölkerung ab. Mütter wollten ihre Kinder nicht mehr einfach über die ganze Arbeitswoche hinweg abgeben. Deutlich wurde dies beispielsweise 1976 an dem Protest einer Gruppe von Müttern aus dem Bezirk Gera. In dem Ort Bürgel war bislang keine Krippe gebaut worden. Weil die Busverbindung unzureichend war, mussten die Mütter mit ihren Kinderwagen jeden Tag in der Früh durch bergiges Gelände in das drei Kilometer entfernte Thalbürgel laufen. Die «täglichen Strapazen» führten dazu, dass die Kinder aus Bürgel nun als Wochenkrippenkinder versorgt wurden, also ihre Eltern nur am Wochenende sahen.[15] Neunzehn Mütter beschwerten sich daraufhin: Für Wochenkrippen hätten sie keine Kinder zu bekommen brauchen.[16] Die Frauen drohten damit, sich «keine weiteren Kinder mehr anschaffen» zu wollen, «denn diese Strapazen sind sie nicht bereit, weiter auf sich zu nehmen».[17]

Waren 1965 noch mehr als ein Viertel der Krippenplätze Wochenkrippenplätze, sank ihre Zahl bis 1973 auf ein Achtel.[18] 1978 lag die Zahl der Wochenkrippenplätze dann deutlich unter 10 Prozent.[19] Das Leiden der Kinder, die ihre Eltern nur am Wochenende sehen konnten, wurde so aus Gründen der Effizienzsteigerung reduziert. Schon in den 1950er und 1960er Jahren hatten Krippenforscher gefordert, die Wochenkrippen nur in äußersten Notfällen zu nutzen, weil es den Kindern in diesen Einrichtungen physisch und psychisch schlecht ging. Nun war auch ein volkswirtschaftlicher Grund gefunden, die Wochenkrippen abzubauen. Während die von wissenschaftlicher Seite vorgebrachten Gründe unbeachtet blieben, bewegte die Aussicht auf eine Steigerung der Kapazität und somit zur Planerfüllung das Ministerium zum Handeln. Weniger Plätze in der Wochenkrippe bedeuteten weniger Kosten und mehr Plätze in der Tageskrippe. Ökonomisch betrachtet ein doppelter Erfolg.

Aber nicht nur die Schlafplätze in den Wochenkrippen mussten für eine höhere Kapazitätsauslastung weichen, auch die Betten in den Tageskrippen wurden an vielen Orten eingespart. In einer Vorlage für eine Ministerdienstberatung im Ministerium für Gesundheitswesen von 1979 ist zu lesen: «In dem Bestreben, möglichst viele Kinder in Krippen aufnehmen zu können, werden z. T. die für die Befriedigung des individuellen Schlafbedürfnisses der Kleinkinder notwendigen Schlafräume wegrationalisiert.»[20] Die Kinder schliefen dann auf Liegen, die aufwendig auf- und abgebaut werden mussten, oder man sparte sich diese Arbeit und ließ die Kinder einfach nicht schlafen. Die Praxis der Bettenreduzierung nahm teilweise extreme Züge an. Beispielsweise hatten im Jahr 1979 70 Prozent der Rostocker Krippenkinder keinen eigenen Schlafraum mehr.[21]

Die Verantwortlichen im Staatsapparat setzten auf Wachstum und vernachlässigten die Arbeitsbedingungen für das Personal und die Lebensbedingungen der Kinder. Eigentlich hielt man sich in den ministeriumsnahen Kreisen mit Kritik an der vorgegebenen Krippenpolitik der DDR zurück, doch der ständige Druck, neue Krippenplätze zu schaffen, ging selbst für die beratenden Fachleute im Ministerium für Gesundheitswesen zu weit. Die ansonsten gegenüber dem Ministerium äußerst loyale Krippenforscherin Gerda Niebsch ärgerte sich bei einem Arbeitstreffen der Kinderärzte im Mai 1980 über die Überbelegung der DDR-Krippen, wodurch diese «langsam auch international in Mißkredit»[22] gerieten. Niebsch kritisierte offen die «sich breit machenden ökonomistischen Tendenzen», die sie für «äußerst gravierend» hielt.[23] Die von der SED sonst bei jeder Gelegenheit kritisierte kapitalistische Einstellung der Profitmaximierung des Westens, welche angeblich immer wieder auf Kosten der Arbeiter zu unwürdigen Lebensbedingungen führe, wurde bei den Kleinkindern im eigenen Land toleriert, solange damit vermeintlich der sozialistischen Wirtschaft gedient war.

Abhärtungsmaßnahmen

Die Überbelegung der Räume blieb nicht ohne Konsequenz, sie führte zu einer steigenden Zahl erkrankter Krippenkinder. Zwar konnten in den 1970er Jahren Infektionskrankheiten wie Diphtherie, Kinderlähmung, Masern und Keuchhusten, die in den Jahrzehnten zuvor noch in den Krippen auftraten, durch zentralisierte Impfprogramme zurückgedrängt und teilweise sogar ausgerottet werden,[24] dennoch gab es eine generelle Zunahme von Krankheiten in den Krippen. Mitte der 1960er Jahre waren statistisch knapp über drei Erkrankungen pro Krippenplatz und Jahr erfasst; Ende der 1970er Jahre waren es fast vier pro Krippenplatz und Jahr.[25] Die bestimmenden Erkrankungen waren Ohren- und Atemwegserkrankungen.[26] Fast alle Krippenkinder hatten mehr oder weniger stark mit diesen Leiden zu kämpfen.

Dass es sich bei Hals-, Nasen- und Ohrenkrankheiten in der Krippe nicht einfach nur um ein wenig Schnupfen handelte, zeigten schon Studien Mitte der 1960er Jahre. Ärzte der Ostberliner Charité untersuchten auf ihrer Kinderstation die chronischen Ohrenentzündungen (chronische Otitis media) in Abhängigkeit von der Betreuungsform. Ernster Hintergrund dieser Untersuchungen war, dass chronische Ohrenentzündungen nach Angaben der Ärzte oft falsch, zu spät oder gar nicht behandelt wurden. Eine «Unterlassung der entsprechenden Therapie [konnte] zu erheblichen Dauerschäden des Gehörs und damit zu einer starken Beeinträchtigung der sprachlichen und geistigen Entwicklung des Kindes führen».[27] Die Ärzte stellten fest: «Es ist leider oft der Fall, daß hochgradig schwerhörige Kinder, die entsprechend retardiert und kontaktarm sind, in eine Vorschuleinrichtung oder später Schule für Leistungsschwache oder Debile eingestuft werden.»[28] Die Kinder stagnierten geistig, weil sie nicht oder nicht mehr gut genug hören konnten – mit katastrophalen Auswirkungen für ihr weiteres Leben.

Die chronischen Ohrenentzündungen waren also eine ernste Gefahr. Die Analyse der Patientenakten von 1959 bis 1966 zeigte den Ärzten das erschreckende Ausmaß dieses speziellen Krankheitsgeschehens bei Kindern in Vorschuleinrichtungen. In der Zeit der Analyse wuchsen in Berlin um die zwei Drittel der Kinder in den Familien auf, während nur etwa ein Drittel der Kinder in Vorschuleinrichtungen betreut wurde.[29] Auf dieses eine Drittel der vom Staat betreuten Kinder entfielen jedoch drei Viertel der schweren (und das hieß chronischen) Ohrenentzündungen! Besonders schlimm waren die Wochen- und Säuglingsdauerheimkinder betroffen, die 55 Prozent der Fälle mit chronischen Ohrenentzündungen auf der Kinderstation der Charité ausmachten. Gerade für Kinder, die über Tage hinweg oder auf Dauer getrennt von ihren Eltern in den Einrichtungen leben mussten, war die Gefahr einer chronischen Ohrenentzündung und daraus resultierender beeinträchtigender Folgen besonders groß.

Die Hals-, Nasen- und Ohrenentzündungen waren in den 1970er Jahren jedoch kein Spezialproblem der Wochenkrippen oder Säuglingsdauerheime. Drei Viertel der Krankheiten, die im Jahr 1977 zu Ausfällen beim Krippenbesuch führten, waren «Erkrankungen des Atmungssystems und des Ohres».[30]

Für Säuglinge waren diese Krankheiten aus der Perspektive von DDR-Experten teilweise mit dramatischen Folgen verbunden. Im September 1971 kam es zu einer ungewöhnlichen Todesserie. Innerhalb von einer Woche waren in den Bezirken Rostock, Potsdam und Neubrandenburg sieben Säuglinge zwischen zwei und sechs Monaten in den ersten beiden Tagen nach der Aufnahme in die Krippe verstorben. Im Ministerium für Gesundheitswesen diskutierte man die Gründe für die Sterbefälle.[31] Schnell vermutete man einen Zusammenhang mit der Liegeposition der Säuglinge. Alle toten Säuglinge wurden in der Bauchlage aufgefunden, welche zu Beginn der 1970er Jahre von unterschiedlichen Fachkräften als entwicklungsfördernd empfohlen wurde. Forschungen zeigten nun jedoch, dass manche Säuglinge in den ersten Monaten Probleme hatten, in der Bauchlage durch den Mund zu atmen.

Auf einer Arbeitstagung in Dresden zitierte der eingeladene Fachmann Professor Hans-Wolfgang Ocklitz, Direktor des Instituts für Infektionskrankheiten im Kindesalter des Städtischen Klinikums Berlin-Buch, einen US-amerikanischen Fachartikel zur Atmung in der Bauchlage: «Einige Babies scheinen vollkommen unfähig zu sein, eine orale Atmung aufzunehmen und diese Unfähigkeit dauert fast 5–6 Monate.»[32] Wenn nun die Nase verstopfte und die Kinder in die Bauchlage gedreht wurden, bekamen sie keine Luft mehr und erstickten. Im Protokoll wurde festgehalten, dass aus den Analysen der Referenten «die dominierende Rolle der respiratorischen Infekte als Ursache des plötzlichen Kindestodes»[33] hervorgehe. Ein Kreispädiater führte in einem Gutachten über plötzliche Todesfälle im Säuglingsalter aus dem Jahr 1973 aus, dass diese «leider keine Seltenheit [darstellen]. Pro Jahr versterben in der DDR in dieser Weise einige hundert Kinder.»[34] Das Ministerium reagierte. Hatte man bis zu diesem Zeitpunkt immer propagiert, dass sich die Familien auf die Krippen einzustellen hatten, versuchte man in diesem sensiblen Fall nun den umgekehrten Weg. Wenn die Kinder zu Hause noch nicht an die Bauchlage gewöhnt worden waren, sollte man dies gerade in der kritischen Phase der Aufnahme in die Krippe nicht beginnen.[35] Die Krippe sollte sich bei den Allerkleinsten an den Gewohnheiten der Familie orientieren, im Zweifel, damit die Kinder wegen Atemprobleme verursachender Krankheiten nicht starben.

Auch abseits dieser dramatischen Todesfälle stellten die Hals-, Nasen- und Ohrenkrankheiten ein massives Problem dar. Vergleiche mit der normalen Bevölkerung bezüglich Erkältungskrankheiten ergaben «eine zehnmal häufigere Erkrankung von Krippenkindern».[36]

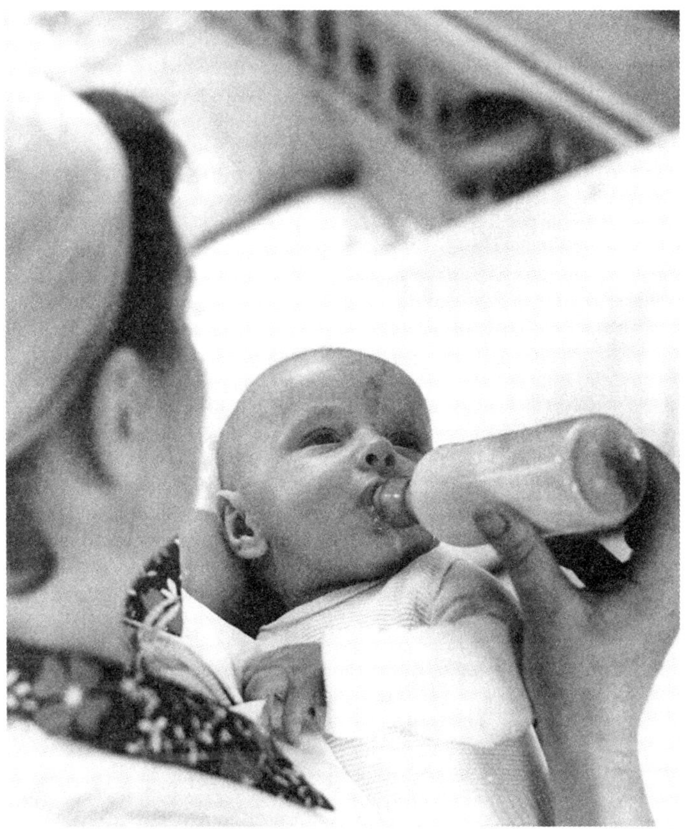

Abbildung 18: Säugling in einer Krippe, 1972

Im Ministerium für Gesundheitswesen war man alarmiert, weil die Mütter immer wieder in der Produktion ausfielen. Man versuchte, die Ursachen der Krankheitswellen zu ergründen, und arbeitete an Gegenmaßnahmen.

Als eine der zentralen Ursachen neben fehlender Frischluft, schlechtem Raumklima und unpassender Kleidung der Kinder wurde immer wieder die Überbelegung in den Krippen identifiziert.[37] In einem entsprechenden Forschungsbericht schrieben Grosch und Niebsch 1974: «Kapazitätsauslastung und durchschnittliche Belegung einer Krippe sind in engem Zusammenhang mit der Betreuung und damit mit dem Morbiditätsgeschehen der Kinder zu sehen.»[38] Im Ministerium war bekannt, dass sich das Infektionsgeschehen umso mehr steigerte, je mehr Kinder sich den gleichen Raum teilen mussten. In einem Bericht für das Ministerium führte Niebsch im Oktober 1978 aus:

> «Die Überschreitung der *Kapazitätsfestlegung* und der *Kapazitäts*auslastung der Krippen sind [sic!] teilweise so hoch, daß sie eine große Belastung für die Krippenerzieher und die Kinder darstellen. Die geforderten 5 m^2 Fläche pro Kind im Gruppen- und Schlafraum werden kaum erreicht. Die Fehlmorbidität wird durch die zur Verfügung stehende Fläche in Wechselwirkung zur Anzahl der Kinder beeinflußt.»[39]

Trotz entsprechender Erkenntnisse wurde die naheliegende Option, die Überbelegung der Krippen zu stoppen, im Ministerium für Gesundheitswesen nie ernsthaft in Betracht gezogen. Vielmehr wurde der Zusammenhang verschleiert, so strich man beispielsweise entsprechende Hinweise im Ausbildungsmaterial.[40] Man wollte die Steigerung von Krippenplätzen um jeden Preis, weshalb man über Maßnahmen nachdenken musste, die sich mit der Überbelegung vereinbaren ließen.

Drei Maßnahmen wollte man durchsetzen. Erstens sollten die Kinder mehr an die frische Luft gebracht werden. Man empfahl, in Zukunft einen «Freiluftgruppenkalender für Kindereinrichtungen»[41] zu führen. Das Problem war jedoch, dass in vielen Krippen entsprechende Freiflächen fehlten.[42]

Auch ein Schlafdefizit der Krippenkinder war den Krippenforschern aufgefallen. Vergleichsuntersuchungen zeigten, dass die Familienkinder sehr viel mehr schlafen konnten als die Krippenkinder. Der Rostocker Kinderarzt Dr. Schulz schrieb 1975 über die Ergebnisse seiner Vergleichsuntersuchung zum Schlaf: «Die durchschnittliche Gesamtschlafdauer der Hauskinder lag bis auf die Altersgruppe 6- bis 9monatiger Kinder in allen Altersstufen höher als bei den Krippenkindern.»[43] Um pünktlich zur Arbeit zu kommen und vorher noch bei der Krippe halten zu können, mussten Eltern und Kinder oft sehr früh aufstehen. Die Krippenkinder hatten dadurch einen durchschnittlich fast eineinhalb Stunden kürzeren Nachtschlaf.[44] Um die Kürze des Nachtschlafes einigermaßen zu beschränken, führte man in den 1970er Jahren eine verbindliche Zeit ein, zu der die Kinder frühestens abgegeben werden durften, nämlich 6 Uhr morgens.[45] Eine Änderung der Praxis der Betteneinsparungen in den Krippen, die den Kindern mehr Schlaf ermöglicht und damit ihren Gesundheitszustand verbessert hätte, wurde jedoch nicht vorgenommen, weil das eine Reduzierung der Krippenplätze zur Folge gehabt hätte.

Als dritte Maßnahme setzte man flächendeckend auf Abhärtungsmaßnahmen. In den 1970er Jahren begann man republikweit damit, Krippenkinder kalt abzuduschen. Unter dem Begriff «physiotherapeutische Anwendungen» wurde von den Experten propagiert, nach dem täglichen Bad einen «Abguß mit Wasser von etwa 20 °C»[46] durchzuführen. Weiter sollten die Kinder im zweiten und dritten Lebensjahr «vor dem Mittagsschlaf mit temperaturabsteigenden Waschungen behandelt»[47] werden, dabei «werden Oberkörper, Arme und Gesicht (bei vorhandenen Möglichkeiten das ganze Kind) mit Leitungswasser gewaschen und gut abfrottiert. Die Dauer der Anwendung beträgt ca. 3 Minuten.»[48]

In den Jahresberichten der Bezirke zur Lage der Krippen wurde ein fester Berichtspunkt mit dem Titel «Durchführung von Abhärtungsmaßnahmen» eingeführt.[49] Unter diesem Punkt finden sich immer wieder gleichförmige Eintragungen. So wurde beispielsweise 1973 im Jahresbericht aus dem Bezirk Gera festgehalten:

> «Abhärtungsmaßnahmen zur Festigung der Widerstandskraft der Kinder werden in einem großen Teil der Krippen durch-

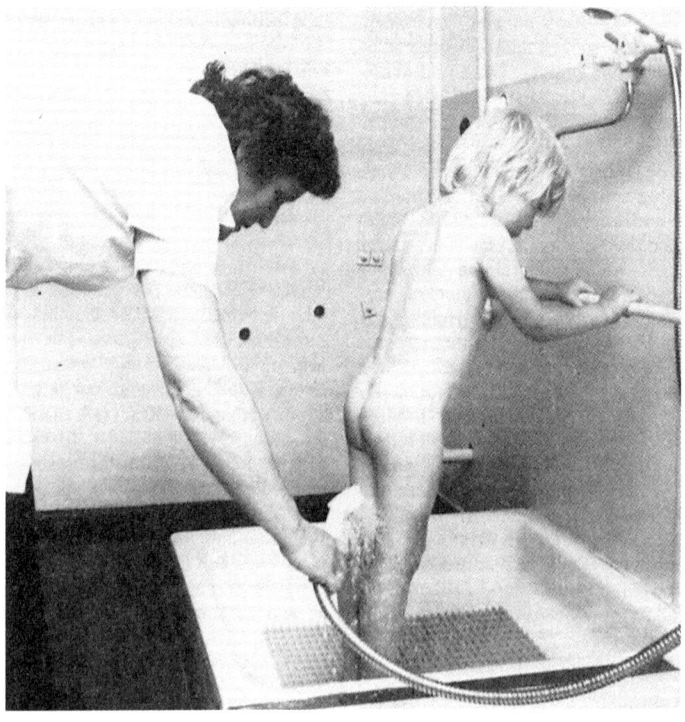

Abbildung 19: Abhärtungsmaßnahmen in der Krippe

> geführt. Dabei wird zum Teil nach gezielten Plänen unter Anwendung verschiedener Methoden wie Kaltwasserwaschungen, Schlafen in Frischluft, Turnen u. a. gearbeitet.»[50]

Trotz der unterschiedlichen Maßnahmen bekam man das Problem der Hals-, Nasen-, Ohrenkrankheiten in den Krippen nicht in den Griff. In einem Bericht zur Problemberatung über die Erkrankungshäufigkeit von Krippenkindern Ende der 1970er Jahre wurde protokolliert, dass «die Maßnahmen zur Bekämpfung der Krankheiten des Atmungssystems einschließlich des Ohres zu keinem Erfolg führen».[51] Als man direkte Zusammenhänge zwischen den genannten Erkrankungen und der Überbelegung der

Krippen erkannte, war eine Drosselung des Krippenausbaus für die Entscheidungsträger keine Option. Stattdessen setzte man weiter auf körperliche Abhärtungsmaßnahmen. Die Kälte des Krippensystems wurde für die Kinder so auch physisch erfahrbar.

Entwicklungsdefizite

Die Überbelegung der Krippen war nicht nur für die körperliche, sondern auch für die geistige Entwicklung der Kinder ein Problem. Von staatlicher Seite tat man indes viel, um von diesen Problemen durch entsprechende Forschungen ablenken zu können. Die im Hygiene-Institut der Humboldt-Universität bestehende Abteilung für Hygiene des Kindes- und Jugendalters wurde als gleichnamige Zentralstelle 1966 dem Ministerium für Gesundheitswesen unterstellt und 1973 in ein Institut umgewandelt. Bis zu diesem Jahr hatte Eva Schmidt-Kolmer die Leitung inne.[52] Die bis dahin einflussreichste Krippenforscherin hatte man so mit ihren Mitarbeitern noch unmittelbarer unter staatliche Kontrolle gebracht. Abseits der Universität konnte man die Krippenforschung so nun besser steuern und beeinflussen. Ab den 1970er Jahren zeigte sich dieser Einfluss deutlich, da die staatliche Forschungseinrichtung sich zunehmend auf eine Krippenpropaganda fokussierte. Aus dem Institut wurden nun immer wieder Erfolge hinsichtlich der Entwicklung der Krippenkinder gemeldet. Trotzdem versteckten sich in den Berichten des Instituts immer auch kritische Hinweise, die vermuten lassen, dass die Krippenforscher auch in den 1970er Jahren vielfältige Entwicklungsprobleme bei den Krippenkindern deutlich erkannten und zumindest teilweise auch benannten.

1977 veröffentlichte die Zentralstelle eine große Studie, in der die neuropsychologische Entwicklung von 6000 DDR-Krippenkindern über mehrere Jahre hinweg untersucht worden war.[53] Die zwischen 1971 und 1973 durchgeführte Studie sollte Aufschluss über den Entwicklungsstand der Krippenkinder in der ersten Hälfte der 1970er Jahre geben. Wie sich das für die 1970er Jahre zentrale Problem der Überbelegung der Krippen auf die geistige Entwicklung der Kinder auswirkte, zeigte die Studie deutlich. Schmidt-Kolmer und ihre Mitarbeiter maßen die Überbelegung der Krippen anhand der Quadratmeterzahl, die einem Kind in der Krippe zur Verfügung stand, und untersuchten, wie sich der geringe Platz auf die Entwicklung der Kinder auswirkte. Allgemein stellte Schmidt-Kolmer fest: «Gruppiert man die Krippen nach der Fläche pro Platz +/– s [sic!] und prüft die Entwicklung der Kinder dieser Krippen, so zeigt sich eine deutliche Tendenz: Je mehr Fläche zur Verfügung steht, umso besser sind die Kinder entwickelt.»[54] Dieses Ergebnis war umso besorgniserregender, als 87 Prozent der untersuchten Krippen die seit 1973 existierende Auflage von fünf Quadratmetern pro Kind nicht erfüllten.[55] Die fortdauernden Ausbauwünsche der Krippenpolitik gingen zu Lasten der Entwicklungsmöglichkeiten der Krippenkinder.

Ein ähnliches Beispiel, das neben der allgemeinen Krippenpropaganda zwischen den Zeilen Aufschluss über den Entwicklungsstand der Krippenkinder in den 1970er Jahren gewährte, findet sich anlässlich des 25. Jubiläums der DDR. Die Krippengeschichte sollte zu diesem Anlass als Fortschrittsgeschichte dargestellt werden. In der Zentralstelle wollte man hierfür empirische Belege liefern. Ziel war es, zu zeigen, dass die Krippenkinder sich nun besser entwickelten, als dies in den 1950er und 1960er Jahren der Fall gewesen war. Aus verständlichen Gründen scheute man sich jedoch, die Studien aus den 1950er und 1960er Jahren zu wiederholen. Hierfür hätte man Familienkinder mit Krippenkindern in den 1970er Jahren vergleichen müssen, und diese Vergleiche zeigten in der Regel die im Durchschnitt besseren Entwicklungsverläufe der Familienkinder. Das hatte schon in den vorherigen Jahrzehnten für Ärger und Konflikte im Ministerium gesorgt. Man zog es vor, die alten Entwicklungsbögen von Krippenkindern aus den 1950er Jahren mit den Entwicklungsbögen der Kinder aus den 1970er Jahren zu vergleichen. An einigen Stellen fiel dieser Vergleich auch positiv aus. Die Krippen der 1970er Jahre boten den Säuglingen und Kleinkindern oftmals bessere Entwicklungschancen als die Krippen der 1950er und 1960er Jahre. Die Krippen legten bis Ende der 1960er Jahre überwiegend den harten Charakter einer medizinischen Verwahranstalt ab und begannen, sich pädagogisch mit den Kindern zu beschäftigen. Auch wenn diese Beschäftigung oft in Übung, Konditionierung und Drill ausartete, wurden die Kinder nun seltener einfach nur noch in ihren Bettchen verwahrt, was sich positiv auf ihre körperliche und geistige Entwicklung auswirkte. Aber entwickelten sich die Krippenkinder in den 1970er Jahren wirklich so positiv? Konnten die Zweifel an der staatlichen Betreuung von der Zentralstelle empirisch widerlegt werden?

Um den Fortschritt in den Krippen deutlich machen zu können, mussten die Forscher der Zentralstelle zunächst die Krippensituation der 1950er und 1960er Jahre darstellen. Im Rückblick auf vorherige Jahrzehnte war man offensichtlich bereit, die Entwicklungsdefizite der Krippenkinder offenzulegen, wenn man damit die Gegenwart in ein besseres Licht stellen konnte. Über die Situation der Krippen in den 1950er und 1960er Jahren schrieb Schmidt-Kolmer nun offen: «Damals war die dringendste Aufgabe, einen größeren Rückstand in der körperlichen wie psychischen Entwicklung der Krippenkinder im Vergleich mit zuhause aufwachsenden [Kindern] zu überwinden».[56] Über die Entwicklungsrückstände der Krippenkinder schrieb sie zutreffend: «Die Kinder kamen mit starken Entwicklungsrückständen von der Säuglings- in die Kleinkindgruppe. (…) Meist liefen die in die Kleinkindgruppe übernommenen Kinder noch nicht selbstständig, sprachen noch nicht, konnten noch nicht selbstständig essen und trinken usw.»[57]

Diese Entwicklungsmängel sollten der Vergangenheit angehören. Schmidt-Kolmer schrieb mit ihrem Mitarbeiter Karl Zwiener im Jahr 1974, «daß die körperliche und psychische Entwicklung der Krippenkinder – nach 25 Jahren Aufbauarbeit der Krippen in der DDR – das seinerzeitige Zurückbleiben überwunden hat».[58] Auch Anneliese Sälzler, neue Leiterin des Instituts für Hygiene des Kindes- und Jugendalters, schrieb zum Jubiläum zusammen mit Gerda Niebsch, dass die in «den fünfziger Jahren aufgetretene[n] Mängel z. B. der Sprachentwicklung der Kinder (...) jetzt nicht mehr vorhanden»[59] seien. Dass dies nur bedingt der Wahrheit entsprach, wird deutlich, wenn man sich die Studienergebnisse genauer anschaut.

Von zentraler Bedeutung für die Einschätzung des Entwicklungsstandes der Krippenkinder war die Messung der sprachlichen und damit zusammenhängend der kognitiven Entwicklung. Vergleiche unterschiedlicher DDR-Krippen machten deutlich, «daß die Krippen mit überdurchschnittlicher Entwicklung ihrer Kinder sich vor allem dadurch auszeichnen, daß sie in der Spracherziehung an der Spitze stehen».[60] Gerade an dieser Stelle wurden aus den Bezirken jedoch immer wieder Probleme gemeldet. Aus Magdeburg wurde beispielsweise berichtet, dass

> «oftmals die Erzieher den Kindern zu wenig sprachliche Muster geben, einen geringen Wortschatz anwenden, oft die gleichen Worte verwenden, nicht verstehen, in kurzen Sätzen den Kindern Dinge deutlich zu machen, eine zu laute Aussprache haben, daher werden die Kinder auch lauter, den Kindern zu wenig Zeit zum Überlegen lassen für eine Antwort».[61]

Hierzu passend zeigten die Studienergebnisse, dass die Krippenkinder in den 1970er Jahren in der sprachlichen Entwicklung nicht grundlegend besser waren als die Kinder in den 1950er Jahren, deren Ergebnisse schon damals als äußerst bedenklich eingestuft wurden. Schmidt-Kolmer schrieb über den Vergleich der Sprachentwicklung der Krippenkinder in den 1950er und 1970er Jahren, dass «sich keine positive Veränderung der Ergebnisse bei dieser Aufgabe nachweisen»[62] ließe. Auch beim Sprechen von Einwortsätzen verblieben die Krippenkinder der 1970er Jahre auf dem damals schon als schlecht kritisierten Niveau der Krippenkinder aus den 1950er Jahren. Teilweise konnten die Krippenkinder der 1970er Jahre jedoch bessere Ergebnisse bei der Bildung von grammatikalisch richtigen Sätzen und bei der Bildung von Zwei- und Drei-Wort-Sätzen erreichen, so dass sich insgesamt «ein uneinheitliches Bild»[63] bei der Sprachentwicklung zeigte. Dass das uneinheitliche Bild nicht befriedigte, ließ Schmidt-Kolmer zumindest in einer Fachzeitschrift deutlich erkennen:

> «Bei der Überprüfung des Spracherwerbs zeigte sich, daß 5 Merkmale bei 75% der Kinder erst ein Vierteljahr später vorhanden waren, als auf Grund der Expertenurteile und der Vorversuche angenommen wurde. Das gilt besonders für Merkmale der ersten 18 Lebensmonate. Offenbar sind die Bedingungen für den Spracherwerb gerade in dieser Periode in vielen Krippen noch nicht optimal!»[64]

Die Studie der 1970er Jahre zeigte die weiterhin bestehenden Probleme im Bereich «Sprache und Denken».[65] Für Schmidt-Kolmer war dies ein «deutlicher Hinweis dafür, daß die Spracherziehung insgesamt noch nicht den Anforderungen gerecht wird».[66] An anderer Stelle fasste Schmidt-Kolmer den Entwicklungsstand der Krippenkinder im Bereich «Sprache und Denken» so zusammen:

> «Die Untersuchungsergebnisse erbrachten eine Übersicht über den gegenwärtigen Stand der Entwicklung von Sprache und Denken bei Krippenkindern. Eingeschätzt werden kann, daß die Entwicklung der Krippenkinder auf diesem Gebiet noch nicht befriedigt. Aus dem Gesamtergebnis der Aufgabenlösungen auf dem Gebiet Sprache und Denken, das im Vergleich mit den anderen Bereichen der Entwicklung verhältnismäßig niedrig ist, läßt sich die Schlußfolgerung ziehen, daß die Förderung

> der Sprache und des Denkens einen noch breiteren Raum als bisher in der Erziehungsarbeit der Krippe einnehmen muß. Das betrifft vor allem das 1. und das 2. Lebensjahr.»[67]

Weil man in der Studie aber die im Bereich «Sprache und Denken» noch stärker entwicklungsverzögerten Krippenkinder der 1950er Jahre mit den zwar weniger, aber immer noch entwicklungsverzögerten Krippenkindern der 1970er Jahre verglichen hatte, konnten Schmidt-Kolmer und ihre Mitarbeiter zumindest teilweise einen positiven Trend aufzeigen. In der Realität waren die Sprachprobleme und damit zusammenhängend die Probleme der kognitiven Entwicklung hingegen nicht zu leugnen. Dies konnte aber nur zwischen den Zeilen kommuniziert werden. Aufsätze mit denkbaren Titeln wie «25 Jahre Krippengeschichte als Geschichte der Stagnation in der kindlichen Entwicklung der Sprache und des Denkens» lagen nicht im Bereich des Möglichen. Sie hätten zwar die DDR-Realität abgebildet, sollten in dieser aber gerade nicht vorkommen.

IX. GETEILTE AUFMERKSAMKEIT

Unterbesetzung

In den 1970er Jahren beschäftigte die Zuständigen im Ministerium für Gesundheitswesen aber nicht nur das Raumproblem in den Krippen, sondern auch das fehlende und unqualifizierte Personal. Im Ministerium wusste man, «daß die Aus- und Weiterbildung der Beschäftigten in den Kinderkrippen in keiner Weise mit der Entwicklung der Krippenplätze Schritt gehalten hat und sogar in den letzten Jahren gesunken»[1] war. Es wurde nicht nur immer schwieriger, qualifiziertes Personal zu gewinnen, sondern auch, dieses nach der Ausbildung in den Krippen zu halten.

In den 1970er Jahren kam es zu einer regelrechten Flucht des Personals aus den Krippen. Ein Hauptgrund hierfür war die schlechte Bezahlung. Die schon in den 1960er Jahren begonnene Debatte über die mangelnde Vergütung des Krippenpersonals spitzte sich Anfang der 1970er Jahre zu. Während die Kindergärtnerinnen eine Lohnerhöhung bekamen, stagnierte der Lohn der Krippenerzieherinnen auf einem äußerst niedrigen Niveau. Käthe Kern schrieb Anfang der 1970er Jahre, dass «jetzt noch größere Unterschiede zwischen der materiellen und finanziellen Anerkennung der Arbeit in Kindergärten und Kinderkrippen [bestehen], so daß der materielle Anreiz fehlt, in Kinderkrippen weiter zu arbeiten».[2] Die ohnehin immer schon hohe Abwanderung des Krippenpersonals wurde durch die Lohnpolitik weiter verstärkt. Es gab genug Arbeit, «die bei weniger Verantwortung und nicht so hohen körperlichen und nervlichen Anforderungen wie in Krippen besser bezahlt»[3] wurde. Im zuständigen Ministerium war man besorgt, weil eine «Senkung des Niveaus der Krippen»[4] immer offensichtlicher wurde. Man ging hierbei von einem «Nachteil der Entwicklung und Erziehung der Kinder in der Krippe»[5] aus. Der angestrebte und vorgeschriebene Personalschlüssel konnte nur in Ausnahmefällen erreicht werden, eine Unterbesetzung war die Regel. Im Durchschnitt fehlte bis zu einem Drittel des Personals dauerhaft. Besonders problematisch war die Situation in Großstädten.[6] In Rostock stieg die Hälfte des Personals in den ersten fünf Jahren wieder aus dem Beruf aus.[7] Die Unterbesetzung «wirkt sich so aus, daß teilweise eine Erzieherin statt 6 Kinder 20 bis 25 zu betreuen»[8] hatte. Unter diesen Bedingungen war eine sinnvolle Beschäftigung mit den Kindern nicht mehr möglich. Pflegerische Tätigkeiten standen im Vordergrund.

Ein Grund für den Ausfall des Krippenpersonals bestand darin, dass der Beruf der Krippenerzieherin oft von jungen Frauen aufgenommen wurde, die gerade eine Familie gegründet hatten oder die dies in absehbarer Zeit planten. Dadurch war «der Ausfall wegen Schwangeren- und Wochenurlaub, wegen bezahlter und unbezahlter Freistellung nach der Geburt eines Kindes, wegen Erkrankung ihrer Kinder sehr hoch».[9] Zusätzlich war die Krippenarbeit äußerst anstrengend. In Leipzig quittierte 1978 jede fünfte Arbeitskraft im Krippenwesen den Dienst.[10] Im Jahresbericht über die Krippen in Berlin wurde 1978 dokumentiert, dass viele Erzieherinnen mit «ca. 40 Jahren, auch jünger, die Arbeit in einer Kindergruppe auf Grund der psychischen und physischen Belastung nicht mehr ausüben können».[11] Den Berichten zufolge machte die Krippe also nicht nur die Kinder, sondern auch das Personal krank. Der bestehende Personalmangel wurde so durch Personalausfall noch verstärkt. Und trotzdem ging der Krippenausbau unverdrossen weiter.

Viele Krippen kamen mit dem zunehmenden Druck aufgrund der steigenden Zahl an Kindern und des gleichzeitigen Sinkens der Personalstärke nicht zurecht. In der Hauptstadt wurde zum Ende der 1970er Jahre mit der Hälfte des vorgesehenen Personals

Abbildung 20: Erich Honecker besucht eine neu errichtete Marzahner Kinderkrippe, 1978

gearbeitet. In dieser ohnehin schon äußerst angespannten Situation plante man dennoch die Neueröffnung von zahlreichen weiteren Krippen. 1979 sollten allein im Stadtteil Marzahn sieben neue Krippen eröffnet werden.[12] Der Druck stieg sogar noch, als Erich Honecker sich im Juli 1978 zum Besuch ankündigte, weil die Fertigstellung einer der Krippen mit der Fertigstellung der millionsten Wohnung nach dem VIII. Parteitag der SED zusammenfiel.[13]

Um die neuen Einrichtungen überhaupt ausstatten zu können, musste man Personal aus den schon bestehenden Krippen abziehen, wodurch sich die Situation in diesen Einrichtungen weiter verschärfte. Der Personalmangel in Berlin ging so weit, dass im Jahr 1978 «die Gewährleistung der Sicherheit der Kinder in einem großen Teil der Krippen der Hauptstadt nicht mehr gegeben»[14] war. Die Arbeit wurde auf «die Versorgung der Kinder reduziert, eine zielgerichtete Erziehung und Betreuung und die notwendige

Zuwendung zu den Kindern kann kaum noch gewährleistet werden».[15] Regelmäßig gab es Tagesphasen oder sogar ganze Tage, an denen eine Erzieherin für zwanzig Kinder zuständig war.[16] Dass die Krippenerzieherinnen bei solchen Arbeitsverhältnissen nicht wirklich auf die Kinder eingehen konnten, war offensichtlich.[17] Sie mussten froh sein, wenn sich keine Unfälle ereigneten.

Die DDR geriet durch die angespannte Personalsituation gegenüber dem eigenen Anspruch, die Säuglinge und Kleinkinder gut zu versorgen, zunehmend ins Hintertreffen. Die Folgen dieser sich verschärfenden Unterbesetzungen trafen vor allem die Kinder. In rasant wachsenden Gruppen erhielten sie abnehmende Aufmerksamkeit. Immer mehr Kinder wurden in den 1970er Jahren in Krippen untergebracht, die diesen Ansturm immer weniger bewältigen konnten. Das, was die Kinder am meisten brauchten, nämlich eine feste Bezugsperson, die sich ihnen individuell zuwandte, rückte unter diesen Bedingungen in weite Ferne.

Zuwendung

Wie die Raumnot wirkte sich auch die Personalnot direkt auf die Kinder aus. Mit steigender Kinderzahl und abnehmender Zahl der Erzieherinnen sank auch die Zuwendung, die Kinder erhielten. Um für die Krippen zu werben und die größtmögliche Anzahl von Eltern von der Kollektiverziehung zu überzeugen, meldete das dem Ministerium für Gesundheitswesen unterstellte Institut für Hygiene des Kindes- und Jugendalters jedoch durch die 1970er Jahre hindurch regelmäßig Erfolge in Bereichen, in denen man eigentlich Misserfolge hätte anzeigen müssen. So auch bei den Zuwendungsmöglichkeiten der Erzieherinnen gegenüber den Krippenkindern.

Anfang der 1970er Jahre beschrieben drei Ärzte aus der Kinderklinik der Berliner Charité sehr allgemein die Merkmale der

Krippenpflege und wiesen damit gewollt oder ungewollt auf ein Problem hin. Über den Unterschied zwischen der individuellen Zuwendung der Mutter zu ihrem Kind und der geteilten Zuwendung der Erzieherin gegenüber einer Gruppe von Krippenkindern schrieben sie:

> «Während eines bestimmten Tagesabschnittes wird das Kind aus der individuellen Pflege der Mutter herausgenommen und in einem mehr oder weniger großen Kollektiv untergebracht. Den für die Betreuung der Kinder verantwortlichen Personen steht eine wesentlich geringere Zeitspanne für jedes einzelne Kind zur Verfügung. Dieser Faktor kann zusätzlich verstärkt werden durch Personalmangel und z. T. ungenügende Qualifikation. Wenn nicht geschickte Kompensationsmöglichkeiten einsetzen, kann daraus eine gewisse geistige und statische Retardierung, besonders zu beobachten für das Säuglingsalter, resultieren.»[18]

Geteilte Aufmerksamkeit gegenüber dem Kleinkind war gleichermaßen zentrales Merkmal wie Manko der Krippenerziehung. Durch einen Mangel an individueller Zuwendung entwickelten sich die Krippenkinder in allen vier Jahrzehnten des Bestehens der DDR gegenüber den Familienkindern langsamer und schlechter. Die erfahrenen Krippenforscher um Schmidt-Kolmer wussten auch in den 1970er Jahren von dieser Tatsache. Sie hatten die Entwicklungsunterschiede schon in den 1950er und 1960er Jahren zur Genüge selbst erforscht. An der geteilten Aufmerksamkeit der Erzieherinnen und den damit zwangsläufig verbundenen Einschränkungen der individuellen Zuwendung ließ sich nichts ändern, jedenfalls nicht in den Ausbaudimensionen der DDR-Krippen in den 1970er Jahren.

Den Wissenschaftlern des Instituts kam nun die unangenehme Aufgabe zu, trotz besseren Wissens für die Krippenbetreuung zu werben. In der Bevölkerung galt die Krippe als notwendiges

Übel, um die Berufstätigkeit von jungen Müttern zu ermöglichen. Es ging auch in den 1970er Jahren beim Krippenbetrieb nicht um die Kinder, sondern um die Mütter. Schmidt-Kolmer behauptete nun jedoch einfach das Gegenteil. Die Krippe sei «nicht nur im Interesse der Berufstätigkeit und der vollen Eingliederung der Frau in die Gesellschaft eine Notwendigkeit geworden, sondern auch im Interesse der allseitigen Erziehung und Entwicklung des Kindes».[19] Die staatliche Frühbetreuung wäre geradezu optimal und unerlässlich für eine gute Entwicklung der Säuglinge und Kleinkinder. Unter den Bedingungen der Kollektiverziehung entwickle sich «die Selbstständigkeit des Kindes wie seine Eingliederung ins Kollektiv in einer Weise, wie sie in der Familie, selbst bei Vorhandensein von ein oder zwei Geschwistern, nicht erreicht werden kann».[20] Wenn es die Krippen nicht tausendfach in der DDR gegeben hätte, man hätte sie erfinden müssen. Das Kind könne in einer Familie nicht zu seiner Position in einer Gruppe finden. Nur die staatliche Kollektiverziehung ermögliche es dem Kind, sein Potential zu entfalten. Die Familie produziere leicht nur egozentrische Individuen.

Anders als dies Schmidt-Kolmers eigene Entwicklungsstudien in den 1950er und 1960er Jahren und der Vergleich mit den 1970er Jahren nahelegten, hätten beim Übergang in den Kindergarten nun die Familienkinder gegenüber den Krippenkindern Entwicklungsdefizite. Die Krippenkinder hätten danach «bessere Voraussetzungen, unterscheiden sich also meist in ihren Persönlichkeitseigenschaften ebenso wie in vielen ihrer Leistungen deutlich positiv gegenüber ausschließlich in der Familie betreuten Kindern».[21]

Die Kritik der Bindungstheoretiker, dass in Betreuungseinrichtungen der frühen Kindheit die liebevolle Zuwendung zum einzelnen Kind fehlte, wodurch sich die kindliche Entwicklung verzögere, wurde nun in ihr Gegenteil verkehrt. Das Problem bei der Erziehung in der Familie sei – so die Schlussfolgerung von

Schmidt-Kolmer –, das Zuviel an Aufmerksamkeit für das einzelne Kind, welches mit «Verwöhnung, Überängstlichkeit (…), Egozentrismus, Wut- und Trotzreaktionen» einherginge.[22] Die Familienerziehung führe dazu, «daß das Kleinkind von den Erwachsenen zu sehr als Mittelpunkt des Geschehens behandelt wird».[23] Die Gefahr, in der Krippe zu viel Aufmerksamkeit zu erhalten, bestand dagegen wohl nicht. Die Berichte zur Personalsituation unterstrichen dies.

Die fehlende Aufmerksamkeit für das einzelne Kind mag in der Bevölkerung den Hauptgrund für die Skepsis gegenüber der Krippe dargestellt haben. Die Mütter hatten Bedenken, ob ihre Kinder in den Krippen richtig betreut wurden. Auch Schmidt-Kolmer nahm «noch immer zahlreiche Vorbehalte gegen das Einsetzen der gesellschaftlichen Erziehung bereits im Säuglings- und Kleinkindalter»[24] wahr. Verantwortlich hierfür waren ihrer Meinung nach Einflüsse der bürgerlichen Psychologie. Dabei seien die westlichen Bedenken gegenüber der Krippe ihrer Meinung nach «genährt durch tiefenpsychologische und biologische Pseudotheorien».[25] Die tiefenpsychologischen Arbeiten, beispielsweise von Anna Freud, René Spitz oder John Bowlby, gingen laut Schmidt-Kolmer alle von den fatalen Auswirkungen des Zweiten Weltkriegs und der damit zusammenhängenden «massenweisen Trennung von Säuglingen und Kleinkindern von ihren Familien durch Evakuierung»[26] und der folgenden Unterbringung in Heimen aus. Schmidt-Kolmer notierte:

> «Die Erfahrungen bei diesen familiengelösten und oft schwerem psychischen Trauma ausgesetzten Kindern, die zwar in einer hygienisch einwandfreien und medizinisch überwachten Umwelt aufwuchsen, aber jeder Stimulierung und planmäßigen erzieherischen Anregung entbehrten, deuteten die Tiefenpsychologen als Beweis dafür, daß Kinder unter drei oder vier Jahren nicht von ihrer Mutter getrennt werden dürften.»[27]

Dies war die gängige Lesart der Bindungstheorie in der DDR Mitte der 1970er Jahre. Die Entstehungsgeschichte der Bindungstheorie wurde verallgemeinert, die psychologischen Voraussetzungen der Studien wurden einfach abgelehnt. Die dreißig Jahre produktiver Forschung nach dem Zweiten Weltkrieg glaubte man ignorieren zu können. Jedoch: Selbst, wenn man sich nur die Bindungsforschung um 1950 anschaute, wurde von Schmidt-Kolmer ein entscheidender Punkt unterschlagen. Die Bindungsforscher hatten in ihren frühen Studien erkannt, dass die Leiden und Schrecken des Zweiten Weltkriegs – wie beispielweise ausgiebige Bombardierungen – bei den Säuglingen nicht zu einschneidenden Traumata führten, sondern kompensiert werden konnten, solange die Säuglinge und Kleinkinder eine innige Beziehung zu ihren Müttern aufrechterhalten konnten. Wenn die Mutter oder eine dauerhaft anwesende Ersatzperson sich allerdings nicht mehr um ihr Kind kümmern konnte, nützte die beste sozialhygienische Betreuung nichts, die Kinder verkümmerten innerlich, und ihre physische und psychische Entwicklung litt.[28]

Schmidt-Kolmer waren die Ergebnisse der Bindungsforschung ihren eigenen Angaben nach schon bei der Ausarbeitung ihrer Dissertation Anfang der 1950er Jahre bekannt.[29] In einer kritischen Selbstreflektion hätte sie in den 1970er Jahren auch festhalten können, dass in der DDR bereits Anfang der 1950er Jahre ein Wissen um die emotionale Zuwendungsbedürftigkeit von Kleinkindern bestand. Dennoch waren die DDR-Krippen in den ersten beiden Jahrzehnten ihres Bestehens vor allem an der Sozialhygiene orientiert, wodurch vielfach Säuglinge und Kleinkinder gut gepflegt, aber emotional vernachlässigt wurden. Schmidt-Kolmer warf den Bindungsforschern nun vor, die in Folge des Zweiten Weltkriegs gewonnenen Untersuchungsergebnisse unzulässig zu verallgemeinern und auch auf die Tageskrippen anzuwenden. Die Bindungstheoretiker

> «machten dabei keinen Unterschied zwischen den Auswirkungen des Daueraufenthalts in Heimen auf familiengelöste, meist aus sehr ungünstigen Familienverhältnissen kommenden Säuglingen und Kleinkindern und den täglich nur zeitweilig die Krippe besuchenden und wieder in ihre Familie zurückkehrenden Krippenkindern. Diese gröbliche Vernachlässigung wesentlicher Unterschiede zwischen vollkommener Lösung aus der Familie und stundenweisem Aufenthalt in der Kindergruppe der Krippe führte zur unzulässigen Verallgemeinerung der bei Heimkindern gemachten Beobachtungen und zu spekulativen, unwissenschaftlichen Behauptungen über den besonderen Charakter der Mutter-Kind-Bindung in der frühen Kindheit als einer mystischen, biologisch begründeten Einheit (Dyade), deren Trennung die Tiefenschichten der Psyche unwiederbringlich schädige und zu den Erscheinungen des Mutterentzugs (maternal deprivation) beim Kind führe.»[30]

Die Bindungstheorie war aber auch schon Anfang der 1950er Jahre in ihren Erkenntnissen weiter, als Schmidt-Kolmer es darstellen wollte. In dem WHO-Bericht von 1951, in dem John Bowlby die psychologischen Studien der Zeit auswertete, schrieb er einleitend,

> «daß man es für eine unerläßliche Voraussetzung geistiger Gesundheit hält, daß Säugling und Kleinkind in einer herzlichen, innigen und dauerhaften Beziehung zur Mutter (oder einem ständigen Muttersatz) Glück und Befriedigung finden.»[31]

Es ging also dem Protagonisten der Bindungstheorie schon 1951 nicht darum, die Mutter zu glorifizieren, sondern mit Nachdruck darauf hinzuweisen, dass ein Säugling bzw. ein Kleinkind für seine Entwicklung einer individuellen emotionalen Zuwendung bedürfe, unter Umständen auch von einer anderen dauerhaft anwesenden Person. Entscheidend für die Entwicklung des Kindes ist das Bestehen oder Fehlen einer innigen und dauerhaften Zuwendung. Entsprechend kann nach Bowlby «das Kind auch in der eigenen Familie unter materneller Deprivation leiden, wenn die Mutter (oder der ständige Muttterersatz) nicht in der Lage ist, dem Kind das nötige Maß an liebevoller Zuwendung zu geben.»[32]

Das Maß an Zuwendung und ihre Qualität sind also entscheidend für die Entwicklung des Kindes. Es liegt auf der Hand, dass eine Mutter mit einem oder zwei Kindern potentiell andere Zuwendungsmöglichkeiten hat als eine Erzieherin, die sich fünf oder zehn, im ungünstigsten Fall fünfzehn bis zwanzig Kindern widmen muss. Individuelle Zuwendung konnte unter den Bedingungen der Kollektivbetreuung schon aus organisatorischen Gründen – und trotz bester Absichten der Erzieherinnen – nur sehr sporadisch von den Kindern erfahren werden. Personalmangel und Überbelegung verschärften lediglich dieses in der Krippe zu jeder Zeit bestehende Problem. Diese Kritik an der Kollektiverziehung wurde von Schmidt-Kolmer auch in den 1970er Jahren geflissentlich ignoriert. Trotzdem kann man etwas über die Zuwendungsmöglichkeiten gegenüber den DDR-Krippenkindern in den 1970er Jahren erfahren, da Karl Zwiener, ein Mitarbeiter von Schmidt-Kolmer, eine Studie mit fast subversivem Charakter anfertigte und Anfang der 1970er Jahre über Ausbildungsmaterialien verbreitete.

Zwiener untersuchte, wie viel Zuwendung die Erzieherinnen den Krippenkindern im Alltag zukommen lassen konnten. In welchem Maße wandten sich Krippenerzieherinnen faktisch den Säuglingen und Kleinkindern in den unterschiedlichen Altersstufen zu?

Die von Zwiener erforschte Krippe aus Leipzig war mit 25 Ganztags- und zwei Halbtagskräften bei 96 angemeldeten Kindern vergleichsweise gut aufgestellt.[33] In dieser Studie spielten also die schon dargestellten und weitverbreiteten angespannten Arbeitsverhältnisse, hervorgerufen durch fehlendes, teilweise unqualifiziertes und unterbezahltes Personal, sowie die Raumknappheit keine Rolle.[34] Umso eindrücklicher waren die Ergebnisse der von Zwiener angefertigten Studie.

Für die psychologische Beobachtung der Krippe unterschied Zwiener «die Zeit, in der sich eine Kollegin dem Kind zuwendet in Mimik, Gestik und Sprache»[35] und die «Zeit, in der Handlungen am Kind oder Tätigkeiten unabhängig vom Kind durchgeführt werden, ohne daß Zuwendung erkennbar ist, z. B. Teller austeilen, Zimmer fegen, Plan schreiben, Kind wickeln.»[36] Zwiener sah deutlich den Zusammenhang von Zuwendung und Entwicklung, wenn er schrieb: «Der stärkste Einfluß auf die Entwicklung der Kinder wird ohne Zweifel dann ausgeübt, wenn sich die Kolleginnen mit ungeteilter gerichteter Aufmerksamkeit voll den Kindern widmen.»[37] Aber in welchem Ausmaß war dies selbst in der räumlich und personell gut ausgestatteten Krippe möglich?

Zwiener errechnete nun «die Minimalgrundzeit, d. h. die Grundzeit, die täglich mindestens für jedes Kind zur Verfügung stand», wobei «unberücksichtigt blieb, daß die Pflegerinnen oftmals mit mehreren Kindern gleichzeitig tätig»[38] waren. Die Zeit der direkten Zuwendung betrug für jedes «Kind im Alter bis 6 Monate (…) täglich mindestens 19,5 min».[39] Oft konnten die Kleinsten der Krippe nur knappe 20 Minuten am Tag individuelle, direkte Zuwendung erfahren. Das, was am wichtigsten für eine gesunde Entwicklung der Säuglinge war, nahm nur einen Bruchteil der in der Krippe verbrachten Zeit ein.

Bei den zwei- bis dreijährigen Kindern maßen die Forscher mindestens 46 Minuten Zuwendung pro Tag.[40] Je älter die Kinder wurden, desto stärker erfolgte beim Personal eine direkte Zuwendung, wohl aus dem einfachen Grund, dass diese Kinder die Zuwendung sprachlich einfordern konnten und dies eben auch taten.

Man musste hier keine Vergleichsuntersuchung zu den Familienkindern vornehmen, um zu ahnen, dass diese Ergebnisse insgesamt katastrophal waren und dass sie noch schlechter gewesen wären, wenn Zwiener Krippen untersucht hätte, die von einem viel stärkeren Personal- und Raummangel betroffen waren. Entsprechend ernüchternd fiel dann auch die Schlussfolgerung des DDR-Krippenforschers aus:

> «Das Erleben unserer Kleinsten ist deshalb weniger durch emotionalen Kontakt der Pflegerinnen zu ihnen gekennzeichnet als durch deren reines Handeln. Damit ergibt sich, daß die individuelle Zuwendung als ein die Qualität der Arbeit wesentlich bestimmendes Arbeitsmittel bisher noch viel zu wenig genutzt wird.»[41]

Zwiener warf den Erzieherinnen vor, dass sie «ihre Arbeit allzu sachlich verrichten».[42] Viele hätten zum Umgang mit den kleinsten Mitgliedern der Krippen angegeben, «man könne mit den Kindern in diesem Alter ‹sowieso noch wenig anfangen›. Erst wenn die Kinder selbst aktiv handeln, wenn sie durch ihr Sprechen und ihr Sprachverständnis Forderungen an die Pflegerinnen stellen können, verstärkt sich deren Zuwendung an die Kinder.»[43] Bis dahin würden die Säuglinge meist nur gepflegt und wenig bis gar nicht erzogen. Der Krippenforscher forderte deshalb:

> «Man muß sich also energisch darum bemühen, die Einstellung der pflege-erzieherischen Mitarbeiter in den Krippen zu verändern. Sie müssen gerade bei den jungen Kindern ihre Aktivität und die Zuwendung erheblich steigern. Das mag angesichts der Arbeitsfülle und der verhältnismäßig geringen Resonanz bei den Kleinsten gewiß sehr schwer erscheinen, aber es ist eine dringende Notwendigkeit. Kinder, die in den ersten Lebensmonaten und -jahren – aus was für Gründen immer – Mangel erleiden an Zuwendung durch die sie betreuenden Erwachsenen, werden dadurch gleichzeitig in ihrer Persönlichkeitsentwicklung beeinträchtigt.»[44]

Zwieners Forschungen zeigten, dass die persönliche Zuwendung der Krippenerzieherinnen – schon bei normalem Personalstand – in den DDR-Krippen so gering war, dass Entwicklungsdefizite zu befürchten waren, insbesondere bei den Kleinsten. Dass sich diese Problematik und die damit einhergehenden Entwicklungsverzögerungen der Krippenkinder angesichts der zunehmenden Personalnot der späteren 1970er Jahre eher noch verstärkten, war offensichtlich. Die durch die Kollektiverziehung zwangsläufig geteilte Aufmerksamkeit wirkte sich bei den Krippenkindern in einer unzureichenden sprachlichen und – damit zusammenhängend – mangelhaften kognitiven Entwicklung aus. Den damit befassten Experten war klar, dass die Krippenkinder nicht in gleicher Weise emotionale Zuwendung und sprachliche Förderung erhalten konnten, wie dies in normalen Familien möglich war.[45] Trotzdem behaupteten sie das Gegenteil.

Problemkinder

Die Bedingungen in den DDR-Krippen der 1970er Jahre wurden insbesondere auch für Kinder mit schon bestehenden, stark ausgeprägten Entwicklungsschwierigkeiten zunehmend problematischer. Oft nahmen die Entwicklungsdefizite von Kindern mit Behinderung mit dem Eintritt in die Krippe rapide zu. Das Mangelmilieu vieler Krippen führte bei den behinderten Kindern zur weiteren Verlangsamung ihrer sowieso schon langsamer verlaufenden geistigen Entwicklung. Wie andere Kinder hatten die behinderten Kinder auch abseits der Kapazitäts- und Personalprobleme mit Anpassungsstörungen und den begrenzten Zuwendungsmöglichkeiten der Erzieherinnen zu kämpfen, die zu verstärkten Entwicklungsdefiziten führten. Wenn man etwas an der misslichen Situation der behinderten Kinder ändern wollte, musste man sie aus dem normalen – und das hieß überlasteten – Krippenbetrieb befreien.

Schon in den 1950er und 1960er Jahren war der Aufenthalt der behinderten Kinder in den Krippen äußerst trostlos gewesen. Die Kinder wurden in dieser Zeit in den Krippen oft nur aufbewahrt oder noch schlimmer: fixiert und sediert. Ziel dieser Maßnahmen war es, den Krippenalltag durch die behinderten Kinder nicht weiter zu stören. Denjenigen, die besonderer Aufmerksamkeit bedurft hätten, wurde diese systematisch versagt. Es gab schon genug andere Probleme.

Anfang der 1970er Jahre bildete sich unter Fachleuten ein Kreis von Unterstützern für die sogenannten «Problemkinder in der Krippe». In den Fachdiskussionen traten eine Reihe von Experten – vor allem Kinderärzte und Psychologen – in den Vordergrund, die sich aufrichtig darum bemühten, die Situation der behinderten Kinder zu verbessern: Man versuchte, sie aus dem normalen Krippenbetrieb herauszulösen. Hierfür war es zunächst notwendig, die bisherige Situation behinderter Kinder in den Krippen zu beschreiben und zu problematisieren.

Mitte der 1970er Jahre entstand in der Fachzeitschrift *Die Heilberufe* eine mehrteilige Serie mit dem Titel «Das Problemkind in der Krippe» von Karin Hortmann.[46] Die Psychologin aus der Kinderklinik des Städtischen Krankenhauses im Berliner Friedrichshain schrieb über das Spielverhalten der «Problemkinder» und machte dabei auf Alltagsprobleme aufmerksam:

> «Das neugierige, interessierte Verhalten während des Spiels, das Hantieren und Experimentieren, das schon beim älteren Säugling zu beobachten ist, tritt nicht auf. Die Umwelt wird nur träge erkundet. (...) Im gesamten Verhalten neigt es zu stereotypen Reaktionen. Bei einfachsten Spieltätigkeiten ist oft keine Zielvorstellung des Kindes erkennbar. Falls sie vorhanden ist, versucht das Kind das Ziel durch Gewaltlösungen zu erreichen. Es fällt dem geistig behinderten Kleinkind sehr schwer nachzuahmen, Beziehungen zu erfassen, aus Erfahrungen zu lernen

> und Fehler zu korrigieren. Daneben finden sich Auffälligkeiten der Motorik, der Sprache und des sozialen Verhaltens.»[47]

Die Beschreibung des Verhaltens erinnerte an jenes der Krippenkinder der 1950er und 1960er Jahre. Damals wurde es ausführlicher unter dem Begriff des psychischen Hospitalismus diskutiert, bevor die Verwendung dieses Begriffes in der DDR unterbunden wurde. Schon damals wurde dieses Verhalten als Problem wahrgenommen, ohne dass eingehender nach neuen Lösungen hierfür gesucht wurde. Die Psychologin beschrieb nun unterschiedliche Gruppen von Problemkindern, um deren Schwierigkeiten in den normalen Krippen deutlich zu machen. Sie unterschied über- und untererregte Kinder. Die übererregten Kinder «stören den Tagesablauf in der Gruppe durch ihre extreme, ungesteuerte Umtriebigkeit».[48] Immer wieder kam es dazu, dass sie andere Kinder angriffen oder durch riskante Aktionen sich und andere in Gefahr brachten.[49] Das gegenteilige, aber nicht unbedingt unproblematischere Verhalten zeigten die untererregten Kinder:

> «Antriebsarme Kinder bedeuten für die Krippenerzieherin insofern eine besondere Belastung, als sie in ihren Reaktionen verlangsamt, unselbstständig und z. T. apathisch sind. Sie müssen in das Gruppengeschehen einbezogen und ständig zur Aktivität ermuntert werden, da es sonst zu Rückständen der geistigen Entwicklung kommen kann.»[50]

Das problematische Verhalten der behinderten Kinder führte dazu, dass sie in den normalen Krippen oft nicht willkommen waren. Es galt: «Gesunde Kinder kommen in die Krippe, kranke Kinder kommen ins Krankenhaus (...) oder sie bleiben zu Hause.»[51] Eine speziell auf die Bedürfnisse von behinderten Kindern abgestimmte Betreuung wurde noch nicht in Betracht gezogen.

In den normalen Krippen war «eine breite Ablehnung (...) bei den Mitarbeitern bezüglich der Aufnahme von Problemkindern»[52] vorherrschend, so der Pädiater Martin Hochbaum, Leiter des Städtischen Kinderkrankenhauses Lindenhof in Berlin. Der Dozent für Pädagogik der Universitäts-Kinderklinik Rostock Klaus-Dietrich Wagner schrieb zu Anfang der 1970er Jahre: «Oft sind – durch ihr Gesamtverhalten bedingt – die Retardierten bei Kinderpflegerinnen nicht sehr beliebt.»[53] Die Erzieherinnen beschrieben die Kinder als «unfröhlich, unausgeglichen, weinerlich, ablenkbar und ängstlich».[54] Die Ablehnung vonseiten der Erzieherinnen führte zur Vereinsamung der Problemkinder, mit der Folge weiterer Entwicklungsverzögerungen, wodurch «der relative Abstand zu ihren Altersgefährten immer größer»[55] wurde.

Schon «bei biologisch gesunden Kindern» entstanden bei Vernachlässigung und bloßer Pflege «schwere Entwicklungs- und Persönlichkeitsschädigungen».[56] Bei behinderten Kindern verstärkten sich die Schädigungen noch, weil sie noch weniger in der Lage waren, das Mangelmilieu der Krippe selbst auszugleichen. Die an der Humboldt-Universität arbeitende Ruth Becker schrieb:

> «Wenn die Berücksichtigung oder Vernachlässigung des Faktors der Erziehung und Bildung bereits beim nicht-geschädigten Kind derartige Auswirkungen zur Folge hat, so verstärkt sich dessen Einfluß auf geschädigte Kinder um ein Vielfaches, da sich die Ausbildung der funktionalen Hirnsysteme und die Verhütung, Minderung bzw. Beseitigung der ‹Lernbehinderung› (Becker) nicht ohne rehabilitationspädagogische Maßnahmen vollzieht.»[57]

Wie bei den Krippenkindern im Allgemeinen waren auch bei den behinderten Krippenkindern die Entwicklungsrückstände im Bereich der Sprache und des Denkens am größten.[58] Für die sogenannten geschädigten Krippenkinder wurde es problematisch, wenn das Krippenpersonal mit ihnen aus den oben beschriebenen Gründen der Ablehnung wenig bis überhaupt nicht sprach:

«Erleben die Erwachsenen zunächst keine Reaktionen auf ihren sprachlichen Umgang mit dem Kind, lassen sie nicht selten in dieser Aktivität nach. Aber gerade das geschädigte Kleinkind benötigt eine längere Phase, um Spracheindrücke aufzunehmen und Wortklangbilder und Satzmodelle zu sammeln und zu speichern. Läßt hier das Angebot nach, weil der Erwachsene sich nicht verstanden glaubt, wird dem Kind die ohnehin erschwerte Lernmöglichkeit entzogen. Ohne einen genügenden Vorlauf im Bereich der Sprachaufnahme und Sprachverarbeitung kann es aber auch keine Sprachproduktion geben.»[59]

Die Fachleute plädierten nachdrücklich für eine Veränderung im Krippenbereich. Die Situation der behinderten Kinder war unzumutbar. An der Humboldt-Universität in Ost-Berlin wurde eine Forschungsgruppe «Früherziehung Geschädigter»[60] eingerichtet. Zumindest in den Fachdiskussionen wurde «die Früherziehung Geschädigter zu einer Notwendigkeit»,[61] die sich von der bloßen Pflege der behinderten Kinder abgrenzte. Man begann nun verstärkt, über «Probleme und Möglichkeiten der Früherziehung geschädigter Kinder»[62] zu forschen und nachzudenken. Dabei gingen die Experten von den günstigsten Entwicklungsprognosen bei den behinderten Kindern aus, «wenn sie schon im Kleinkindalter in einer Sondereinrichtung speziell erzogen und gebildet werden».[63] Man wollte die behinderten Kleinkinder nicht mehr nur verwahren, sondern sonderpädagogisch erziehen, wobei man hierfür in den normalen Krippen wenig Möglichkeiten sah. In der Regel waren die Krippen schon mit den nichtbehinderten Kindern überfordert. Einzelne Beispiele zeigten jedoch, dass sich mit viel Zeit und Engagement etwas bewegen ließ, wenn die Möglichkeiten dazu gegeben waren. Beispielhaft wurde über eine individuelle Fördermaßnahme innerhalb einer Krippe berichtet:

«Ein Kind kam mit 23 Monaten in die Einrichtung. Es konnte kaum sitzen, nicht stehen, laufen usw. Es war teilnahmslos seiner Umwelt gegenüber. Außerdem nahm das Kind nicht zu und war häufig krank.

Eine Erzieherin nahm nach einer Eingewöhnungszeit die individuelle Förderung auf. Mit dem Kind erfolgten einmal in der Woche physiotherapeutische Übungen. Nach einiger Zeit konnten erste Fortschritte bemerkt werden. Bald begann das Kind an der Hand zu laufen. Mit etwa 2 ½ Jahren konnte es allein laufen. (…)

Heute ist das Kind 33 Monate alt und hat nach intensiver individueller Förderung soweit aufgeholt, daß es bereits in einer kleinen Gruppe weiter gefördert werden kann. Die Kinder dieser Gruppe entsprechen nicht seinem Alter, aber alle Kinder haben etwa den gleichen geistigen Entwicklungsstand. Nach unseren Beobachtungen kann das Kind bis zur Vollendung des 3. Lebensjahres bei weiterer individueller Förderung den Entwicklungsstand eines 30 Monate alten Kindes erreichen.»[64]

Die intensive individuelle Förderung führte bei einigen Kindern zur Übernahme in den Regelbetrieb.[65] Wo man anders arbeiten konnte, ließen sich Erfolge feststellen. Deshalb wollte man die behinderten Kinder aus dem überlasteten Normalbetrieb herauslösen und arbeitete an der Eröffnung von Spezialkrippen. Zwei unterschiedliche Motivationen beförderten dieses Vorhaben: Auf der einen Seite wollten viele der Erzieher und Eltern die behinderten Kinder nicht in den normalen Krippen haben, weil der ohnehin schon belastende Alltag durch sie extrem erschwert wurde. Zudem fürchtete man, die Entwicklung der gesunden Kinder würde von den Problemkindern negativ beeinträchtigt.[66]

Von den Fachleuten kam aus ganz anderen Gründen Unterstützung für die Trennung von behinderten und nichtbehinderten Kindern: Sie sahen die behinderten Kinder in den normalen Krippen nicht gut aufgehoben. Statt bloßer Pflege oder sogar Ablehnung wollten sie für die ehemaligen Problemkinder «[v]erstärkte emotionale Zuwendung, liebevolle aufmerksame Anerkennung jedes kleinen Lernfortschrittes und positive Bekräftigung bei allen sprachlichen Äußerungen, auch wenn sie noch nicht in normgerechter Form erfolgten».[67]

In den Normalkrippen war das nicht möglich. Die Fachleute wollten eine spezielle Pädagogik für die behinderten Kinder entwickeln und in entsprechenden Sonderkrippen mit entsprechendem Personal zur Anwendung bringen.

In der ganzen Republik wurden daraufhin Mitte der 1970er Jahre Spezialkrippen gegründet und entsprechende Ausbildungen begonnen. 1974 wurde in Güstrow die «erste Krippengruppe für hörgeschädigte Kleinkinder»[68] eröffnet. Auch in einer Tageskrippe im Erzgebirge entstand im selben Jahr eine «Gruppe geschädigter, förderungsfähiger Kinder».[69] Im Jahr 1975 wurde aus Berlin berichtet, dass die «Bildung von Sondergruppen für geschädigte Kinder im Alter von 0 bis 4 Jahren (…) sich in Berlin durchgesetzt»[70] habe. In sieben Stadtbezirken konnten Kinder Spezialeinrichtungen besuchen.[71] Von 1975 an wurde die Einrichtung von Sonderkrippen und Sondergruppen in Krippen nun auch politisch forciert. Auf dem IX. Parteitag der SED 1976 wurde dazu aufgefordert, «auch in Krippen Möglichkeiten und Formen der Betreuung und zielgerichteten Entwicklung geschädigter, aber förderungsfähiger Kinder zu schaffen».[72] Abseits der normalen Krippenrealität sollte ein kleinerer Betreuungsschlüssel realisiert werden. Es wurden «schädigungsspezifisch modifizierte Erziehungs- und Bildungsprogramme»[73] ausgearbeitet, welche die behinderten Krippenkinder aus dem Modus der Unterforderung durch eine bloße Pflege und Aufbewahrung befreien sollten. Weiter wurde versucht, die Eltern der Kinder über Möglichkeiten der Früherziehung und Rehabilitation zu informieren, um die Förderung auch innerhalb der Familie zu forcieren.[74] Anders als durch Verwahrung konnten durch sonderpädagogische Maßnahmen – außer bei schwer hirngeschädigten Kindern – erfreuliche Lernzuwächse und Entwicklungsfortschritte erzielt werden.[75] Insbesondere bei hörgeschädigten, aber auch bei blinden Kindern führte die sonderpädagogische Früherziehung zu beachtlichen Erfolgen.

Mitte der 1970er Jahre begann man, die Raumgestaltung, Gruppenstärke, den Tagesablauf und die Erziehungs- und Bildungsarbeit auf die speziellen Bedürfnisse der Kinder abzustimmen. Wie andere sprach sich auch Karin Hortmann in diesem Zusammenhang für eine individuelle Förderung aus, indem sie forderte: «Retardierte Kleinkinder benötigen eine besondere, individuelle Erziehung und Bildung».[76] Eine individuelle Förderung, wie sie sonst wohl nur in der Familie möglich und im normalen Krippenalltag in der Regel undenkbar war.

X. ALTE UND NEUE ERZIEHUNGSVERHÄLTNISSE

«Mutti geht mit Dir zu anderen Kindern»[1]

Ab Mitte der 1970er Jahre veränderte die SED ihre Sozialpolitik. Den Müttern wurde immer mehr Zeit mit ihren neu auf die Welt gekommenen Kindern gewährt. 1976 wurde das Babyjahr für das zweitgeborene Kind eingeführt, ab 1984 konnte ab der Geburt des dritten Kindes eine bezahlte Freistellung bis zum 18. Lebensmonat des Kindes beantragt werden, und ab 1986 konnte jede arbeitende Mutter eine bezahlte Freistellung bis zur Vollendung des ersten Lebensjahres beantragen.[2] Schon in den 1970er Jahren verbrachten viele Mütter das erste Lebensjahr mit ihren Kindern zu Hause. Dies hatte zur Konsequenz, dass über 80 Prozent der neu in die Krippe aufgenommenen Kinder etwa ein Jahr alt waren.[3]

Die Aufnahme in die Krippe war in der DDR einheitlich geregelt. Immer zum 1. September des Jahres kamen alle neuen Kinder gemeinsam in die Krippen. Dabei wurden sie normalerweise von ihren Müttern im Übergaberaum abgegeben und nach acht bis zehn Stunden wieder abgeholt. In der Regel sahen die Eltern die Krippen auch in den 1970er Jahren meist nicht von innen. Aus hygienischen Gründen sollte die Einrichtung nur vom Personal, dem Krippenarzt und den Kindern betreten werden. Was in den Krippen passierte, wussten viele der Eltern daher nicht. Die Erzieherinnen nahmen die neuen Kinder dann vom Aufnahmeraum in die Krippenräume mit. Die Kleinkinder waren von dieser Situation meist völlig überfordert und schrien nach ihrer Mutter. Die Mütter waren aber weg, gingen zur Arbeit, konnten ihren Kleinen in dieser Situation nicht mehr helfen. Hinweise aus einem Zeitzeugengespräch legen nahe,[4] dass die Krippenleiterinnen teilweise angewiesen wurden, den Müttern bei der Abholung der Kinder negative Vorkommnisse zu verschweigen. Die Mütter, denen es ohnehin schon schwerfiel, ihre oftmals weinenden Kinder zurückzulassen, sollten nicht weiter beunruhigt und von der Arbeit abgehalten werden.

Wie die Kinder die Eingewöhnungsphase in den Krippen überstanden, zeigten unterschiedliche Forschungen und Berichte an das Ministerium für Gesundheitswesen. Die größten Schwierigkeiten mit der Eingewöhnung hatten die Kinder um das erste Lebensjahr, also die große Mehrheit der neu in die Krippe aufgenommenen Kinder. Laut sowjetischer Studien entwickelten die Kinder zwischen neun und zwölf Monaten «eine starke emotionale Abhängigkeit. (…) [Zu] diesem Zeitpunkt bedeutet eine Trennung den größten Streßeinfluß, der erfahrungsgemäß immer in einer pathologischen Adaption endet.»[5]

Aus Rostock wurde 1983 gemeldet: «Für alle Säuglinge ab etwa 6. Lebensmonat und Kleinkinder stellt die Aufnahme in die Krippe ein ungeheuer belastendes psychisches Ereignis dar. Die bisher bestehende Zweierbindung Mutter-Kind wird für fast die gesamte Wachzeit des Kindes unterbrochen.»[6] Laut dem Bericht war für die Kinder zudem die Konfrontation «mit fremden Erziehern, einer ungewohnt großen Zahl von gleichaltrigen Kindern (…), veränderten Pflege-, Ernährungs- und Tagesgestaltungsbedingungen, Lärm»[7] sowie fehlender Schlaf durch frühes Aufstehen und lange Krippenwege besonders belastend. Wie in den Jahrzehnten zuvor ging diese erste Trennung von den vertrauten Bezugspersonen mit physischen und psychischen Entwicklungsproblemen einher. Krankheiten in der Eingewöhnung waren auch in den 1970er Jahren Alltag und verursachten Probleme. Die Mütter mussten bei der Arbeit angerufen werden, um die Kinder wieder abzuholen. Dies galt es unbedingt zu vermeiden. Schon in den 1950er Jahren hatte man begonnen, entsprechende Forschungen zu betreiben, um den Arbeitsausfall der Mütter zu verhindern. In den 1970er Jahren forschte man dazu

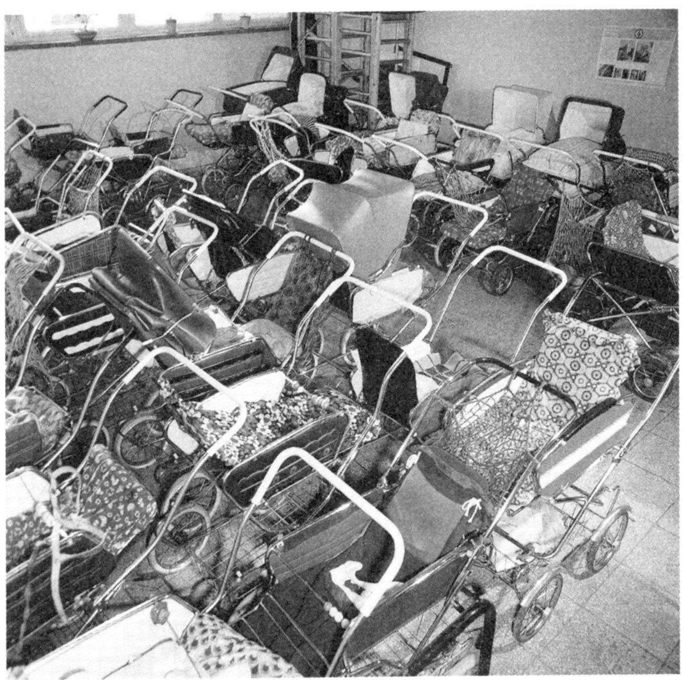

Abbildung 21: Kinderwagen in einer Krippe

gemeinsam mit der Sowjetunion und Bulgarien. Egal, in welches sozialistische Bruderland man schaute: Die Erfahrungen waren dieselben. Am Institut für Hygiene des Kindes- und Jugendalters fasste die Expertin für Anpassungsprobleme, Christa Grosch, die Forschungsergebnisse zusammen. Sie zitierte dabei zunächst die russische Pädagogin Nina M. Aksarina: Am häufigsten «‹verlieren die Kinder in den ersten Tagen ihres Aufenthalts in der Krippe den Appetit. Manche weigern sich überhaupt zu essen und zuweilen ist ihr Appetit zu Hause ebenfalls geringer.›»[8] Weiter stellten sich auch Schlafstörungen ein: «Die Kinder sträuben sich, sich hinzulegen, und wenn sie erst liegen, können sie nicht einschlafen. Ihr Schlaf ist von kurzer Dauer, mit Unterbrechungen, nicht tief.»[9] Zudem zeigten die Kleinen laut Grosch auch emotionale Ausbrüche und protestierten. Die neu aufgenommenen «Kinder weinen oder schreien oder rufen nach der Mutter und laufen zur Tür; andere werfen sich auf den Boden, lassen sich nicht anfassen usw.».[10] Neben diesen eher lauten Kindern reagierten andere leise. Sie verhielten sich dann laut der DDR-Krippenforscherin «völlig ruhig, lächeln nicht, spielen nicht, sprechen nicht, setzen sich alleine hin: Sie nehmen nicht am Leben der Kindergruppe teil.»[11] Sowohl die lauten als auch die leisen Proteste konnten bei den Kleinkindern zu einem «Zurückfallen auf frühere Entwicklungsstufen (Regression)»[12] führen. Grosch notierte: «Einige Kinder nässen oder koten ein, obwohl sie bereits sauber waren, oder sie wenden einen Teil ihres Wortschatzes nicht an: bereits erworbene Fertigkeiten gehen zeitweise verloren.»[13] Die Anpassungsstörungen waren laut der DDR-Krippenforscher bereits als «tiefgehende Störung» zu werten, welche oft eine sich in den nächsten Tagen abzeichnende Krankheit der Kinder ankündigte.[14] Nach überstandener Krankheit traten die Anpassungsprobleme häufig erneut auf: Nach längerem Aufenthalt in ihrer gewohnten Umgebung, ihrem vertrauten Zuhause, kehrten die Kleinkinder in die Krippe zurück, und wieder reagierten sie mit Angst, Ablehnung, Protest, emotionalen Ausbrüchen und Krankheit. Die Kinder litten, und die Kinderärzte mussten so manches Kind mehrfach hintereinander krankschreiben.[15] Oft verkrafteten es die Kinder nicht, von jetzt auf gleich acht bis zehn Stunden von ihren Eltern getrennt zu werden.[16] Die ersten Wochen waren wohl nicht nur für die Kinder selbst, sondern auch für ihre Krippengruppe, ihre Erzieherinnen und Familien äußerst belastend. Es ist davon auszugehen, dass jedes Jahr im September der Protest der Kinder in den Krippen besonders deutlich wahrnehmbar war.

Die Kinderärzte im Land blieben von diesen emotionalen Szenen nicht unberührt. In Dresden versuchte die Kinderärztin Dorothea Kirchner den Kindern zu helfen. Wie viele andere Kinderärzte machte auch sie im September immer wieder die gleichen Erfahrungen: «Jede Woche ging ich in drei Krippen und erlebte die schwierigen ersten Wochen der Krippenneulinge, die fast alle gleich zu Anfang mehrfach einen Krippeninfekt durchmachten.»[17] Die Ärztin suchte nach neuen Lösungen. Die Kinder sollten nicht alle am gleichen Tag für zehn Stunden ohne die Eltern die Krippe besuchen.[18] 1978 notierte sie in einem entsprechenden Entwurf:

> «So kam mir der Gedanke, ob eine etappenweise Aufnahme (d. h. stundenweiser Beginn unter Hinzuziehen der Mutter in den ersten 4 Wochen) das Einleben in die neue Umgebung und in den neuen Tagesablauf erleichtern konnte.»[19]

Für ihre Idee suchte Frau Kirchner in ihrem Dresdener Krankenhaus Unterstützung und fand diese nach eigenen Angaben vor allem in dem Chef der Kinderklinik, Professor Kurt Lorenz. Man wollte gemeinsam ausprobieren und erforschen, ob die Anwesenheit der Mutter den Kindern die Eingewöhnung erleichterte. Zunächst blockte der zuständige Kreisarzt das Vorhaben jedoch ab. Für den Versuch wurde keine Genehmigung erteilt. Erst nach einer Intervention von Professor Lorenz konnte der Versuch starten. Lorenz schrieb an den Kreisarzt einen Brief, in dem er auf die guten Erfahrungen der Sowjetunion verwies, die begonnen hätten, ein ähnliches Verfahren zu testen. In diesem Zusammenhang bemerkte Lorenz gegenüber der Kinderärztin Kirchner: «Sie wissen doch, was im Fahrwasser der Sowjetunion segelt, segelt gut!»[20] Gegen eine Orientierung am sowjetischen Vorbild wollte der Kreisarzt nicht angehen.

Es wurde eine Brigade um Kirchner eingerichtet, die nun im Bezirk Dresden einen Vorschlag zur «Verbesserung der Anpassungsphase unserer Krippenkinder» einreichte.[21] Im August 1978 begann der Versuch. In drei Krippen sollte erprobt werden, wie die Kinder reagierten, wenn man sie zusammen mit ihren Müttern in die Krippe eingewöhnte. Vier Wochen lang sollten die

Mütter in der Krippe mitarbeiten, um den Kindern so die Eingewöhnung zu erleichtern. Die Ergebnisse der kleinen Pilotstudie waren positiv. Den Kindern wurde die Eingewöhnung durch die Anwesenheit der Mütter deutlich erleichtert.[22] Eine Linderung des Leides der Anfangszeit erschien möglich.

Nachdem das neue Verfahren im Februar 1980 von der Krippenvereinigung in Dresden für alle Krippen übernommen wurde,[23] machte man sich große Hoffnungen, das Modell in der ganzen DDR einführen zu können, um so vielen Kindern zu helfen. 1980 trat man hierfür an das Ministerium für Gesundheitswesen heran, welches wiederum das Institut für Hygiene des Kindes- und Jugendalters mit der Prüfung des Vorschlags beauftragte. In diesem hatte man mit Christa Grosch eine kompetente Gutachterin, die durch ihre eigenen Forschungen über zwei Jahrzehnte mit den massiven Anpassungsproblemen der Kinder in der Krippe vertraut war.[24] Grosch sah durchaus die Erleichterungen für die Kinder, wenn ihre Mütter bei der Eingewöhnung anwesend wären, für sie überwogen jedoch die Nachteile. Vor allem entstünde ein «erhöhter Aufwand für das Krippenpersonal durch Bekanntmachen der Mütter mit den neuen Arbeitsaufgaben» und ein größerer «Aufwand bei der Einhaltung der hygienischen Vorschriften»; zudem wurden arbeitsrechtliche Probleme befürchtet.[25] Bei der Abwägung zwischen dem Vorteil für die Kinder durch die Anwesenheit der Mütter und den Nachteilen für die Krippen durch mehr Organisations- und Arbeitsaufwand überwogen für das Institut die Nachteile. Es wurde empfohlen, die Maßnahme *«nicht generell für die DDR anzuwenden»*.[26] Auch Anfang der 1980er Jahre wurden wieder einmal Verwaltungsbedenken über die Bedürfnisse der Kleinkinder gestellt.[27]

Anfang der 1980er Jahre zeigte sich das DDR-Krippensystem damit als wenig innovativ. In Ungarn hatte man schon Mitte der 1970er Jahre begonnen, bei der Eingewöhnung in der Krippe die Mütter miteinzubeziehen, in der DDR sperrte man sich. Frau Kirchner weitete ihre Forschungen aus und promovierte, von

Professor Lorenz betreut, zu dem neuen Modell der Eingewöhnung. Ihre Forschungen zeigten immer das gleiche Ergebnis: Auf die sonst so problematischen Entwicklungen des Gewichts, der motorischen und sprachlichen Fähigkeiten wirkte sich für die Kinder die Anwesenheit der Mutter positiv aus.[28] Zudem verringerte sich die Erkrankungshäufigkeit der Kinder innerhalb der Eingewöhnungsphase deutlich.[29] Auch in der Tschechoslowakei war man, wie eigentlich immer in Krippenfragen, schon weiter als in der DDR. Eine Krippenschwester aus Prag berichtete 1985 in einer Fachzeitschrift von ihrer Arbeit mit neu aufgenommenen Krippenkindern. Man versuche bei der Eingewöhnung, «dem Kind ein psychisches Trauma zu ersparen».[30] Hierfür hielt man es in der Tschechoslowakei beim Krippenkind «für erforderlich, ihm eine Übergangsform des Aufenthalts in der Krippe zu ermöglichen, bei der noch die Person anwesend ist, an welche das Kind gefühlsmäßig bisher am meisten gebunden ist, also überwiegend die Mutter».[31] In der DDR sträubte man sich weiter. In der Fachliteratur wurde im selben Jahr noch die stundenweise Eingewöhnung des Krippenkindes mit der Mutter als ein spezieller Sonderfall gekennzeichnet, der nur angebracht wäre, «wenn die besondere Sensibilität des Kindes größere Adaptionsprobleme erwarten läßt».[32]

Eine Verbesserung dieser Situation trat allmählich erst nach der Verabschiedung des 1986 eingeführten neuen Erziehungsprogramms ein. Krippenforscher und Vorschulpädagogen, die auf die positiven Erfahrungen in Ungarn Bezug nahmen, hatten vehement auf eine Eingewöhnung der Kinder zusammen mit der Mutter gedrungen.[33] Daraufhin wurde 1986 im Ministerrat mit der Einführung des neuen Erziehungsprogramms «besondere Aufmerksamkeit und Sorgfalt»[34] bei der Eingewöhnung der Kinder angeordnet. Per Anweisung wurde von der Krippenerzieherin nun erwartet, «in Absprache mit der Leiterin und den Eltern entsprechende Regelungen, wie z. B. die mögliche Anwesenheit der Eltern in der Gruppe während des stundenweisen Eingewöhnens der Kinder»[35] zu prüfen. Trotz entsprechender Weisungen setzte sich die Aufnahme der Kinder mit den Müttern nur schleppend durch. Der DDR-Krippenforscher Karl Zwiener verfasste 1987 einen Forschungsbericht, der nicht veröffentlicht wurde. Rückblickend schrieb er über seine hier gesammelten Erkenntnisse, dass «entscheidende Eingewöhnungsmaßnahmen in den Krippen der ehemaligen DDR» sich «erst in den letzten Jahren zögerlich» durchgesetzt hätten. In den meisten Krippen habe es 1987 «die Aufnahme von Kindern im Beisein der Mutter für einige Tage oder Wochen, die Zuordnung einer bestimmten Erzieherin zum neu aufgenommenen Kind u. a. m.» noch nicht gegeben.[36] Hätte man die Arbeit von Kirchner und Lorenz schon Ende der 1970er Jahre oder Anfang der 1980er Jahre ernst genommen, hätten viele Adaptionsstörungen der Krippenkinder durch die Anwesenheit der Mütter deutlich abgemildert oder sogar verhindert werden können. Kirchner durfte ihre schon 1978 gewonnenen Erkenntnisse erst 1988 in einer Fachzeitschrift veröffentlichen.[37] Zehn Jahre lang hatte man aus den Forschungsergebnissen keine Konsequenzen gezogen, weil man glaubte, sich in den Krippen damit Arbeit sparen zu können.[38] Bezahlen mussten dies die Kinder, die gerade in den ersten Wochen Angst hatten, protestierten, ihre Mütter vermissten und krank wurden, bis der Prozess der Anpassung das Gefühl des Verlusts langsam überdeckte.

«Nun bin ich allein!»[39]

Die staatliche Fremdbetreuung in der frühen Kindheit war in den 1980er Jahren für fast alle Kinder zur Normalität geworden. Zwischen 1980 und 1989 stieg der Anteil der Kinder im krippenfähigen Alter, die in einer entsprechenden Institution untergebracht waren, von 61,2 Prozent auf 80,2 Prozent. Gab es 1980 284 712 Krippenplätze, so wurde die Zahl der Krippenplätze bis 1989 auf 348 058 gesteigert.[40] Auch weil das Krippensystem schon einen massiven Umfang erreicht hatte und die Zahl der Plätze weiter erhöht werden sollte, wuchs Anfang der 1980er Jahre im Staats- und Parteiapparat die Befürchtung, dass mit der Kritik an den Krippen auch eine Beschädigung des Ansehens der Frauenarbeit einhergehen könnte. Weiterhin versuchte man, kritische Berichte möglichst zu unterbinden.

Anfang der 1980er Jahre gab es eine kleine Kolumne in der beliebten Zeitschrift *Neue Berliner Illustrierte* (NBI), in der Leser Fragen stellten, die dann zum Anlass für Interviews mit Experten genutzt wurden. 1982 schrieb Liane N. aus Suhl: «Mein Babyjahr ist bald vorbei, und mein Sohn wird dann eine Krippe besuchen. Ich bin ein wenig in Sorge, ob es nicht Probleme beim Eingewöhnen gibt. Welcher Art könnten sie sein?» Von der Anfrage ausgehend, beschloss die Berliner Zeitschrift, ein Interview mit der Psychologin Karin Hortmann zu führen. Das Interview sorgte für Aufsehen, weil die Psychologin die in der Fachliteratur bekannten Fakten für ein breites Publikum öffentlich vorstellte. Hortmann beschrieb, wenn «ein Kind nach Ablauf des Babyjahres erstmalig in eine Kinderkrippe kommt, wird es in vielen Fällen zunächst recht ängstlich reagieren. Es wendet sich von der ihm fremden Krippenerzieherin ab, strebt zu den Eltern hin und weint, wenn diese die Krippe verlassen wollen.»[41] Den Forschungsstand wiedergebend, wies Hortmann darauf hin, dass über «Tage und Wochen, ja sogar über Monate (…) manches neuaufgenommene Kind psychisch verändert»[42] wirkt. Die Kinder zeigten dann die gewohnten Reaktionen auf die Eingewöhnung, vor allem «Unruhe, Weinerlichkeit, eine erhöhte Trotzbereitschaft, Schlaf- und Appetitstörungen».[43] Die Anpassungsschwierigkeiten könnten nach Hortmann auch mit Entwicklungsrückfällen einhergehen:

> «Manche bereits erworbene Gewohnheit, Fähigkeit und Fertigkeit scheint wieder verlorengegangen zu sein. Kinder, die bereits mehrere Wörter kannten und verwendeten, sprechen plötzlich

> in der Krippe nicht mehr. Sie nässen wieder ein, obwohl sie sich zu Hause bereits angewöhnt hatten, aufs Töpfchen zu gehen.»[44]

Die Antworten der Psychologin brachten einen kleinen Skandal ins Rollen. Die Eingewöhnung in die Krippe war in den 1980er Jahren durch die Veränderung der Sozialpolitik nicht mehr nur ein Problem für eine Minderheit, sondern für die Mehrheit der Kleinkinder. Entsprechend sensibel war das Thema. Der Chefredakteur der NBI wurde zur Aussprache mit Margot Honecker ins Ministerium für Volksbildung einbestellt.[45] Derartige Aussagen konnten die Sorgen der Mütter befördern und dem Ansehen der DDR-Krippen schaden. Hortmann reflektierte im Nachhinein: «Die Krippen waren ein Politikum, das nicht angerührt werden durfte.»[46]

Trotzdem gab es weitere Versuche, sich in der Öffentlichkeit kritisch mit den Krippen auseinanderzusetzen. Von der Redaktion der Zeitschrift *Elternhaus und Schule* wurde Hortmann für einen weiteren Text angefragt. Sie berichtet über die Veröffentlichung des Interviews in der NBI und die Anfrage von *Elternhaus und Schule:*

> «Fast gleichzeitig rief mich der Chefredakteur der Zeitschrift *Elternhaus und Schule* an, Herr Klaus Koberstein. Es wäre an der Zeit, offen über die Situation der Kinder in Krippen zu berichten. Ich wies ihn auf die Schwierigkeiten hin, die der Chefredakteur der NBI gehabt hatte. Aber Herr Koberstein blieb bei seinem Vorhaben. So schrieb ich also einen längeren Artikel für die Zeitschrift *Elternhaus und Schule*, der im Heft 1/1983 erschien.»[47]

Der Artikel griff das Thema des vorherigen Interviews auf und war im Text über viele Passagen identisch. Die Redaktion hatte den provokanten Titel «Nun bin ich allein!» gewählt, um darauf hinzuweisen, dass der Eintritt in das Krippenkollektiv immer auch mit einem Abschied von den vertrauten Bezugspersonen, in dieser Zeit also normalerweise der Mutter, einherging.

Abseits der gewohnten Perspektive der SED-konformen Berichterstattung versuchte der Artikel einen Perspektivwechsel. Nicht die Arbeit der Frau, sondern ihre Konsequenzen für das Kind standen im Zentrum des Berichtes. Der Artikel versuchte, der Leserschaft die Bedürfnisse des Kleinkindes verständlich zu machen.

Unter der Überschrift «Die Gefühle des Kindes verstehen» schrieb die Psychologin zunächst über die Schwierigkeiten des Kindes und dass etwa «vom achten Lebensmonat an (…) viele Kinder heftig auf eine Trennung von den Eltern»[48] reagierten. Hortmann versuchte in dem Artikel zu erklären, wie die Begrenztheit der psychischen Fähigkeiten in der frühen Kindheit zu Problemen in der Krippe führte. Das Kind wird nach Hortmann «als hilfloses Wesen geboren, das eine Befriedigung seiner ursprünglichen Bedürfnisse nach Nahrung, Wärme, Trockenheit, liebevollem sozialen Kontakt und Erkundung der Umwelt nur durch die Hilfe eines Erwachsenen erreichen kann».[49] Das Kind ist also auf den Erwachsenen existenziell angewiesen, ohne ihn kann es nicht überleben. Entsprechend «entwickelt sich in den ersten Lebensjahren eine sehr enge emotionale Bindung zwischen dem Kind und der vertrautesten Pflegeperson», welche nach Hortmann in der Regel die Mutter sei.[50] Die enge Bindung ist für das Kleinkind physisch und psychisch überlebensnotwendig. Daher wendet es der Mutter «seine ganze Aufmerksamkeit und Liebe zu, beobachtet sie, stellt sich auf sie ein, identifiziert sich mit ihr und ahmt sie nach».[51] Um diesem natürlichen Bindungsdrang zu entsprechen, gedeihen die Säuglinge und Kleinkinder nach Hortmann «am besten, wenn sie in einer möglichst gleichbleibenden Umgebung aufwachsen, wenn sie ständig von demselben engen Personenkreis gepflegt und erzogen werden, so daß sich eine emotionale Bindung und feste Verhaltensmuster herausbilden können».[52] Die meisten DDR-Krippen konnten eine enge Bindung zwischen Kind und Erzieherin auch in den 1980er Jahren nicht gewährleisten. Denn nach der Trennung von der Mutter mussten sich die Kinder durch häufige Personalwechsel auf immer wieder neue Bezugspersonen einstellen. Laut Untersuchungen aus den 1980er Jahren mussten sich die Krippenkinder im Durchschnitt an sechs unterschiedliche Erzieherinnen gewöhnen.[53] Zudem hatte sich das vorhandene Personal mit sehr vielen Kindern gleichzeitig zu beschäftigen, sodass es nur bedingt auf die individuellen Bedürfnisse eines einzelnen Kleinkindes eingehen konnte.[54] Für die Kinder bedeutete das einen ständigen Wechsel der Bezugspersonen. Auch wenn die Kleinen schon in die Krippe eingewöhnt waren, konnten durch Wechsel, beispielsweise wenn eine Erzieherin die Krippe wieder verließ, erneut dieselben psychischen und physischen Stressreaktionen ausgelöst werden, die schon bei den Anpassungsschwierigkeiten eine Rolle spielten. «Nun bin ich (wieder) allein!», wäre dann auch die passende Überschrift zu dem ständigen Personalwechsel innerhalb der Krippe gewesen.

Hortmann schloss den Artikel mit einem Zitat des DDR-Kinderarztes Albrecht Peiper. Der in der Fachgesellschaft der DDR äußerst geschätzte Ordinarius für Kinderheilkunde hatte in den 1950er Jahren in einer grundlegenden Arbeit die Hirntätigkeit von Säuglingen und Kleinkindern untersucht, um zu zeigen, was ein Kleinkind kann und was es nicht kann. In den Ausführungen von Peiper wurde die Dramatik eines Bezugspersonenwechsels für den Säugling und das Kleinkind deutlich, auch wenn er einschränkend festhielt: «Es ist dem Erwachsenen fast unmöglich, sich die Stärke des Gefühls bei einem jungen Kinde vorzustellen, das von seiner Mutter getrennt wurde.»[55] In Bezug auf die Mutter ist für das Kleinkind der «Hunger nach ihrer Gegenwart und Liebe (…) so groß wie sein körperlicher Hunger nach Nahrung».[56] Anders als ein älteres Kind oder ein Erwachsener ist das Kleinkind psychisch noch nicht in der Lage, seine Bezugsperson innerlich zu repräsentieren. Das hat zur Folge, dass die vertraute

Abbildung 22: Kinder in einer Krippe in den 1980er Jahren, Foto von Evelyn Richter aus dem Artikel «Nun bin ich allein!»

Person einfach weg ist, wenn sie aus dem Nahfeld des Kindes verschwindet. Die Mutter ist nach Peiper für das Kleinkind «seine ganze Welt, ohne sie ist es untröstlich. Das zweijährige Kind weiß noch nichts vom Tode, aber sein Benehmen ist das gleiche, ob seine Mutter gestorben oder nur abwesend ist.»[57]

Dies öffentlich zu thematisieren, war problematisch. Wie der Chefredakteur der *Neuen Berliner Illustrierten* wurde auch Klaus Koberstein als Chefredakteur des Magazins *Elternhaus und Schule* nach der Veröffentlichung des Artikels zu einer Aussprache mit Margot Honecker gebeten.[58] Die kritische Ausrichtung der Zeitschrift, die sich auch in dem Artikel von Karin Hortmann zeigte, gefiel der Ministerin nicht.[59] Seitens der Verlagsleitung wurde ein Disziplinarverfahren eingeleitet, in dessen Folge Koberstein vor unterschiedlichen Verlags- und Parteigremien aussagen musste und sanktioniert wurde. Er wurde von seiner Tätigkeit als Chefredakteur in Übereinstimmung mit dem Ministerium entbunden. Der dadurch aufgebaute Druck wurde für Koberstein so stark, dass er in der Folge mit schweren gesundheitlichen Problemen zu kämpfen hatte.[60] Einige Mutige bezahlten für die kritische Auseinandersetzung mit dem Krippenthema einen hohen persönlichen Preis.

XI. SKEPTISCHE STIMMEN

«Zivilisatorisch überformte Pflegebedingungen»

Insgesamt fand in den 1980er Jahren ein anderer Ton Eingang in die offiziellen Diskussionen über die Krippe. Beispielsweise schrieb die Psychologin Liane Rost Ende der 1980er Jahre über die «emotionalen Grundbedürfnisse» der Krippenkinder, bei deren Befriedigung es vor allem um «emotionale Zuwendung zum Kind» ginge.[1] Dabei hätten die Krippenkinder ein «starkes Bindungsstreben an wenige Bezugspersonen».[2] Nach langer Verunglimpfung wurde in den 1980er Jahren versucht, die Bindungstheorie in Bezug auf die Krippen nun positiv zu diskutieren und für die eigene Sache brauchbar zu machen.[3] Auslöser für den Versuch einer Fokussierung auf Bindungen, Emotionen und Gefühle der Kinder war ein in der Krippengeschichte wiederkehrendes Problem. Zwar wurden die Krippenkinder nun in der Regel angemessen gepflegt und lebten unter sozialhygienisch guten Bedingungen, aber ihnen fehlte oft individuelle Aufmerksamkeit, Zuwendung und Liebe. Es ging also um positive Emotionen und Gefühle, die die Kinder normalerweise im Zusammenleben mit ihren Eltern erfuhren und übernahmen. Es ging um emotionale Zuwendung, an denen es den Kindern zumindest in der Krippe immer wieder mangelte.

Besonders ausgeprägt war dieser Mangel an Emotionen und Gefühlen und die Dominanz von Pflege in der Krippenarbeit der 1950er und frühen 1960er Jahre gewesen. Die Krippen waren in dieser Zeit wie Kinderkrankenstationen mit entsprechendem medizinischem Pflegepersonal organisiert. Im Vordergrund stand dem Anspruch nach die Hygiene; individuelle Zuwendung wurde vernachlässigt. Verstärkt wurde diese Tatsache durch die Erziehungsvorstellungen der Zeit, die in Deutschland vor 1945 wirkmächtig waren.

Sowohl Ute Stary als auch Agathe Israel vermuten in ihrer historischen Auseinandersetzung mit den DDR-Krippen eine Kontinuität zu Erziehungsvorstellungen der 1930er und 1940er Jahre.[4] Prägnant drückten sich diese in den Erziehungsratgebern von Johanna Haarer aus. Die Lungenärztin Haarer, die bis zu ihrem Tod 1988 überzeugte Nationalsozialistin blieb, hatte keine pädagogische oder psychologische Ausbildung absolviert, fühlte sich aber berufen, Ratschläge für die Mutterschaft zu geben. In ihrem in Deutschland äußerst erfolgreichen Erziehungsratgeber *Die deutsche Mutter und ihr erstes Kind* aus dem Jahr 1934 empfahl Haarer, wenn der Säugling schrie: «Dann, liebe Mutter, werde hart! Fange nur ja nicht an, das Kind aus dem Bett herauszunehmen, es zu tragen, zu wiegen, zu fahren oder es auf dem Schoß zu halten, es gar zu stillen.»[5] Schreien würde die Lungen trainieren und die Säuglinge stark machen. Aufmerksamkeit, Liebe und Zuwendung hatten in dieser auf Härte und Brechung ausgerichteten Pädagogik keinen Platz. Emotionale Distanz sollte den Umgang der Mütter mit ihrem Kind bestimmen. Die Politologin Sigrid Chamberlain beschrieb im Zusammenhang mit ihrer Veröffentlichung *Adolf Hitler, die deutsche Mutter und ihr erstes Kind* die Ratschläge Haarers: «Das Kind soll tags wie nachts in einem stillen Raum für sich sein.»[6] Nach Haarer hätte es Vorteile, wenn die Trennung von Familie und Kind gleich nach der Geburt beginne. Chamberlain berichtete: «Sobald der Säugling gewaschen, gewickelt und angezogen ist, soll er für 24 Stunden allein bleiben. Erst danach soll er der Mutter zum Stillen gebracht werden.»[7] Nach Chamberlain war gegenüber den Säuglingen alles «verboten, was Beziehung förderte. Denn das Hauptziel bestand darin, die Beziehung zwischen der Mutter oder den Eltern und dem Kind gar nicht erst entstehen zu lassen.»[8] Johanna Haarer stellte die Forderung auf, «keine Zeit gemeinsam zu verbringen außer beim Füttern, Windelwechseln, Anziehen, Baden».[9] An die späteren Krippenpläne der DDR erinnernd, waren auch bei Haarer genaue Zeitspannen für diese pflegerischen Tätigkeiten vorgegeben. Das Füttern wurde auf zehn Minuten begrenzt, keinesfalls sollte die Mutter über zwanzig Minuten stillen:

> «Wenn das Kind ‹bummelt› oder ‹trödelt›, soll das Füttern oder Stillen abgebrochen werden. Essen gibt es erst wieder bei der nächsten planmäßigen Mahlzeit. Hat das Kind bis dahin Hunger, geschieht es ihm erstens recht und zweitens lernt es dann, dass es sich beim nächsten Mal mehr beeilen muss.»[10]

Chamberlain analysiert, wie Haarer in der Befriedigung der kleinkindlichen Bedürfnisse die Gefahr sah, einen «unerbittlichen Haustyrannen»[11] heranzuziehen, weshalb die Mutter dem Säugling mit emotionaler Distanz, Härte und Unnachgiebigkeit begegnen müsste. In Deutschland sahen viele Eltern vor allem in den 1930er und 1940er Jahren in dem Buch eine wichtige Orientierungshilfe. Bis 1945 wurden 690 000 Exemplare verkauft,[12] weshalb man – auch wenn der Titel in der DDR nicht mehr aufgelegt wurde – von einer gewissen Verbreitung ausgehen kann.[13] Wie wichtig Haarers Buch für die Alltagspraxis der DDR-Krippen in den 1950er und 1960er Jahren war, ist nicht erforscht. Dass die Krippenkinder zu Haarers Vorstellungen passend in dieser Zeit vor allem gepflegt wurden und ihnen emotionale Zuwendung fehlte, ist jedoch belegt. Immer wieder kritisierten die DDR-Krippenforscher dieser Zeit die große Verbreitung einer bloß pflegerischen Einstellung gegenüber den Säuglingen und Kleinkindern in der Krippe. In den späten 1960er Jahren geriet die bloße Pflege zwar zunehmend in die Kritik, und die Arbeit in den Krippen setzte stärker auf Erziehung und Pädagogik. Dennoch zeigten die schon ausgeführten Forschungen von Karl Zwiener, wie wenig Aufmerksamkeit und Zuwendung den Säuglingen auch noch in den 1970er Jahren zukam. Die Erzieherinnen gaben häufig an, mit den Säuglingen nicht viel anfangen zu können. Sie wurden gewickelt, gebadet und gefüttert – für mehr fehlte in der Regel die Zeit.

Auch zu Beginn der 1980er Jahre war in der DDR damit das Problem der Vernachlässigung von Zuwendung bei bloßer Pflege der Kinder noch nicht gänzlich überwunden, was die Bemühungen des Ministeriums für Gesundheitswesen, nun Bindungen, Gefühle und Emotionen für die Krippenarbeit zu propagieren, verständlich macht. Der an der Humboldt-Universität arbeitende Professor für Entwicklungspsychologie Hans-Dieter Schmidt, der sich immer wieder für die emotionalen Bedürfnisse der Kleinkinder einsetzte, kritisierte 1981 in seinem Land ein belastetes «Verständnis der Entwicklung im Säuglingsalter (…) durch ein weitverbreitetes Vorurteil».[14] Es ging um eine nach der Ansicht von Schmidt grundlegend falsche Vorstellung; um das sogenannte «dumme Vierteljahr».[15] Nach diesem Vorurteil seien Säuglinge in den ersten Monaten «Wesen, die nur essen, trinken, schlafen und ausscheiden wollten».[16] Kindern in diesem Alter wurden soziale und geistige Fähigkeiten abgesprochen, es «käme lediglich darauf an, die genannten Bedürfnisse zu befriedigen, hygienische Normen zu beachten und ansonsten dem Kind seine Ruhe des Dämmerns und Schlafens zu lassen».[17] Das von Schmidt in den 1980er Jahren thematisierte «dumme erste Vierteljahr» passt zu Krippenbedingungen, in denen die Kinder zwar gepflegt, aber emotional nicht berührt wurden, wodurch sich Defizite in ihrer gesamten Entwicklung ergaben.

Nun kam es vom Ministerium ausgehend zu Versuchen der Gegensteuerung. Man wollte in der Krippe den Grundstein für eine Bildung zu sozialistischen Persönlichkeiten legen, die emotional an den Sozialismus gebunden sein sollten.[18] Im Ministerium erhoffte man sich durch die Emotionalisierung der Krippenerziehung zukünftig Kinder, die in ihrem späteren Leben «nicht nur über eine hohe Bildung verfügen, sondern ihr Wissen und Können leidenschaftlich und engagiert für den gesellschaftlichen Fortschritt, für den Kampf um Frieden und das Wohl des

Volkes»[19] einsetzen könnten. Man wollte, wie es Günther Polzin[20] 1985 festhielt, in den Krippen der DDR nun eine «Erziehung der Gefühle».[21] Grundlage hierfür war ein neues Stichwort – das Umsorgtsein.

Erich Honecker hatte auf dem X. Parteitag der SED 1981 herausgestellt, wie gut umsorgt die Kinder in den Krippen der DDR seien. Von der Leiterin des Sektors Krippen und Heime des Gesundheitsministeriums, Brigitte Küchler, wurde die Behauptung des Generalsekretärs sofort aufgenommen und in eine Anweisung übersetzt. Sie schrieb, dass das «‹Umsorgtsein› der Krippenkinder (…) die konkreten gesellschaftlichen Anforderungen an die Arbeit der Krippenerzieherinnen in der gegenwärtigen Etappe der Entwicklung unserer sozialistischen Gesellschaft zum Ausdruck»[22] bringe. Wie die Erziehung in der Familie sollte sich nun auch die Kollektiverziehung durch Liebe auszeichnen, wobei man diese im Ministerium nun staatlich zu verordnen suchte. Für die Abteilungsleiterin war «mit aller Konsequenz zu sichern, daß sich die Krippenerzieherinnen mit noch größerer Liebe und Fürsorge der Erziehung jedes einzelnen ihnen anvertrauten Kindes widmen».[23] Alle Kinder sollten in der Krippe «Geborgenheit und Wohlbefinden»[24] erfahren.

Plötzlich dachte man in Fachpublikationen der DDR über Szenen wie diese nach: «Daniel protestiert kaum, wenn er zur Krippe gebracht wird, aber dort – auf die Bank gesetzt – weint er still vor sich hin.»[25] Experten thematisierten die Gefühle der Kleinkinder. Die für die Auseinandersetzung mit Gefühlen nun wichtiger werdenden Psychologen schrieben, dass aus «der engen Bindung an die Eltern und einer vom Kind noch ungenügend erlebten Zuwendung der Erzieherin (…) Gefühle der Verlassenheit resultieren, die oft mit Angst und Unsicherheit einhergehen».[26] Die Gefühle der Verlassenheit werden anfangs «durch lauten Protest (z. B. Schreien, Ablehnung von Spielangeboten) angezeigt».[27] Später können die Gefühle bei längerer Dauer einen «Rückzug des Kindes, Verstimmungen, Inaktivität, Nichtansprechbarkeit oder auch erhöhte Morbidität»[28] herbeiführen. Man wollte nun jedoch einen anderen Umgang mit diesen schon immer auftretenden Problemen finden. Die Experten forderten von den Erzieherinnen in ihrem Verhalten den Krippenkindern gegenüber jetzt «Sensibilität, Gefühlsreichtum und Echtheit».[29]

Abseits der Realität in den Krippen sollten zumindest in der Theorie die Gefühle der Säuglinge und Kleinkinder zum Schwerpunkt der pädagogischen Arbeit gemacht werden. In den 1980er Jahren thematisierten damit auch linientreue Krippenforscher Erkenntnisse, die die Bindungsforscher schon Jahrzehnte vorher in ihrer Kritik an der Krippe betont hatten. Man machte sich nun in eigener Art und Weise teilweise Positionen zu eigen, die man über Jahrzehnte als bürgerliche Standpunkte des Klassenfeindes diffamiert hatte. Aus dem Ministerium heraus schrieb Küchler, dass «die physische und psychische Gesundheit des Kindes im jüngsten Alter von einer Lebensweise abhängen, die emotionale Geborgenheit gewährleistet».[30] Dabei wurden Geborgenheit und die Entwicklung der Kinder in einen engen Zusammenhang gestellt. So würde auch «die Entwicklung von Sprache und Denken, die Aneignung bestimmter Verhaltensnormen, die Herausbildung schöpferischer Fähigkeiten stark von der Tiefe des emotionalen Erlebens, von Gefühlen der Sympathie zur Erzieherin und anderen Kindern abhängen».[31] Man forderte von den Erzieherinnen einfach «große Liebe zu den Kindern, die sich ausdrückt im einfühlsamen, emotional betonten, liebevollen Verhalten und großen Verständnis für die kleinen Kinder».[32] Die Erzieherinnen sollten die Fähigkeit besitzen, «sich in die Situation der Kinder hineinzuversetzen und ihre individuellen Eigenheiten zu erkennen und zu beachten».[33] Im Ministerium wünschte man sich arbeitende Mütter und Krippenerzieherinnen, welche die Kinder mütterlich umsorgten. Die mütterliche Zuwendung sollte nun einfach durch Zuwendung des Krippenpersonals zum Kind ersetzt werden: «So wie das Kind bei der Mutter Schutz findet, das Gefühl der Sicherheit und Hilfe erlebt, möchte es sich in der Kinderkrippe bei seiner Erzieherin geborgen fühlen.»[34] Aber welche Möglichkeiten gab es für Kinder, sich in der Krippe geborgen zu fühlen, und wie unterschieden sich diese Möglichkeiten von denen in der Familie?

Teilweise lieferte das 1981 in der DDR erschienene Buch *Entwicklungswunder Mensch* von dem schon genannten Professor für Entwicklungspsychologie Hans-Dieter Schmidt hierzu Antworten. Das Buch erfreute sich großer Popularität,[35] vielleicht auch, weil es auf subtile Weise die Entwicklungsmöglichkeiten innerhalb der DDR-Gesellschaft kritisierte. In diesem Kontext thematisierte Schmidt für das Säuglings- und Kleinkindalter die Bindungs- und Zuwendungsmöglichkeiten in den Krippen und in der Familie. Vor dem Hintergrund der Forschungen der Psychologie versuchte der Entwicklungspsychologe zu vermitteln, was für die Entwicklung von Säuglingen und Kleinkindern förderlich war und was nicht. Beispielsweise beschrieb Schmidt das Bedürfnis des Säuglings und Kleinkindes nach Bindung durch Hautkontakt. Das Kind hätte ein Bedürfnis nach «hautnahem Kontakt, nach Streichelreizen, nach kosendem Schmusen und nach stimmlicher Fühlungnahme mit dem Partner. Dieser kann seinerseits durch Körperkontakt, durch Sprechen und Singen die Kommunikation aufrechterhalten.»[36] Zunächst etwas unvermittelt fährt Schmidt über dieses Kontaktbedürfnis fort:

> «Unsere zivilisatorisch überformten Pflegebedingungen und -normen bringen es mit sich, daß diesem Bedürfnis oftmals nicht ausreichend entsprochen wird. Das Kind liegt von Anfang an in einem Korb, Wagen oder Bettchen, allein, abgetrennt von den Eltern. Das wird sich kaum vermeiden lassen.»[37]

Die Bedeutung dieser Passage wird deutlicher, wenn man berücksichtigt, dass Schmidt über die Probleme der Krippenbetreuung in der DDR nicht offen schreiben konnte. Wenn er Kritik an der vom Staat propagierten Krippenbetreuung anbringen wollte, musste er dies zwischen den Zeilen tun. Natürlich gab es in der Familie andere Möglichkeiten, um mit dem eigenen Kind dauerhaft in einem körpernahen Kontakt zu sein und emotionale Bedürfnisse zu befriedigen. In der Familie konnte man beispielsweise einen Säugling über einen längeren Zeitraum bei sich tragen und wiegen, der Krippenerzieherin war dies mit vier oder fünf Säuglingen nicht möglich. In seinem Text verpackte Schmidt nun seine Kritik an den Krippen, indem er sie als «zivilisatorisch überformte Pflegebedingungen» beschrieb, in denen die Kinder «allein, abgetrennt von den Eltern»[38] in ihren Bettchen liegen mussten. Dieser, den Bedürfnissen des Säuglings nicht nachkommenden modernen Pflegeform stellte er den Umgang von «kaum zivilisierten Naturvölkern»[39] mit ihren Kindern gegenüber. Bei diesen Naturvölkern sei es noch möglich gewesen, das Kind über den Tag hinweg von den Eltern pflegen zu lassen und überallhin mitzunehmen. Auf den großformatig abgedruckten Fotografien zum Thema Kontaktbedürfnis des Säuglings werden nun aber nicht kaum zivilisierte Naturvölker, sondern Bilder aus DDR-Familien gezeigt, währenddessen Bilder der zivilisatorisch überformten Pflegebedingungen der Krippe fehlten.[40]

Auch wenn es Schmidt bei diesem Vergleich vermied, die Familienpflege und Krippenbetreuung beim Namen zu nennen, wurde deutlich, welche Option er aus entwicklungspsychologischer Perspektive für die Kinder präferierte. Aus der Untersuchung der kaum zivilisierten Naturvölker wüsste man erstaunlicherweise, «daß der dort gepflegte Dauerkontakt zwischen Mutter und Kind (auf gemeinsamem Lager schlafen, Mitnehmen des Kindes in einem Tragetuch auf dem Rücken der Mutter zur Arbeit, zum Markt) sich sehr positiv auf die Entwicklung des Säuglings auswirkt».[41] Im Gegensatz zu Kindern, die sich unvermeidbarerweise unter «zivilisatorisch überformten Pflegebedingungen» getrennt von ihren Eltern befänden, eile nach Schmidt das ausschließlich von seinen Eltern gepflegte Kind der Naturvölker in seinem «Entwicklungstempo im ersten Lebensjahr (…)

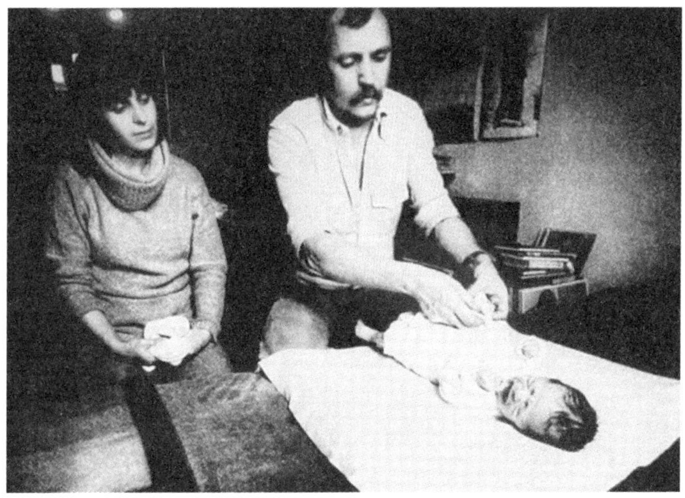

Abbildung 23: Eltern mit ihrem Kind, Foto von Evelyn Richter in «Entwicklungswunder Mensch», 1980

dem unserer Kinder oft weit voraus».[42] Im weiteren Text macht der Entwicklungspsychologe deutlich, dass es in dem Vergleich der Kontaktmöglichkeiten nicht nur um die Säuglinge geht, «sondern die gesamte frühe, vorschulische Kindheit hindurch (...) das starke Bedürfnis nach körperlichem Kontakt»[43] anhält. Der körperliche Kontakt wird hier von Schmidt als eine Metapher für Bindung und Zuwendung verwendet und versinnbildlicht das frühkindliche Bedürfnis nach liebevoller und ungeteilter Aufmerksamkeit.

Im genannten Buch wurde für die frühe Kindheit bis zum vierten Lebensjahr das Problem der Bindung, Zuwendung und Liebe von Schmidt immer wieder aufgegriffen. Beispielsweise diskutierte er an einer anderen Stelle des Buches, inwiefern Familien oder Krippen in der Lage wären, den genannten liebevollen Umgang überhaupt zu ermöglichen. Zunächst kritisierte der Psychologe die vor allem stark durch die Berufstätigkeit von Vater und Mutter geprägten Familienverhältnisse in der DDR. Auch bei den

Abbildung 24: Körperkontakt und ungeteilte Aufmerksamkeit, Foto von Ute Mahler in «Entwicklungswunder Mensch», 1980

Familien sah Schmidt in Bezug auf die Kontaktmöglichkeiten einen «Mangel der durch berufliche Arbeit überlasteten oder sich überfordernden Familien».[44] Trotzdem bestünden in der Familie gegenüber der Krippe immer noch mehr Potentiale für Aufmerksamkeit, intensiven Austausch und ein Eingehen auf die individuellen Bedürfnisse des Kleinkindes. Der Psychologe schrieb, dass die «Gewährleistung solcher intensiven, warmen, offenen Tätigkeitsbeziehungen zwischen Kind und Erzieher (…) bereits die Familie vor erhebliche Probleme»[45] stelle. In den Krippen wären die Möglichkeiten zum Kontakt allerdings noch begrenzter, was vor allem dem «Verhältnis zwischen Kinderzahl und personeller Besetzung durch Erzieherinnen»[46] geschuldet sei. Schmidt stellte zunächst fest, dass eine «zu fordernde enge soziale Beziehung zwischen dem *einzelnen* Kind und der Erzieherin (…) zu der Verhältniszahl von einem Erzieher für fünf bis sechs Kindern» führe, um dann in Bezug auf die Realität die rhetorische Frage zu stellen: «In wie vielen Kinderkrippen kommt man dieser Zahl nahe?»[47]

Das von Schmidt thematisierte Grundproblem kann als Zusammenhang zwischen der Entwicklung eines Kleinkindes und dem Maß der Aufmerksamkeit, welches ihm zuteilwird, beschrieben werden. Die geistige Entwicklung der Krippenkinder verlief langsamer als in der Familie, weil die Erzieherin ihre Aufmerksamkeit und Zuwendung nicht auf ein oder zwei, sondern viele Kinder gleichzeitig verteilen musste, mit entsprechenden Konsequenzen. Die Möglichkeiten der Zuwendung reduzierten sich noch, wenn die Bezugsperson nicht ein Kind, sondern fünf bis zehn Kinder waschen, wickeln, anziehen und füttern musste; wenn man nicht einem Kind kontinuierlich allein Aufmerksamkeit schenken konnte, sondern die Aufmerksamkeit stets auf eine größere Gruppe von Kindern gerichtet war. Bei den vielfältigen Aufgaben, die die Erzieherinnen über den Tag mit einer Vielzahl von Kindern zu erledigen hatten, blieb in der Regel wenig Zeit für ungeteilte Aufmerksamkeit und individuelle Zuwendung. Das

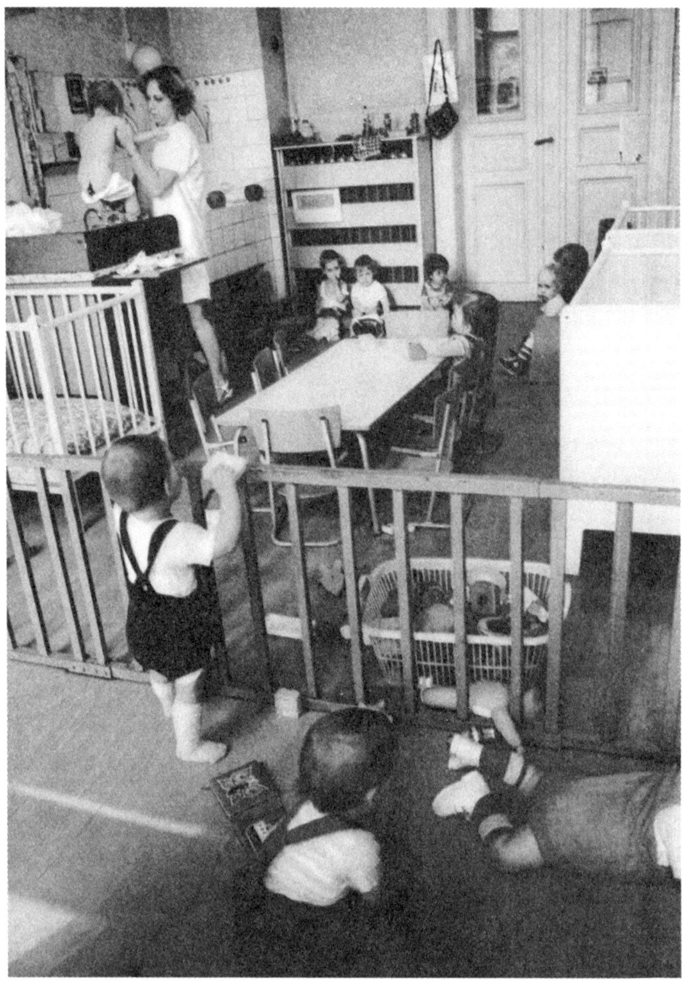

Abbildung 25: Kinder in einer Krippe, Foto von Margit Emmrich in «Entwicklungswunder Mensch», 1980

Kind begegnete der Erzieherin immer als Teil einer Gruppe. Die so durch die Kollektiverziehung entstehenden Defizite bei den Krippenkindern machte Schmidt vor allem an der Entwicklung der Sprache und den damit zusammenhängenden geistigen Fä-

Abbildung 26: Vater und Kind, Foto von Evelyn Richter in «Entwicklungswunder Mensch», 1980

higkeiten fest. In dem entsprechenden Kapitel sind auf einer Doppelseite jeweils ganzseitig zwei Szenen bildlich nebeneinander dargestellt, die das Problem der geteilten Aufmerksamkeit illustrieren (vgl. Abbildung 25 und 26).

In der einen Szene wechselt eine Erzieherin gerade einem Kleinkind die Windel, währenddessen neun andere Kleinkinder im Raum verteilt auf Stühlen und in Laufgittern im Raum anwesend sind. Das direkt daneben abgedruckte Foto zeigt einen Vater, der sich allein mit seinem Sohn ein Bilderbuch anschaut und ihm hierzu etwas erklärt. Es ist offensichtlich, wie sich vor dem Hintergrund geteilter und ungeteilter Aufmerksamkeit die Möglichkeiten der Sprachförderung und damit zusammenhängend der geistigen Entwicklung in beiden Szenen grundlegend unterscheiden. Im folgenden Text betont Schmidt, dass «in unseren Kinderkrippen die erzieherische Einwirkung auf das sprachliche Entwicklungsniveau der Kinder hinter unseren Erwartungen und Zielsetzungen zurückbleibt».[48]

Dass dies nicht nur eine Behauptung war, konnte Hans-Dieter Schmidts Doktorandin Karin Hortmann in ihren Forschungen belegen. In ihrer Dissertation verglich die Psychologin Mitte der 1980er Jahre die Sprachentwicklung von Familienkindern und Kindern aus Tages- und Wochenkrippen. Dabei lagen die sprachlichen und geistigen «Fähigkeiten der Familienkinder signifikant über denen der Tageskrippenkinder»,[49] wenig überraschend die der Wochenkrippenkinder hingegen «sehr signifikant unter denen der beiden anderen Gruppen».[50] Die Doktorarbeit konnte aufgrund ihrer kritischen Ergebnisse erst verzögert veröffentlicht werden. Ganze Passagen mussten umgeschrieben und neu genehmigt werden. Trotzdem konnte eine im Westen schon belegte Tatsache in der Dissertation geäußert werden, nämlich, dass eine «verzögerte Sprachentwicklung im Kleinkindalter» ein «Vorläufer zukünftiger Sprachstörungen» werden kann.[51]

In weiteren Studien ging die Psychologin diesem Verdacht bei den Krippenkindern in der DDR nach. Vier Jahre nach ihrer ersten Studie untersuchte Hortmann die Schulnoten nach Abschluss der ersten Klasse bei den Kindern, deren Entwicklung sie schon im Krippenalter erforscht hatte.[52] Die Vermutung, dass die Entwicklungsdefizite aus der Krippe sich auch in späteren Lebensphasen auswirken würden, bestätigte sich. Auch nach der ersten Klasse zeigte sich noch ein belegbarer und aussagekräftiger Zusammenhang zwischen den sprachlichen und geistigen Fähigkeiten der Kinder im Krippenalter und ihren späteren Schulnoten. Die Psychologin fasste zusammen: «Die vorliegenden Ergebnisse weisen in überraschender Weise auf eine gewisse Kontinuität der Fähigkeitsentwicklung hin, so daß von sehr früh ausgebildeten Fähigkeiten auf spätere geschlossen werden kann.»[53] Die Auswirkungen der dauerhaft geteilten Aufmerksamkeit für das einzelne Kind verfestigten sich noch lange nach dem Krippenaufenthalt. Die sprachlichen und geistigen Entwicklungsdefizite gegenüber den Familienkindern machten sich auch noch in der Grundschule bemerkbar. Zwar versuchte man, vom Ministerium für Gesundheitswesen ausgehend, in neuen Erziehungsrichtlinien die mütterliche Fürsorge in den Krippen der 1980er Jahre staatlich zu verordnen, die kontinuierliche ungeteilte Aufmerksamkeit der Eltern gegenüber den Familienkindern konnte so meist jedoch nur unzureichend ersetzt werden.

Kritische Kinderärzte

«Genosse» Klaus Jährig war Professor für Kinderheilkunde an der Universität Greifswald und gleichzeitig Vorsitzender der Gesellschaft für Pädiatrie, also der Vereinigung der Kinderärzte in der DDR. In dieser Funktion wurde er vom Ministerium für Gesundheitswesen zu seiner Einschätzung über den Gesundheitszustand der jungen DDR-Bevölkerung und die Mängel in ihrer Lebensweise befragt. Stellvertretend für die Gesellschaft für Pädiatrie gab Jährig 1983 eine kurze, nicht einmal dreiseitige Einschätzung ab, in der er die für ihn zentralen Probleme kurz skizzierte. Neben dem zu kurzen Schlaf der Krippenkinder und den daraus entstehenden gesundheitlichen Problemen attestierte Jährig den Eltern von Krippenkindern eine «mangelhafte Fähigkeit zur Beschäftigung mit dem Kind im häuslichen Milieu».[54] Die Ursachen hierfür sah er darin begründet, dass die Eltern «durch die Betreuungsform in zentralen Kindereinrichtungen zu wenig Kontakt zum eigenen Kind haben und damit die notwendigen Fähigkeiten zur Beschäftigung mit dem Kind nicht durch eigene Erfahrung in genügendem Umfang erwerben».[55] Der von Jährig vorgebrachte Vorwurf war eine gängige Meinung unter DDR-Kinderärzten.[56] Immer wieder beobachteten Ärzte, wie schwer es den Eltern fiel, bei Untersuchungen mit ihren Kindern umzugehen. Im Ministerium für Gesundheitswesen wollte man Derartiges aber nicht hören. Der Stellvertreter des Gesundheitsministers, Bodo Schönheit, antwortete Jährig auf den Verweis auf die Kontaktarmut zwischen Eltern und Kind: «Die von Ihnen gewählten Formulierungen zu den Mängeln finden nicht unsere Zustimmung, weil sie zu falschen Schlüssen führen können und Argumentationen ermöglichen, die uns nicht dienlich sind.»[57] Im Ministerium versuchte man, eine Gegenargumentation aufzubauen. In der Regel hätten die Eltern «2 Tage Kontakt mit den Kindern in der Woche, nicht selten mehr und schließlich auch an den anderen Tagen etliche Stunden».[58] Wenn man bedenkt, dass die null- bis dreijährigen Krippenkinder zwischen zehn und zwölf Stunden Nachtschlaf bekamen[59] und im Durchschnitt in den 1980er Jahren achteinhalb Stunden pro Tag die Krippe besuchten,[60] dann wird deutlich, dass die Kinder jeden Tag dreieinhalb bis fünfeinhalb Stunden mit ihren Eltern verbrachten. Für das Ministerium war dies ausreichend.

Ein Mitarbeiter des Ministeriums zitierte Jährig zu einem ausführlichen Gespräch, um die strittigen Punkte auszuräumen. Man einigte sich im Ministerium auf die Sprachregelung, der Professor habe den Brief unter Zeitdruck verfasst, weshalb es wohl zu Missverständnissen gekommen sei.[61] Man ging davon aus, einen gemeinsamen Weg finden zu können,[62] wohl auch, weil Jährig sich früher im Sinne der Partei zur Krippenfrage geäußert hatte.[63]

Wie im Falle Jährig reagierte man im Ministerium für Gesundheitswesen auch auf Kritik von anderen Kinderärzten am Krippensystem sensibel. Grund für wiederkehrenden Unmut bei den Kinderärzten war auch in den 1980er Jahren der hohe Krankenstand der Krippenkinder. Ende der 1980er Jahre konstatierten Gerda Niebsch und Christa Grosch, die zu diesem Zeitpunkt schon über 25 Jahre zu den Krankheiten in den DDR-Krippen geforscht hatten, einen für die gesamte DDR-Krippengeschichte gültigen Befund: «Das Krankheitsgeschehen in den Kinderkrippen ist dadurch gekennzeichnet, daß (...) in einer Kindergruppe die Ansteckungsmöglichkeiten weitaus höher sind als in der Familie».[64] Dieser Umstand war allgemein bekannt, nicht nur bei den Ärzten, sondern auch in der Bevölkerung. Im Rahmen eines Treffens der Arbeitsgruppe «Zur Senkung der Erkrankungshäufigkeit von Kleinkindern, insbesondere von Krippenkindern»[65] im Mai 1983 wurde notiert, dass die «ungenügende fachliche Arbeit in den Krippen mit dem Ergebnis einer hohen Erkrankungshäufigkeit der Kinder (...) verschiedentlich in der Bevölkerung zu der Auffassung [führt], daß die Kinder in den Krippen nicht gut aufgehoben sind».[66] Nach Ansicht des Ministeriums sei dies zwar «keine prinzipiell konträre Haltung der Bevölkerung zu den Krippen», jedoch ein ernstzunehmender «Ausdruck einer berechtigten Unzufriedenheit».[67] Vor allem unter den Kinderärzten, welche mit der Betreuung der Krippenkinder beschäftigt waren, bestand eine skeptische Haltung gegenüber den Krippen.

Im November 1981 nahmen während der Jahrestagung der Gesellschaft für Pädiatrie in Dresden etwa 400 Kinderärzte an einer gemeinsamen Beratung zweier Arbeitsgruppen teil.[68] Die Tagung erregte im Ministerium für Gesundheitswesen Aufsehen, weil Teile der Kinderärzte die Krippen offensichtlich und öffentlich ablehnten. In einem Bericht des Ministeriums echauffierte man sich, dass «Standpunkte dargelegt wurden, die ideologisch und gesundheitspolitisch unvertretbar waren».[69] In der entsprechenden Akte wurde festgehalten: «Es wurden Zweifel erhoben, ob die

Krippen, wie im Vortrag ausgeführt – notwendige Einrichtungen für die Gleichberechtigung der Frau und für die familienergänzende Erziehung der Kinder seien».[70] Die Kinderärzte hätten in der Diskussion wiederholt nach dem «Verhältnis von Aufwand und Nutzen der Krippen»[71] gefragt. Innerhalb der Ärzteschaft war diskutiert worden, «ob es notwendig sei, daß die Kinderärzte eine positive Einstellung zu den Krippen haben müßten».[72] Offensichtlich hatten viele Kinderärzte eine positive Einstellung gegenüber den Krippen verloren oder gar nicht erst entwickelt. Christa Grosch, welche eine der beiden Arbeitsgruppen leitete, hatte im Ministerium für Gesundheitswesen die Mitteilung gemacht, dass «solche ideologischen, keineswegs vorwärtsweisenden Äußerungen (…) jeweils mit Beifall bedacht»[73] worden seien.

Die Aufregung im Ministerium für Gesundheitswesen war groß. Der Minister für Gesundheitswesen, Ludwig Mecklinger, unterrichtete umgehend den zuständigen ZK-Sekretär Kurt Hager über die Vorfälle und von ihm angeordnete Gegenmaßnahmen.[74] Er hatte sofort eine Parteigruppenversammlung im Vorstand der Gesellschaft für Pädiatrie anberaumt, der eine außerordentliche Vorstandssitzung folgen sollte. Ziel war es, den Vorstand um den Leipziger Pädiatrie-Professor Wolfgang Braun, zu diesem Zeitpunkt Vorsitzender, und seinen Stellvertreter Professor Klaus Jährig auf Kurs zu bringen. Wie aus einem anderen Dokument hervorgeht, ging es letztlich darum, «Maßnahmen einzuleiten, um diesen negativen Erscheinungen und ideologischen Problemen unter einem Teil der Pädiater entgegenzuwirken».[75] Das Referat der Abteilungsleiterin für Krippen und Heime, Brigitte Küchler, auf der Parteigruppenversammlung zeigte die Stoßrichtung schon an, als sie einleitend ausführte: «Gen. Honecker hebt im Bericht an die 3. Tagung des ZK unserer Partei die ideologische Arbeit als das Herzstück der gesamten Tätigkeit der Partei hervor.»[76] Innerhalb des Ministeriums habe man sich sehr bemüht, «die politische Bedeutsamkeit der Krippen (…) bewußtzumachen».[77] Die Einstellung der kritischen Ärzte war die falsche und musste aus der Perspektive des Ministeriums für Gesundheitswesen korrigiert werden. Die Mittel der Wahl hierfür waren Druck und Kontrolle. Küchler hielt den Vorstandsmitgliedern in Bezug auf die Krippenfrage vor: «[W]er diese soziale Errungenschaft unserer sozialistischen Gesellschaft in Zweifel stellt, begibt sich unbewußt oder bewußt auf die Position des Klassenfeindes.»[78] Der Vorstand der Gesellschaft für Pädiatrie sollte sich von nun an deutlich zum Klassenstandpunkt bekennen. Ansonsten drohten Konsequenzen. Die Abteilungsleiterin fuhr fort:

> «Wenn die Krippen sich gegen das Wohl und das gesunde Gedeihen der Kinder richten, so müßte man zugespitzt daraus schließen, daß unsere Partei- und Staatsführung mit der Schaffung von 350 000 Krippenplätzen (1985) die jüngsten Kinder, die Zukunft unseres Volkes, aus ihrer auf das Wohl des Volkes gerichteten Politik ausschließt.»[79]

Die Stoßrichtung war deutlich. Jene Mitglieder des Vorstandes der Gesellschaft für Pädiatrie, die die kritischen Kinderärzte verteidigen würden, stellten sich gegen die Politik der SED. Wer die Krippen in Zweifel zog, teilte die Position des Klassenfeindes. Das Ziel des Klassenfeindes sei es – wie schon in den 1960er Jahren –, die Fortschritte des Sozialismus zu diskreditieren, nämlich vor allem die Gleichberechtigung der Frau durch Arbeit. Klassenfeinde fänden im Ministerium vermutlich keine Verbündeten und würden wohl auch als ungeeignet für den Vorstand einer medizinischen Gesellschaft gelten.

Um die Teilnehmer der Parteigruppenversammlung ideologisch auf Linie zu bringen, erinnerte Küchler an Lenins Buch zur großen Initiative, in dem die Krippe und der Kindergarten als «Keime des Kommunismus»[80] gewürdigt wurden. Wer die Krippe in Frage stellte, stellte die kommunistischen Vorstellungen der frühen Kindheit in Frage. Durchaus als Warnung formuliert, schloss Küchler ihre Ausführungen ab: «Unser Genosse Minister hat uns den Auftrag erteilt, diesen ideologischen Problemen und Erscheinungen in Bezug auf die Kinderkrippen kompromißlos entgegenzutreten.»[81] Von den Krippenärzten verlangte man, zukünftig «die Einstellung und Haltung zur Arbeit der Krippen in positiver Richtung zu verändern».[82]

Der Vorstand verhielt sich entsprechend der Vorstellungen des Ministeriums für Gesundheitswesen. Im Januar 1982 hielt man auf der außerordentlichen Vorstandssitzung gemeinsam fest: «Die Kinderkrippen sind unverzichtbar für die sozialistische Gesellschaft, für die Gleichberechtigung der Frau.»[83] Und weiter: «Die Kinderkrippen haben sich bewährt, bieten in engem Zusammenwirken mit der Familie beste Voraussetzungen für eine gesunde harmonische allseitige Entwicklung der Kinder.»[84] Der Vorstand hatte sich dem Druck gebeugt und war damit auf Linie gebracht. Trotzdem ordnete der Minister für Gesundheitswesen intern an, in Zukunft die Tagungen der Kinderärzte besser zu kontrollieren, indem man die Themen und Referate vorher im Ministerium abstimmte, um gegebenenfalls schon früher reagieren zu können.[85]

In den 1980er Jahren lassen sich unterschiedliche Versuche beobachten, auf die Positionen der Kinderärzte Einfluss zu nehmen. Im Ministerium für Gesundheitswesen wurde 1984 eine Kampagne aufgelegt. Geplant wurde eine «politisch-ideologische Arbeit», die sich auf Ärzte, Psychologen und Pädagogen beziehen sollte.[86] Es war unter diesen Bedingungen auch für die Kinderärzte nicht leicht, sich in der Öffentlichkeit kritisch zur Krippenfrage zu äußern. Schnell konnte man in der DDR die Karriereleiter hinunterfallen. Im schlimmsten Fall traf das einen nicht nur selbst, sondern auch die Mitglieder der eigenen Familie. Trotzdem verloren viele Kinderärzte nicht den Bezug zur Realität. Bei ihren wöchentlichen Besuchen sahen sie, wie es den Kindern in den unterschiedlichen Krippen ging. Entsprechend kam es in den 1980er Jahren immer wieder zu Unmutsäußerungen.[87]

Die kritische Bewegung der Kinderärzte brach sich dann endgültig im Zuge der Wiedervereinigung Bahn. Beispielhaft kann hier der Kongress der Pädiatrie im Januar 1990 in Erfurt genannt werden. Die Kinderärzte Gisela und Manfred Kalz aus Neuruppin veröffentlichten hier einen Aufruf zur «Zurückdrängung der Kinderkrippen». Sie schrieben: «Jahrzehntelang wurde ein ausschließlich positives Bild der Krippenbetreuung propagiert. Wissenschaftliche Ergebnisse und Meinungen, die auf negative Folgen der Krippenbetreuung hinwiesen, wurden zensiert und unterdrückt.»[88] Daher forderten die Kinderärzte nun «objektive und wissenschaftlich saubere Untersuchungen über die Krippenbetreuung und deren Veröffentlichung».[89] Die bisherigen DDR-Krippenforscher wurden von vielen als hierfür völlig ungeeignet empfunden. Vor allem einige Kinderärzte aus der BRD gingen mit den DDR-Krippenforschern hart ins Gericht. Johannes Pechstein schrieb 1990:

> «Unter massiven Rechtfertigungszwang gerät nunmehr auch das über Jahrzehnte in seiner Spitze mit den höchsten SED-Gremien eng personell verbundene ‹Institut für Hygiene des Kindes- und Jugendalters› in Berlin-Lichtenberg, das unter der Leitung von Schmidt-Kolmer, Sälzler, Niebsch und Grosch Promoter dieser Krippenentwicklung in der DDR war.»[90]

Pechstein warf dem Institut vor: «Es mißachtete (…) eigene Untersuchungsbefunde über die Benachteiligung der Kinder in Krippen und verquickte biedere Untersuchungsansätze, die wesentliche Fragen ausklammerten, durchschaubar mit scheinwissenschaftlicher Dialektik.»[91] Das dem Ministerium für Gesundheitswesen unterstellte Institut für Hygiene des Kindes- und Jugendalters wurde zum 1. Januar 1990 ohne Rechtsnachfolger aufgelöst. Die beschäftigten Forscher wurden dadurch in der Mehrzahl zunächst arbeitslos. Viele arbeiteten danach als Ärzte oder Psychologen außerhalb der Wissenschaft weiter. Nur wenige verblieben in der Wissenschaft.[92]

Viele DDR-Kinderärzte trauten sich nun, anders in der Öffentlichkeit aufzutreten. Mancher wünschte sich, dies schon früher getan zu haben. In dem Band *Zur Geschichte der Gesellschaft für Pädiatrie der DDR* schrieb der Kinderarzt Ernst Fukala rückblickend eine bemerkenswerte Passage:

> «‹Hauskinder›, d. h. Kinder, deren Mütter zu Hause waren, stellten eine Seltenheit dar, etwa 80% der Frauen haben gearbeitet. Das entsprach der marxistischen Vorstellung von der Gleichberechtigung der Frau und sicherte der Durchschnittsfamilie den gewünschten Lebensstandard. Fast eine ganze Generation hat ihre Kindheit, oft vom frühen Säuglingsalter an, in Kinderkrippen zugebracht. Unter sozialistischen Lebensbedingungen ist dieser Zustand in einem unheimlichen Konsens von der Gesellschaft, von Müttern, Vätern und Kinderärzten akzeptiert worden. Die Ausnahme waren die hauptsächlich Betroffenen, die Kinder. Denn Kinderkrippen bringen trotz Entwicklungsprogrammen, Hygiene und dem Mühen der Krippenerzieherinnen um eine liebevolle Betreuung ‹Krippenkinder› hervor. Das waren jene Kinder, die sich so ordentlich, aber weniger spontan verhielten, die sich willig der Racheninspektion hingaben und häufig unter rezidivierenden Infekten der oberen Luftwege und deren Sekundärkrankheiten litten. Daran konnte die regelmäßige pädiatrische Versorgung der Krippen verständlicherweise nicht viel ändern. Jeder Kinderarzt wußte um die Bedeutung der Bezugsperson in den ersten Lebensjahren, jeder wußte, daß die Behandlung der vierten Bronchitis nur eine symptomatische Therapie war. Allen war klar, daß die Kinderkrippen ein elender Notbehelf und nur für die Kinder gut waren, die es zu Hause noch schlechter hatten. Bei manchen Müttern beobachteten wir ein Abnehmen der natürlichen mütterlichen Reaktionen und ein zunehmendes ‹sich für das eigene Kind nicht verantwortlich fühlen›, denn die Krippe übernahm die Erziehung, und bei Krankheit war das Gesundheitswesen zuständig. Es war sicher

> kein Ruhmesblatt in der Geschichte unseres Berufes, daß wir zu wenig dagegen opponiert haben.»[93]

Dem war wenig hinzuzufügen.

NACHWORT

Der vierzigjährige Ausbau des DDR-Krippensystems endete mit der Wiedervereinigung jäh. Wurden bis Ende der 1980er Jahre in der DDR kontinuierlich neue Krippenplätze geschaffen, gingen die 1990er Jahre in Ostdeutschland mit einer unvergleichlichen Schließungswelle einher. Betriebe und dazugehörige Krippen mussten schließen, Eltern verloren ihre Arbeitsplätze, und viele junge Frauen wanderten in den Westen ab. Es kam in den neuen Bundesländern zu einem massiven Geburteneinbruch.[1] Die Krippen schienen für viele zunehmend nutzlos. Wie in der BRD, wo in den 1980er Jahren unter zwei Prozent der Kinder in Krippen versorgt wurden,[2] waren die Krippen in der DDR auf dem Weg, zu wohlfahrtsstaatlichen Hilfseinrichtungen zu werden. Im September 1990 wurden sie entsprechend per Gesetz der Kinder- und Jugendhilfe zugeordnet.[3] Angela Merkel, die gerade überraschend Bundesministerin für Frauen und Jugend geworden war, plädierte im Juni 1991 in einer Bundestagsdebatte für die Erhaltung der Krippen in Ostdeutschland. Alten Argumentationsmustern folgend, ging es dabei weniger um die Kinder als vielmehr um ihre Mütter:

> «Um den Frauen die Wahlfreiheit zwischen Berufsausübung und Familienarbeit zu erhalten, ist, das wissen wir, das Weiterbestehen der Kindergärten und Kinderkrippen sehr wichtig. Es ist leider so, daß heute zahlreiche Kinder arbeitsloser Frauen aus den Kindergärten und Krippen genommen werden, und die Mütter kümmern sich jetzt selbst um ihre Kinder. Hier kommen wir an einen besonderen Punkt. Viele Frauen in der ehemaligen DDR hatten wenig Zeit für ihre Kinder, und sie haben jetzt

manchmal natürlich auch die Sehnsucht, diese Kinderbetreuung wahrzunehmen, wenn sie schon arbeitslos sind. Wir müssen gemeinsam versuchen, sie eben wegen einer zukünftigen Berufstätigkeit dazu zu ermutigen, daß sie die Kinder stundenweise in diese Kindergärten und Krippen bringen.»[4]

Für die Partei, die bis November 1989 SED hieß, die sich ab Dezember 1989 SED-PDS nannte und die ab Februar 1990 unter dem Namen PDS firmierte, schaltete sich die 1971 in die Partei eingetretene Ursula Fischer in die gleiche Debatte ein. Ohne Bezug zur Leidensgeschichte der DDR-Krippenkinder fragte sie:

«Was spricht eigentlich dagegen, jedem Kind der Bundesrepublik Deutschland ein Recht auf einen erreichbaren und durch seine Eltern auch bezahlbaren Platz in einer Kindertagesstätte zu garantieren, also jedem Kind, sofern die Eltern das wünschen, die Betreuung in einer Krippe, einem Kindergarten, einem Kinderhort oder auch einer Kindertagesstätte zu ermöglichen?»[5]

Eine neue Debatte um die zukünftige Gestaltung der frühen Kindheit begann. Die DDR-Krippen und das Leben der Krippenkinder spielten dabei aber nicht wirklich eine Rolle. Bis Mitte der 1990er Jahre tauchten die Krippen als Schlagwort in Diskussionen noch teilweise auf. Ende der 1990er Jahre waren die DDR Krippen scheinbar zu einem Relikt der Vergangenheit geworden. In einer letzten großen Debatte 1999 taugten sie schließlich nur noch als Zerrbild: Unter der Überschrift «Anleitung zum Haß» vermutete der Kriminologe Christian Pfeiffer Zusammenhänge zwischen der frühen Trennung der Kinder von ihren Eltern, dem ausgeübten Anpassungsdruck des DDR-Erziehungssystems und vermehrter Gewalt gegenüber Ausländern in Ostdeutschland. Der Ernst in der öffentlichen Auseinandersetzung um die frühe Kindheit in der DDR war verloren gegangen. Das Thema der

DDR-Krippen geriet zunehmend in Vergessenheit, wobei die Fremdbetreuung von Kleinkindern bis zu drei Jahren auch in den alten Bundesländern immer wichtiger wurde. Der zu Beginn des 21. Jahrhunderts in Deutschland flächendeckend einsetzende Ausbau der Betreuung von Kleinkindern vollzog sich jedoch weitgehend geschichtsvergessen. Bei der Planung und Organisation der Kleinkindbetreuung in Deutschland wollte man sich weder mit der Geschichte der DDR-Krippe auseinandersetzen, noch meinte man, etwas mit ihr zu tun zu haben.

DANK

Für Gespräche und zur Verfügung gestelltes Material möchte ich mich bei den Zeitzeugen Gisela Kalz, Karin Hortmann, Heidi Bohley, Heide Koberstein, Ernst Fukala, Karl-Otto Kirchner und Freya Klier herzlich bedanken. Für ihre Unterstützung möchte ich mich bei meinen Kollegen Andreas Anter, Manfred Baldus (†) und Jörg Baberowski bedanken. Von ihnen gingen wichtige Hinweise, Diskussionen und Ratschläge für mein Buch aus. Bedanken möchte ich mich auch bei meinem Mitarbeiter Moriz Wilkens, mit dem ich gemeinsam zu Pawlow und den 1970er Jahren geforscht habe. Mein besonderer Dank gilt Carolin Wiethoff. Unsere gemeinsamen Forschungen im Bundesarchiv zu den 1950er und 1960er Jahren der DDR-Krippengeschichte bildeten ein Fundament, ohne das diese Arbeit so nicht hätte geschrieben werden können.

ANMERKUNGEN

Vorwort

1 Zur Geschichte der Krippe vgl. Reyer, Jürgen/Kleine, Heidrun, *Die Kinderkrippe in Deutschland. Sozialgeschichte einer umstrittenen Einrichtung*, Freiburg 1997.

I. Aufnahme in die Krippe

1 Die Namen von natürlichen Personen wurden aufgrund der Wahrung von Persönlichkeitsrechten anonymisiert.
2 Bundesarchiv (BArch), DQ 1/2161, unpag. HA Mutter und Kind, Aktenvermerk, 12.10.1953.
3 Zusätzlich zu den genannten Formen gab es noch die Saisonkrippen. Diese waren Einrichtungen, die nur zu bestimmten Zeiten im Jahr – beispielsweise zur Erntezeit – geöffnet hatten. Diese Krippenform wurde in den 1950er Jahren schrittweise durch die anderen, auf Dauer ausgelegten Krippenformen ersetzt.
4 Zu den Problemen, die Krippenkinder zu erziehen, vgl. das Kapitel «Pawlows Hunde».
5 Zur Geschichte der Wochenkrippe vgl. Stary, Ute, «Wochenkrippen und Kinderwochenheime in der DDR», in: Deutschland Archiv, 19.1.2018, letzter Zugriff: 19.8.2020, www.bpb.de/262920; Liebsch, Heike, Das System der Wochenunterbringung von 0–6jährigen Kindern in der DDR unter Beachtung negativer und positiver Attribution in erzählten Biographien von Wochenkindern. Untersuchungen am Fallbeispiel Dresden, unveröffentlichte Masterarbeit Sozialwesen, Fachhochschule Fulda 2019.
6 BArch, DQ 1/2161, unpag. HA Mutter und Kind, Aktenvermerk, 12.10.1953.
7 Siehe BArch, DQ 1/2161, unpag. handschriftlicher Vermerk, 12.10.1953. Ob sich dieser Verdacht bestätigte, ist in der Akte nicht vermerkt.
8 Siehe ebenda.

9 So zum Beispiel im Januar 1953 in der *Berliner Zeitung:* «Morgens gibt's ein Bad und frische Kleidchen», in: *Berliner Zeitung*, Jg. 9, Ausg. 25, 1953, S. 6.

10 BArch, DQ 1/2161, unpag. HA Mutter und Kind an Frau (…) und Herrn (…), Kinderkrippe «Raymonde Dien», 30.1.1954.

11 Siehe BArch, DQ 1/2161, unpag. HA Mutter und Kind, Aktenvermerk, 12.10.1953.

12 Siehe ebenda.

13 «Anpassungsstörungen» war ein in der DDR-Krippenforschung verwendeter Begriff, der aus meiner Sicht für die beschriebenen Phänomene verharmlosend wirkt, insofern wird er hier in Anführungszeichen gesetzt, vgl. zum Begriff der «Anpassungsstörungen» Schmidt-Kolmer, Eva/Reumann, Johanna, *Leitfaden für die Erziehung in Krippen und Heimen*, Berlin 1957, S. 30.

14 Vgl. hierzu das Kapitel «Kleiner und leichter als die anderen».

15 Unterschiedliche Tagungsbeiträge der Konferenz finden sich in der *Zeitschrift für ärztliche Fortbildung*, Jg. 51, H. 21/22, 1957.

16 Robertson, James, «Der Verlust mütterlicher Fürsorge in früher Kindheit und einige Auswirkungen auf die Entwicklung der Persönlichkeit», in: *Zeitschrift für ärztliche Fortbildung*, Jg. 51, H. 21/22, 1957, S. 899–903.

17 Ebd., S. 900.

18 Ebenda.

19 Ebd., S. 901. Hervorhebung im Original.

20 Vgl. hierzu das in zahlreichen Haus- und Heimordnungen für Kinderkrippen und Säuglingsheime festgeschriebene Verbot für «betriebsfremde» Personen, die Kinderräume zu betreten, BArch, DQ 1/4939.

21 Vgl. Köhler, Helmut, «Das Verhalten des Körpergewichtes und die Häufigkeit von Erkrankungen bei Kindern im Alter von 0 bis 3 Jahren nach Aufnahme in Krippen und Heime», in: *Zeitschrift für ärztliche Fortbildung*, Jg. 53, H. 2, 1959, S. 144–151, S. 144.

22 Robertson 1957, S. 901. Hervorhebung im Original.

23 Ebenda. Hervorhebung im Original.

24 Vgl. Schmidt-Kolmer, Eva, *Gesundheitsschutz für Mutter und Kind*, Diss., Humboldt-Universität zu Berlin 1952, S. 36.

25 Vgl. hierzu auch das Kapitel «Zitternde Hände».

26 BArch, DQ 1/20609, unpag. Rat der Stadt Teltow, Kaderleiter an Deutscher Städte- und Gemeindetag, Arbeitsgruppe Gesundheitswesen, Betr: Stellenpläne in den Kinderwochenkrippen sowie Dauerheimen, 4.11.1959.

27 So verdiente eine Kinderpflegerin in der Krippe weniger als eine Kin-

dergärtnerin und hatte insbesondere Nachteile hinsichtlich der Altersversorgung hinzunehmen, siehe hierzu BArch, DQ 1/4923, unpag. Sefrin an Büro des Ministerrates, Arbeitsgruppe I, Pickny, 30.6.1966. In der dem Schreiben beigefügten Anlage werden die Nachteile des Krippenpersonals gegenüber dem Kindergartenpersonal offen genannt.

28 Robertson 1957, S. 901.

29 Ebd., S. 902.

30 Ebenda.

II. Sozialistische Familien

1 Vgl. Schmidt-Kolmer, Eva, «Die Entwicklung der Kinderkrippen in der DDR aus historischer Sicht», in: *Heilberufe*, Jg. 39, H. 10, 1987, S. 390–391, S. 390.

2 Mehlan, O., «Die Fürsorge für Mutter und Kind in den Betrieben des Kreises Calau», in: *Die Heilberufe*, Jg. 1, H. 6, 1949, S. 167–169, S. 167.

3 Ebenda.

4 Vgl. Reyer/Kleine 1997.

5 Sicherlich waren die Gründe für den Widerstand vielfältig. So verhielten sich viele Betriebe aus unterschiedlichen Gründen ablehnend gegenüber der Frauenarbeit, und Betriebsleiter weigerten sich, Frauen einzustellen, siehe Hoffmann, Dierk, *Aufbau und Krise der Planwirtschaft. Die Arbeitskräftelenkung in der SBZ/DDR 1949 bis 1963* (Quellen und Darstellungen zur Zeitgeschichte, Bd. 60), München 2002, S. 539.

6 Zahlenmaterial aus: Gerlach, Irene, *Familie und staatliches Handeln. Ideologie und politische Praxis in Deutschland*, Opladen 1996, S. 249, Tab. 17.

7 So wurde beispielsweise 1951 ein Antrag auf die Einrichtung auf Unterbringung von erkrankten Kindergartenkindern damit begründet, dass im Kreis Gera ein Kind an einer Gasvergiftung verstorben sei, weil die berufstätige Mutter es allein zu Hause gelassen habe, siehe BArch, DQ 1/2965, unpag. Bericht über die Tätigkeit des komunalen [sic!] Ausschusses Mutter und Kind beim Rat der Stadt Gera, o. D. [20. August 1951].

8 Vgl. Reyer/Kleine 1997.

9 Zum Scheitern entsprechender Bemühungen in der SBZ vgl. Hoffmann 2002, S. 225–232.

10 Hierzu zusammenfassend Wehler, Hans-Ulrich, *Deutsche Gesellschaftsgeschichte, Bd. 5: Bundesrepublik und DDR 1949–1990*, München 2008, S. 89 ff.

11 Siehe ebd., S. 45.

12 Obertreis, Gesine, *Familienpolitik in der DDR 1945–1980* (Forschungstexte Wirtschafts- und Sozialwissenschaften, Bd. 17), Opladen 1986, S. 64.

13 Zum Folgenden umfassend Obertreis 1986, S. 64–73, insbesondere S. 70 ff.

14 Mehlan 1949, S. 167.

15 Zitiert nach Obertreis 1986, S. 63.

16 Siehe ebd., S. 72 f.

17 Rechtsprechung von 1951, zitiert nach Obertreis 1986, S. 119.

18 Paterak, Heike, *Institutionelle Früherziehung im Spannungsfeld normativer Familienmodelle und gesellschaftlicher Realität* (Internationale Hochschulschriften, Bd. 332), Münster/New York/Berlin 1999, S. 238.

19 Vgl. zu Owen: Uhlig, Christa, «Robert Owen (1771–1858)», in: Tenorth, Heinz-Elmar (Hg.), *Klassiker der Pädagogik, Bd. 1: Von Erasmus bis Helene Lange*, 2. Aufl., München 2010, S. 160–171, S. 169.

20 Vgl. Obertreis 1986, S. 22.

21 Zetkin, Clara, «Sozialdemokratie und Volkserziehung», Korreferat auf dem SPD-Parteitag in Mannheim, in: *Protokoll über die Verhandlungen des Parteitags der Sozialdemokratischen Partei Deutschlands, abgehalten zu Mannheim vom 24. bis 29. September 1906 sowie Bericht über die 4. Frauenkonferenz am 22. und 23. September 1906 in Mannheim*, Berlin 1906, S. 347–358. Wie auch andere Kommunisten orientierte sich Zetkin dabei an den Frühsozialisten, bei denen sich ähnliche Gedanken schon zu Beginn des 19. Jahrhunderts finden lassen.

22 Zetkin 1906, S. 356.

23 Ebd., S. 351.

24 Zetkin, Clara, «Soziale Fürsorge für die Jugend», Rede im Reichstag am 27. Januar 1921, in: *Verhandlungen des Reichstags*, 1. Wahlperiode 1920, Bd. 347, Berlin 1921, 58. Sitzung, S. 2181–2183, S. 2182.

25 Petersen, Andreas, *Die Moskauer. Wie das Stalintrauma die DDR prägte*, Frankfurt am Main 2019, S. 182.

26 Siehe Scheide, Carmen, *Kinder, Küche, Kommunismus. Das Wechselverhältnis zwischen Alltagsleben und Politik am Beispiel Moskauer Arbeiterinnen während der NEP, 1921–1930* (Basler Studien zur Kulturgeschichte Osteuropas, Bd. 3), Zürich 2002, S. 230.

27 Marx, Karl/Engels, Friedrich, *Ergänzungsband. Schriften, Manuskripte,*

Briefe bis 1844, Erster Teil (Werke, Bd. 40), Berlin (Ost) 1968, S. 537, zitiert nach Gries, Sabine, «Kleine Klassenkämpfer. Die Tradition totalitärer Grundmuster und Strukturen in der öffentlichen Erziehung der DDR von den Anfängen bis zum Jahre 1961», in: Mertens, Lothar (Hg.), *Machtokkupation und Systemimplosion: Anfang und Ende der DDR – zehn Jahre danach. Dieter Voigt zum 65. Geburtstag* (Schriftenreihe der Gesellschaft für Deutschlandforschung, Bd. 80), Berlin 2001, S. 15–44, S. 19.

28 Gries 2001, S. 19.

29 Siehe Scheide 2002, S. 215 ff.

30 Royl, Annelise, *Säuglings- und Kleinkinderfürsorge. Rückblick und Vorschau*, Diss., Humboldt-Universität zu Berlin 1950, S. 47.

31 Eva Schmidt-Kolmer (1913–1991) war eine österreichisch-deutsche Kommunistin, Sozialhygienikerin und Hochschullehrerin. 1946 mit Heinz Schmidt (Heirat 1947) aus der britischen Emigration in die SBZ übergesiedelt, 1946–1947 Deutsche Zentralverwaltung für das Gesundheitswesen, 1948–1950 Bundessekretärin des Demokratischen Frauenbundes Berlin (DFB), Mitglied der Volkskammer, Mitarbeit an den Gesundheitspolitischen Richtlinien der SED und dem Mutter- und Kinderschutzgesetz, 1950–1952 Abteilungsleiterin für Mutter und Kind im Ministerium für Sozialfürsorge des Landes Mecklenburg, 1952 Promotion an der Berliner Humboldt-Universität, 1954–1956 am Institut für Sozialhygiene der Karl-Marx-Universität Leipzig, von 1956–1965 am Institut für Sozialhygiene der Humboldt-Universität, 1958 Habilitation, 1961 Professor mit Lehrauftrag; 1959–65 Leiterin der Abteilung für Hygiene des Kindesalters; 1966–74 Direktorin der Zentralstelle (seit 1973 Institut) für Hygiene des Kindes- u. Jugendalters Berlin, gestorben in Berlin, Angaben aus: Schneck, Peter, «Schmidt-Kolmer, Eva», in: Müller-Enbergs, Helmut et. al. (Hg.), *Wer war wer in der DDR. Ein Handbuch ostdeutscher Biographien*, 5. Aufl., Berlin 2010, S. 1159.

32 Reine Tipp- und Interpunktionsfehler in Zitaten wurden stillschweigend korrigiert. In Fällen, in denen dem Autor ein solcher Eingriff unzulässig erschien, wurde «[sic!]» in den Originaltext eingefügt.

33 Schmidt-Kolmer 1952, S. 2.

34 Ebenda.

35 Ebd., S. 5.

36 Käthe (Katharina) Kern (1900–1985), geb. in Darmstadt; ab 1920 Mitglied der SPD, 1928–1930 Mitglied des Bezirksvorstandes der SPD von Groß-Berlin und Leiterin des Frauensekretariats; Juni/Juli 1933 zeitweilig inhaftiert; bis 1944 Kontakt zur Widerstandsgruppe um Wilhelm Leuschner; 1945/46 SPD/SED und FDGB; ab 1946 Mitglied des Partei-

vorstandes bzw. des ZK der SED, 1946–49 Mitglied des Zentralsekretariats des Parteivorstandes; 1947 Mitbegründerin des DFD, bis 1951 stellvertretende Vorsitzende, 1949–85 Abgeordnete der (Provisorischen) Volkskammer; ab 1957 Vorsitzende der DFD-Fraktion; 1949–70 Leiterin der HA Mutter u. Kind bzw. Sozialwesen im Ministerium für Arbeit und Gesundheitswesen bzw. Ministerium für Gesundheitswesen; danach Rentnerin, Angaben aus: Herbst, Andreas/Müller-Enbergs, Helmut, «Kern, Käthe (Katharina)», in: Müller-Enbergs, Helmut et. al. (Hg.), *Wer war wer in der DDR. Ein Handbuch ostdeutscher Biographien*, 5. Aufl., Berlin 2010, S. 419–420.

37 Kern, Käthe, «Die Stellung der Frau in der Gesellschaft», in: Beyer, Alfred/Winter, Kurt (Hg.), *Lehrbuch der Sozialhygiene*, Berlin 1953, S. 598–608, S. 604.

38 Der Ausbau des DDR-Gesundheitswesens orientierte sich an den Vorstellungen der Sozialhygieniker der Weimarer Republik, die in der SBZ/DDR hierauf Einfluss nahmen, vgl. Moser, Gabriele, *«Im Interesse der Volksgesundheit ...» Sozialhygiene und öffentliches Gesundheitswesen in der Weimarer Republik und der frühen SBZ/DDR. Ein Beitrag zur Sozialgeschichte des deutschen Gesundheitswesens im 20. Jahrhundert* (Reihe psychosoziale Aspekte der Medizin), Frankfurt am Main 2002. Vgl. auch die umfangreichen Arbeiten von Udo Schagen und Sabine Schleiermacher, die auf die Bedeutung der Tradition der deutschen Sozialhygiene für die SBZ/DDR hinweisen. Speziell für den Aufbau des DDR-Krippensystems scheint jedoch die Sowjetunion das stärkere Vorbild gewesen zu sein. Anders als die Weimarer Republik hatte die Sowjetunion schon umfangreichere Erfahrungen mit einem expansiven Krippenausbau gemacht.

39 Marcusson, Erwin, «Die Organisation des Gesundheitswesens in der Union der Sozialistischen Sowjetrepubliken», in: Beyer, Alfred/Winter, Kurt (Hg.), *Lehrbuch der Sozialhygiene*, Berlin 1953, S. 62–89, S. 65.

40 Ebenda. Deutlich zeigt sich hier ein Verständnis von Gesundheit als Anpassung an die Gesellschaft. Vgl. hierzu auch Hottenrott, Laura, «‹Der Kern der Gesundheit ist Anpassung›. Medizinische Aspekte der DDR-Heimerziehung», in: Laudien, Karsten/Dreier-Horning, Anke (Hg.), *Jugendhilfe und Heimerziehung im Sozialismus. Beiträge zur Aufarbeitung der Sozialpädagogik in der DDR* (Schriftenreihe des Deutschen Instituts für Heimerziehungsforschung), Berlin 2016, S. 83–102.

41 Marcusson 1953, S. 65. Hier wird der Artikel 12 zitiert.

42 Zitiert nach ebd., S. 66.

43 Vgl. hierzu Marcusson 1953, S. 80–83.

44 Art. 18, Abs. 5, «Die Verfassung der Deutschen Demokratischen Republik», in: Gesetzblatt (GBl.) der DDR, Nr. 1, 1949, S. 5–16, S. 7.
45 § 27, Abs. 2, «Gesetz der Arbeit zur Förderung und Pflege der Arbeitskräfte, zur Steigerung der Arbeitsproduktivität und zur weiteren Verbesserung der materiellen und kulturellen Lage der Arbeiter und Angestellten vom 19. April 1950», in: *GBl. der DDR*, Nr. 46, 1950, S. 349–355.
46 «Gesetz über den Mutter- und Kinderschutz und die Rechte der Frau vom 27. September 1950», in: *GBl. der DDR*, Nr. 111, 1950, S. 1037–1041.
47 Ebd., § 5, Abs. 1.
48 Siehe ebenda sowie § 4.
49 Schmidt-Kolmer, Eva, «Gesundheitsschutz für Mutter und Kind», in: Beyer, Alfred/Winter, Kurt (Hg.), *Lehrbuch der Sozialhygiene*, Berlin 1953, S. 568–598, S. 571.
50 Auch sie zitierte den genannten Artikel 122 von 1936. Siehe Kern 1953, S. 602.
51 Ebd., S. 603.
52 Zahlenmaterial aus: Gerlach 1996, Tab. 17, S. 249.
53 Wenn man die Frauen, die sich in Ausbildung befanden, miteinbezieht.
54 Die Zahl und die Betreuungsquote der Bundesrepublik findet sich bei Reyer/Kleine 1997, S. 116.
55 Gleichzeitig blieb die Familie im Kern natürlich ein wichtiger Rückzugsort, der sich dem staatlichen Zugriff immer wieder entziehen konnte.

III. Kranke Krippenkinder

1 Name anonymisiert. Der Fall des Jungen ist beschrieben bei Köhler 1959, S. 149.
2 Vgl. Kapitel I, Anm. 3.
3 Zahlenmaterial aus: Statistisches Amt der DDR (Hg.), *Statistisches Jahrbuch der Deutschen Demokratischen Republik*, Jg. 35, 1. Aufl., Berlin 1990, S. 378.
4 Bothmer, Christa von, «Über Adaptionsstörungen bei Kleinkindern nach Milieuwechsel», in: *Zeitschrift für ärztliche Fortbildung*, Jg. 54, H. 21, 1960, S. 1220–1228, S. 1226.
5 Köhler 1959, S. 144.
6 Bothmer 1960, S. 1225.
7 Köhler 1959, S. 149.
8 Siehe ebenda.
9 Siehe ebenda.

10 Siehe Bothmer 1960, S. 1221.
11 Ebd., S. 1222.
12 Siehe ebd., S. 1222 ff.
13 Ebd., S. 1227.
14 Ebd., S. 1222.
15 Köhler 1959, S. 150.
16 Niebsch, Gerda, «Der Einfluß des Milieus auf Länge und Gewicht in den ersten 2 Lebensjahren. Vergleiche Familie und Kindereinrichtungen», in: *Zeitschrift für ärztliche Fortbildung*, Jg. 53, H. 22, 1959, S. 1428–1430, S. 1428.
17 Ebenda.
18 Ebenda.
19 Siehe ebenda.
20 Köhler 1959, S. 149.
21 Siehe ebenda.
22 Ebd., S. 150.
23 Ebd., S. 145.
24 Vgl. Sälzler, Anneliese, «Vergleichende Messungen von Länge und Gewicht bei Kindern aus Familien und Kindereinrichtungen und der Einfluß der sozialen Herkunft auf die körperliche Entwicklung», in: *Zeitschrift für ärztliche Fortbildung*, Jg. 53, H. 22, 1959, S. 1431–1433, S. 1431, Abb. 6.
25 Niebsch 1959, S. 1430.
26 Ebenda.
27 Vgl. Köhler 1959; Niebsch 1959.
28 Vgl. hierzu die Übersicht über das Tagungsprogramm und die Referenten in der *Zeitschrift für ärztliche Fortbildung*, Jg. 51, H. 21/22, 1957, S. 881 f.
29 Robertson 1957, S. 902.
30 BArch, DQ 1/20609, unpag. Entwurf: Teil-Bericht über den Operativeinsatz in Cottbus und Hoyerswerda am 29. und 30.11.1960 und in Spremberg am 30.11.1960, 10.1.1961.
31 Siehe ebenda.
32 Schorr, Reimer, «Die Bedeutung der Morbiditätsanalyse für die Arbeit in Krippen und Heimen», in: *Die Heilberufe*, Jg. 15, H. 3, 1963, S. 64–69, S. 66.
33 Siehe ebenda.
34 Jun, Gerda, «Morbidität und Gewichtsentwicklung bei Kindern berufstätiger und nicht berufstätiger Mütter», in: *Zeitschrift für ärztliche Fortbildung*, Jg. 53, H. 22, 1959, S. 1416–1418.

35 Vgl. dazu BArch, DQ 1/23073, unpag. Schmidt-Kolmer, Materialien von der Arbeitskonferenz der Zentralstelle für Hygiene des Kindes- und Jugendalters am 2. Juli 1968.

36 Vgl. hierzu auch das Kapitel «Politische Repression».

37 Siehe Jun 1959, S. 1416.

38 Die Zahlen für die Tageskrippen- und Wochenkrippenkinder unterscheiden sich hier nur marginal, verwendet wurden an dieser Stelle die Zahlen der Tageskrippenkinder, die etwas seltener krank waren als die Wochenkrippenkinder.

39 Vgl. Kaminsky, Anna, *Frauen in der DDR*, 1. Aufl., Berlin 2016, S. 105.

40 Jun 1959, S. 1418.

41 Steinitz, Lucienne/Ryll, Genoveva/Trettin, Inge, «Vergleiche der Morbidität in Tages-, Wochenkrippen und Dauerheimen», in: *Zeitschrift für ärztliche Fortbildung*, Jg. 53, H. 22, 1959, S. 1441–1443.

42 Siehe ebd., S. 1441.

43 Niebsch, Gerda, «Die Besonderheit der Morbidität in Heimen und Krippen», in: *Zeitschrift für ärztliche Fortbildung*, Jg. 54, H. 21, 1960, S. 1236–1238.

44 Ebd., S. 1236.

45 Vgl. Niebsch, Gerda, «Internationales Symposion ‹Probleme der Krippen›», in: *Die Heilberufe*, Jg. 19, H. 5, 1967, S. 157–159, S. 158; vgl. auch Kubat, K./Syrovatka, A., «Die Entwicklung der Morbidität bei Familien- und bei Krippenkindern während der ersten 3 Lebensjahre», in: *Ärztliche Jugendkunde*, Jg. 57, H. 1/2, 1966, S. 16–23.

46 Ihrke, Adelheid, *Längsschnittuntersuchungen an Säuglingen über das Gewichts- und Längenwachstum unter Betrachtung der Morbidität und des sozialen Milieus*, Diss., Martin-Luther-Universität Halle-Wittenberg 1964, S. 64.

47 Siehe BArch, DQ 1/4940, unpag. MfG, HA Mutter und Kind, Bericht über die am 28. und 29.2.1952 in Neubrandenburg durchgeführte Arbeitstagung mit den Vertretern der Länder, 15.3.1952.

48 Vgl. hierzu auch das Kapitel «Jussuf Ibrahim».

49 Freiluft wurde sowohl als Behandlungsmethode bei Pneumonien als auch zur Prophylaxe von Erkrankungen verstanden, vgl. dazu Schmidt, Lieselott, «Der Einfluß der Freiluft auf die Morbidität von Krippenkindern», in: *Zeitschrift für ärztliche Fortbildung*, Jg. 53, H. 22, 1959, S. 1436–1438, S. 1436.

50 BArch, DQ 1/2161, unpag. Abschrift/Kl., Bericht über die Besichtigung der Kinderkrippe in Frankfurt (Oder), 14 Säuglinge – 20 Krabbelkinder, 26. Juni 1953, 11.9.1953.

51 Ebenda.
52 Ebenda.
53 Vgl. hierzu auch die geschilderten Operativeinsätze im Kapitel «Jussuf Ibrahim».
54 Heckrodt, H./Röpcke, I./Kolander, H., «Die Verbesserung der hygienischen Situation in den Kinderkollektiven», in: *Zeitschrift für die gesamte Hygiene und ihre Grenzgebiete*, Jg. 10, H. 10, 1964, S. 699–715, S. 700.
55 Die Arbeit wurde von dem Sozialhygieniker Rudolf Neubert betreut, vgl. hierzu das Kapitel «Kasernen des Kapitalismus».
56 Schäfer, Edgar, *Wieweit sind die Erfurter Kinderkrippen in der Lage, der von Pädiatern und Sozialhygienikern geforderten Pflege und Erziehung der Kinder in den ersten drei Lebensjahren zu entsprechen?* Diss., Medizinische Akademie Erfurt 1962, S. 115.
57 Ebd., S. 89.
58 Ebd., S. 115.
59 BArch, DQ 1/20609, unpag. Entwurf: Teil-Bericht über den Operativeinsatz in Cottbus und Hoyerswerda am 29. und 30.11.1960 und in Spremberg am 30.11.1960, 10.1.1961.
60 Unter anderem führte die Überbelegung dazu, dass Kinder bis zum Alter von 2 ½ Jahren in der Krippe in Hoyerswerda nur pflegerisch betreut wurden, was im Bericht nicht kritisiert wurde, siehe ebenda.
61 Rayner, Helga, «Entwicklung und Morbidität des Krippenkindes in Abhängigkeit von Größe und Auslastung der Einrichtung», in: *Ärztliche Jugendkunde*, Jg. 57, H. 1/2, 1966, S. 11–15, S. 12.

IV. Sterbende Kinder

1 «Prof. Ibrahim beigesetzt», in: *Berliner Zeitung*, Jg. 9, Ausg. 34, 1953, S. 2.
2 Schmuhl, Hans-Walter, «Kinderheilkunde in der NS-Zeit: Sozialsanitäres Großprojekt – Arzt am Volkskörper», in: *Deutsches Ärzteblatt*, Jg. 107, H. 45, 2010, S. A 2226–2231, S. A 2228.
3 Zur Biographie Ibrahims vgl. https://www.gedenkort-t4.eu/de/biografien/27-05-1877-03-02-1953-jussuf-ibrahim-kinderarzt-jena#biografie, abgerufen am 25.9.2020.
4 Siehe Bericht der Kommission der Universität Jena zu Jussuf Ibrahim, online unter: http://web.archive.org/web/20180823042100/https://www.uni-jena.de/unijenamedia/ibrahim.pdf, S. 9.
5 Aly, Götz, «Das Schäferhunde-Milieu der PDS hält an ihm fest, aber

Jena verabschiedet Jussuf Ibrahim: Menschenfreund und Mordgehilfe», in: *Berliner Zeitung*, 4. Mai 2000. Online unter: https://www.berliner-zeitung.de/das-schaeferhunde-milieu-der-pds-haelt-an-ihm-fest-aber-jena-verabschiedet-jussuf-ibrahim-menschenfreund-und-mordgehilfe-li.1135, abgerufen am 7.9.2020.

6 Siehe Bericht der Kommission der Universität Jena zu Jussuf Ibrahim, S. 15.

7 Zitiert nach ebenda.

8 Ebd., S. 18.

9 Zitiert nach ebenda.

10 Siehe ebd., S. 18.

11 Zitiert nach ebd., S. 22 f.

12 Zitiert nach ebd., S. 23.

13 Zitiert nach Aly 2000.

14 Siehe Hirsch, Wolfgang, «Jenaer Universitäts-Kinderklinik wird umbenannt», 19.4.2000, online unter: https://idw-online.de/de/news20002, abgerufen am 2.9.2020.

15 Dem MfS, das 1965 zu den Vorgängen in Stadtroda ermittelte, lagen die Ibrahim belastenden zitierten Briefe zumindest vor; siehe Bericht der Kommission der Universität Jena zu Jussuf Ibrahim, S. 16 f.

16 Im Bericht der Kommission ist davon die Rede, dass aufgrund des Weglassens des Namens von Ibrahim in einem Vernehmungsprotokoll einer Mutter «die Vermutung hergeleitet» werden könne, «dass Ibrahim geschützt und nicht in die Untersuchung einbezogen werden sollte»; ebd., S. 17. Dass das MfS bei der Verfolgung von Ärzten, die an den Verbrechen des Nationalsozialismus beteiligt waren, zum Teil sehr zögerlich agierte, zeigen andere Fälle, vgl. dazu: Leide, Henry, *NS-Verbrecher und Staatssicherheit. Die geheime Vergangenheitspolitik der DDR* (Analysen und Dokumente, Bd. 28), Göttingen 2005, S. 332–353.

17 Deutsche Gesellschaft für Kinder- und Jugendmedizin (DGKJ) (Hg.), «Im Gedenken der Kinder. Die Kinderärzte und die Verbrechen an Kindern in der NS-Zeit» (Begleitheft zur Gedenkveranstaltungen und Ausstellung der DGKJ), in: *Monatsschrift Kinderheilkunde*, Bd. 159, Supplement, 2011, S. 1–20, S. 17.

18 Wettengel, Hanni, «Bei den Kleinsten von Stalinstadt», in: *Neues Deutschland*, Jg. 10, Ausg. 228, 1955, S. 6.

19 BArch, DQ 1/20609, unpag. Auszug aus den Kommissionsberichten der Kommission zur Senkung der Säuglingssterblichkeit, 1959.

20 Ebenda.

21 Ebenda.

22 Ebenda.

23 Es handelt sich um einen Bericht über Thüringen. Welches «Hausen» in Thüringen hierbei gemeint ist, geht aus der Quelle nicht hervor.

24 Ebenda.

25 Ebenda.

26 Vgl. Hesselbarth, Werner/Schorr, Reimer/Winter, Kurt (Hg.), *Säuglingssterblichkeit. Eine Anleitung zu ihrer Bekämpfung aus internationaler Sicht*, Leipzig 1964, S. 107.

27 Meyer, Ludwig Ferdinand/Nassau, Erich, *Die Säuglingsernährung. Eine Anleitung für Ärzte und Studierende*, Heidelberg 1930, S. 145.

28 Feer, Emil, *Diagnostik der Kinderkrankheiten mit besonderer Berücksichtigung des Säuglings. Eine Wegleitung für praktische Ärzte und Studierende* (Enzyklopaedie der klinischen Medizin, Spezieller Teil), 2. verm. u. verb. Aufl., Berlin/Heidelberg 1922, S. 199.

29 Vgl. Anm. 34.

30 Vermutung geäußert im Zeitzeugengespräch mit Herrn Dr. Ernst Fukala am 26.6.2019, Halle (Saale).

31 In den Statistiken zu Säuglingstodesfällen spielen die Ernährungsstörungen nur noch eine untergeordnete Rolle, 1966 starben 776 Säuglinge an toxischer Dyspepsie, 1967 noch 406 und 1968 fällt die Zahl der infolge einer Durchfallerkrankung verstorbenen Säuglinge auf 287, siehe BArch, DE 2/22332, unpag.

32 In einem Referat im MfG wurde hierzu festgehalten: «Die Säuglingssterblichkeit eines Landes ist ein Gradmesser seiner kulturellen Entwicklung», BArch, DQ 1/4923, unpag. Probleme der Säuglingssterblichkeit. Bericht zur Kollegiums-Sitzung am 4. Februar 1957.

33 Zahlenmaterial aus: Ockel, Edith, «Gesundheit der Frauen und Gesundheitspolitik in der DDR», in: *Jahrbuch für kritische Medizin und Gesundheitswissenschaften*, Bd. 24, Hamburg 1995, S. 105–121, S. 106, Tab. 1.

34 Die Zahlen wurden einem Formblatt zur Säuglingssterblichkeit der Deutschen Zentralverwaltung zur Statistik entnommen, das über die Jahre in seinen Bezeichnungen etwas variierte und in welchem u. a. Todesfallzahlen an «Ernährungsstörungen/toxischer Dyspepsie» angegeben sind, zum Teil ohne Berlin, insofern liegt die Fallzahl vermutlich höher. Für die Jahre 1952–1954 Zahlenmaterial aus: BArch, DQ 1/2904, unpag. Für 1955: BArch, DE 2/31205, unpag. Für 1956: BArch, DQ 1/2905, unpag. Für 1957: BArch, DQ 1/2906, unpag., für 1958: BArch DQ 1/2889, unpag. Für 1959: BArch, DE 2/30840, unpag. Für die Jahre 1960–1962: BArch, DE 2/31206, unpag. Für 1963–1965: BArch, DE 2/122332, unpag.

Für die Jahre 1966 und 1967: BArch, DE 2/22332, unpag. Ab 1968 taucht die Todesursache «Ernährungsstörungen bzw. toxische Dyspepsie» nicht mehr auf, stattdessen werden «Durchfallerkrankungen» angegeben. Die Zahlen für 1968 und 1969 finden sich in BArch, DE 2/31206, unpag.

35 Bei der Bekämpfung der Säuglingssterblichkeit in der DDR unterscheidet Edith Ockel (ebd., S. 113–115) vier Etappen, die sich alle auf die Bekämpfung der Säuglingssterblichkeit vor oder bei der Geburt konzentrieren.

36 Vgl. Hesselbarth/Schorr/Winter 1964, S. 23, Tab. 9.

37 BArch, DQ 1/4896, Bl. 18–19, Bl. 18 f. Arbeitskreis für Säuglings- und Kleinkindhygiene, Schmidt-Kolmer an Ministerrat der DDR, Sekretariat Arbeitskreis für Säuglings- und Kleinkindhygiene, Betr.: Wochenurlaub und Arbeitszeitverkürzungen für erwerbstätige Mütter, 19.11.1956.

38 Siehe ebd., Bl. 19.

39 BArch, DQ 1/4923, unpag. Protokoll Nr. 3 der Kollegiums-Sitzung vom 4.2.1957, 6.2.1957. An der hochkarätig besetzten Runde nahmen laut Protokoll 23 Personen teil, darunter die Staatssekretärin Jenny Matern, die die Sitzung leitete, der Stellvertretende Gesundheitsminister Erwin Marcusson, die für den Krippenausbau verantwortliche Hauptabteilungsleiterin Käthe Kern und auch die für die wissenschaftliche Begleitung des Krippenausbaus maßgebende Eva Schmidt-Kolmer sowie eine Reihe von Professoren und Experten zum Thema. Der Gesundheitsminister Luitpold Steidle nahm am Termin nicht teil und quittierte auch nicht das ihm zugegangene Protokoll.

40 Ebenda.

41 So kam z. B. Schorr 1959 nach einer Auswertung von 345 Krankenfällen, die stationär in der Kinderklinik Leipzig infolge von Ernährungsstörungen behandelt worden waren, zu dem Ergebnis, dass die Trockenmilchernährung «in ihrer gegenwärtigen Form als Babysan mit vielen Gefahren verbunden ist», die er allerdings vorrangig auf falsche Handhabung zurückführte, Schorr, Reimer, «Über die Bekämpfung der Ernährungsstörungen im Säuglingsalter», in: *Das Deutsche Gesundheitswesen, Wochenschrift für die gesamte Medizin*, Jg. 14, H. 1, 1959, S. 19–22, S. 21. Auf die Gefahren der mit Keimen verunreinigten Frischmilch sowie auf Probleme bei der Verpackung von Trockenmilch hatte der Pädiater Albrecht Peiper zwei Jahre zuvor hingewiesen, siehe Peiper, Albrecht, «Die Bedeutung der Milch für die Ernährung des Säuglings», in: *Das Deutsche Gesundheitswesen. Wochenschrift für die gesamte Medizin*,

Jg. 12, H. 4, 1957, S. 105–108. In einem Bericht über die Säuglingssterblichkeit im Kreis Seehausen für das Jahr 1963 findet sich ein Vermerk, dass das Hygiene-Institut Stendal von einer Verwendung des Babysans aufgrund von Mängeln abgeraten habe, siehe BArch, DQ 1/22756, unpag. Bericht über die Säuglingssterblichkeit 1963 des Kreises Seehausen/Altmark, o. D.

42 BArch, DQ 1/4923, unpag. Probleme der Säuglingssterblichkeit. Bericht zur Kollegiums-Sitzung am 4. Februar 1957, Hervorhebung im Original.

43 Ebenda.

44 Ebenda.

45 Siehe Hesselbarth/Schorr/Winter 1964, S. 124.

46 Siehe BArch, DQ 1/4923, unpag. Beschlussvorlag zur Sitzung des Kollegiums am 4. Februar 1957. Darin war festgehalten: «Veränderung des bisherigen Schwangeren- und Wochenurlaubs zugunsten des Wochenurlaubs.»

47 BArch, DQ 1/4923, unpag. Protokoll Nr. 3 der Kollegiums-Sitzung vom 4.2.1957, 6.2.1957.

48 Vgl. «Verordnung über die Verlängerung des Schwangerschafts- und Wochenurlaubs vom 5. September 1963», in: *GBl. der DDR II*, Nr. 82, 1963, S. 636 f.

49 Vgl. «Verordnung über die Erhöhung der staatlichen Geburtenhilfe und die Verlängerung des Wochenurlaubs vom 10. Mai 1972», in: *GBl. der DDR II*, Nr. 27, 1972, S. 314–316.

50 Die Krippe wurde wohl von Mitarbeitern des Roten Ochsen, aber auch von Mitarbeitern anderer Dienststellen genutzt.

51 Zum Folgenden siehe die Angaben der Gedenkstätte Roter Ochse Halle (Saale). Online unter: https://gedenkstaette-halle.sachsen-anhalt.de/geschichte/ abgerufen am 21.11.2019.

52 Ebenda.

53 1960 stieg diese Zahl auf 36,5 Prozent an, BArch, DQ 1/20609, unpag. Kreisarzt Halle (Saale), Die Lage in unseren Einrichtungen von «Mutter und Kind» und deren Perspektive, 25.7.1960.

54 Von Seiten des Gesundheitsministeriums wurde die Einrichtung als «Betriebswochenkrippe» bezeichnet. BArch, DQ 1/20609, unpag. HA Sozialwesen, Krippen und Heime, Bericht betr. Information über den Todesfall in der Betriebswochenkrippe des Ministeriums für Staatssicherheit Halle (Saale) – Kind (…) – Operativeinsatz am 4.12.1959, 7.12.1959.

55 Dieser Name wurde, wie alle anderen folgenden Namen, geändert.

56 Anhand des Berichts des Kreisarztes von Halle (Saale) zeigt sich, dass

es in Halle (Saale) zu diesem Zeitpunkt – für die DDR nicht unüblich – einen Personalmangel im Krippenbereich gab. 83 Schwesternstellen waren mit 75 Schwestern besetzt. Von den 293 Pflegerinnen waren 174 im Besitz eines Facharbeiterbriefes, was nicht bedeutet, dass dieser im Krippenbereich erworben wurde, 119 Pflegerinnen hatten keine Ausbildung, BArch, DQ 1/20609, unpag. Kreisarzt Halle (Saale), Die Lage in unseren Einrichtungen von «Mutter und Kind» und deren Perspektive, 25.7.1960.

57 Michael Neumann wurde adoptiert, Informationen zu seiner leiblichen Mutter ließen sich in der Akte nicht finden.

58 Siehe BArch, DQ 1/20609, unpag. HA Sozialwesen, Krippen und Heime, Bericht betr. Information über den Todesfall in der Betriebswochenkrippe des Ministeriums für Staatssicherheit Halle (Saale) – Kind (…) – Operativeinsatz am 4.12.1959, 7.12.1959.

59 Siehe zur Beschreibung der Krippe ebenda.

60 Siehe ebenda.

61 BArch, DQ 1/20609, unpag. Bericht der Kinderkrippe der Staatssicherheit, 12.11.1959.

62 Siehe ebenda.

63 Siehe BArch, DQ 1/20609, unpag. HA Sozialwesen, Krippen und Heime, Bericht betr. Information über den Todesfall in der Betriebswochenkrippe des Ministeriums für Staatssicherheit Halle (Saale) – Kind (…) – Operativeinsatz am 4.12.1959, 7.12.1959.

64 BArch, DQ 1/20609, unpag. Bericht der Kinderkrippe der Staatssicherheit, 12.11.1959.

65 BArch, DQ 1/20609, unpag. HA Sozialwesen, Krippen und Heime, Bericht betr. Information über den Todesfall in der Betriebswochenkrippe des Ministeriums für Staatssicherheit Halle (Saale) – Kind (…) – Operativeinsatz am 4.12.1959, 7.12.1959.

66 Ebenda.

67 BArch, DQ 1/20609, unpag. Bericht der Kinderkrippe der Staatssicherheit, 12.11.1959.

68 BArch, DQ 1/20609, unpag. Abschrift: RdS Halle (Saale), Abteilung Gesundheitswesen (internes Schreiben), Betr.: Das Anbinden der Kinder in unseren Krippen und Heimen, 16.11.1959.

69 BArch, DQ 1/20609, unpag. Abschrift: Bericht, 17.11.1959. Hervorhebungen im Original.

70 BArch, DQ 1/20609, unpag. Abschrift: Kinderkrippe d. Martin-Luther-Universität Halle-Wittenberg an das Gesundheitswesen der Stadt Halle/S., Betrifft: Betreuung der Heimkinder im Bett, 16.11.1959.

71 Siehe BArch, DQ 1/20609, unpag. Abteilung Gesundheits- und Sozialwesen, Leitende Fürsorgerin an den Vorsitzenden des Rates der Stadt Halle (Saale), Betr.: Tödlicher Unfall im Wochenheim der Staatssicherheit am 11.11.1959 – Ihre telefonische Anforderung, 27.11.1959.

72 BArch, DQ 1/20609, unpag. Kreisarzt Halle (Saale), Die Lage in unseren Einrichtungen von «Mutter und Kind» und deren Perspektive, 25.7. 1960.

73 Ebenda.

74 BArch, DQ 1/20609 unpag. HA Sozialwesen, Krippen und Heime, Bericht betr. Information über den Todesfall in der Betriebswochenkrippe des Ministeriums für Staatssicherheit Halle (Saale) – Kind (…) – Operativeinsatz am 4.12.1959, 7.12.1959.

75 Weiter konnten in der Akte BArch, DQ 1/3468 zwei weitere Fälle aus den Jahren 1964 und 1965 identifiziert werden, bei denen Krippenkinder durch den unsachgemäßen Gebrauch von Lederriemen erstickt waren.

76 1950 gab es in der DDR lediglich drei konfessionelle Krippen mit 63 Plätzen. Die Zahl der Einrichtungen stieg bis 1973 auf zwölf Einrichtungen mit 334 Plätzen an, um bis 1989 wieder auf zehn Einrichtungen mit 309 Plätzen abzufallen. Zahlenmaterial aus: Bundesministerium für Arbeit und Soziales, *Statistische Übersichten zur Sozialpolitik in Deutschland seit 1945 (Band SBZ/DDR)*, Verfasser André Steiner unter Mitarbeit von Matthias Judt und Thomas Reichel, Bonn 2006, Tab. 8.1.2, S. 244. Wie viele der konfessionellen Kinderheime der DDR für Säuglinge und Kleinkinder bestanden, ist nicht klar. Insgesamt gab es 1952 152 konfessionelle Kinderheime in der DDR, deren Zahl aber bis 1961 schon auf 94 gesunken war, siehe Laudien, Karsten/Sachse, Christian, «Erziehungsvorstellungen in der Heimerziehung der DDR», in: Beauftragter der Bundesregierung für die Neuen Bundesländer (Hg.), *Aufarbeitung der Heimerziehung in der DDR – Expertisen*, Berlin 2012, S. 130–297, S. 211.

77 Die Anstellung bei einer kirchlichen Institution bot politisch verfolgten Menschen in der DDR einen gewissen Schutz vor erneuten Repressionen, siehe Raschka, Johannes, *Zwischen Überwachung und Repression. Politische Verfolgung in der DDR 1971–1989* (Am Ende des realen Sozialismus, Bd. 5), Opladen 2001, S. 125.

78 Trotz der geringen Zahl stellten konfessionelle Einrichtungen Anfang der 1980er Jahre die Hälfte der Plätze für die Betreuung und Rehabilitation schwerstbehinderter Menschen, siehe Hottenrott 2016, S. 87.

79 Zur Lebenssituation behinderter Kinder in der DDR vgl. Gries, Sabine,

Kindesmisshandlung in der DDR. Kinder unter dem Einfluss traditionell-autoritärer und totalitärer Erziehungsleitbilder (Studien zur DDR-Gesellschaft, Bd. 9), Münster 2002, S. 201–247.

80 BArch, DQ 1/21103, unpag. Abschrift: Rat des Bezirkes Frankfurt/Oder, Abteilung Volksbildung/Jugendhilfe an Ministerium für Volksbildung, Sektor Jugendhilfe, Genossen Dr. Mannschatz, Betr.: konfessionelle [sic!] Kinderheim (…), 18.11.1961.

81 Zur pädagogischen Praxis im geschlossenen Jugendwerkhof Torgau vgl. Gatzemann, Andreas, *Die Erziehung zum «Neuen» Menschen im Jugendwerkhof Torgau. Ein Beitrag zum kulturellen Gedächtnis* (Diktatur und Widerstand, Bd. 14), Münster 2008; Zimmermann, Verena, *«Den neuen Menschen schaffen». Die Umerziehung von schwererziehbaren und straffälligen Jugendlichen in der DDR (1945–1990)*, Köln/Weimar/Wien 2004, sowie ferner die umfangreichen Arbeiten von Anke Dreier-Horning und Karsten Laudien sowie von Christian Sachse.

82 Mannschatz, Eberhard, *Die Umerziehung von Kindern und Jugendlichen in den Heimen der Jugendhilfe. Referat auf dem Lehrgang der Leiter der Spezialheime der Jugendhilfe im März 1976 in Ludwigsfelde* (Beiträge zur Weiterbildung, Heft 39), Ludwigsfelde 1977, S. 13.

83 Dieser Name ist wie der Name der anderen beteiligten Personen anonymisiert.

84 Aus den Berichten geht nicht ganz klar hervor, ob Propaphenin oder Dormalon verabreicht wurde. Klar wird jedoch im Kontext der Akte, dass die Medikamente zur Beruhigung eingesetzt wurden.

85 BArch, DQ 1/21103, unpag. Rat des Bezirkes Frankfurt/O, Abt. Gesundheits- und Sozialwesen, Bericht über den Todesfall in dem konfessionellen Kinderheim (…) am 8.11.1961, 6.1.1962.

86 BArch, DQ 1/21103, unpag. Abschrift: Rat des Bezirkes Frankfurt/Oder, Abteilung Volksbildung/Jugendhilfe an Ministerium für Volksbildung, Sektor Jugendhilfe, Genossen Dr. Mannschatz, Betr.: konfessionelle [sic!] Kinderheim (…), 18.11.1961.

87 Ebenda.

88 Ebenda.

89 Siehe ebenda.

90 Ebenda.

91 Dieser Name ist, wie auch die anderen Namen, anonymisiert worden.

92 Auch dieser Name wurde anonymisiert.

93 BArch, DQ 1/21103, unpag. Rat des Bezirkes Frankfurt/O, Abt. Gesundheits- und Sozialwesen, Bericht über den Todesfall in dem konfessionellen Kinderheim (…) am 8.11.1961, 6.1.1962.

94 Ebenda.
95 Ebenda.
96 BArch, DQ 1/21103, unpag. Abschrift: Rat des Bezirkes Frankfurt/Oder, Abteilung Volksbildung/Jugendhilfe an Ministerium für Volksbildung, Sektor Jugendhilfe, Genossen Dr. Mannschatz, Betr.: konfessionelle [sic!] Kinderheim (…), 18.11.1961.
97 BArch, DQ 1/21103, unpag. Rat des Bezirkes Frankfurt/O, Abt. Gesundheits- und Sozialwesen, Bericht über den Todesfall in dem konfessionellen Kinderheim (…) am 8.11.1961, 6.1.1962.
98 Ebenda.
99 Ebenda.
100 Ebenda.
101 Ebenda.
102 Siehe ebenda.

V. DDR-Debatten um die Krippe

1 Zitiert nach Steiner, André, *Von Plan zu Plan. Eine Wirtschaftsgeschichte der DDR*, 1. Aufl., Berlin 2007, S. 124 f.
2 Siehe ebenda.
3 Anstatt die hohen Ziele zu erreichen, war die DDR – wie zwei nach 1990 veröffentlichte Briefe von Ulbricht an Chruschtschow zeigen – 1960 zeitweise zahlungsunfähig, siehe Schröder, Klaus, *Der SED-Staat. Geschichte und Strukturen der DDR*, unter Mitarbeit von Steffen Alisch, 2. Aufl., München 1999, S. 164.
4 Siehe Obertreis 1986, S. 149.
5 Siehe hierzu und im Folgenden Obertreis 1986, S. 140 ff.
6 Obertreis 1986, S. 141.
7 Siehe ebd., S. 155.
8 Ebenda.
9 Zahlenmaterial aus: Reyer/Kleine 1997, S. 128, Tab. 6.
10 Vgl. hierzu auch Obertreis 1986, S. 157 ff.
11 «Muß ich seinen Schlaf bewachen?», in: *Neues Deutschland*, Jg. 14, Ausg. 342, 1959, S. 10.
12 Ebenda.
13 Ebenda.
14 Vgl. Obertreis 1986, S. 157 ff.
15 Grandke, Anita, «Zerstört die berufstätige Frau ihre Familie?», in: *Neues Deutschland*, Jg. 15, Ausg. 159, 1960, S. 12.

16 Ebenda.
17 «Das Hausfraueneinerlei stumpft ab», in: *Neues Deutschland*, Jg. 15, Ausg. 9, 1960, S. 12.
18 «Bleibt ein Krippenkind zurück?», in: *Neues Deutschland*, Jg. 15, Ausg. 79, 1960, S. 12.
19 «Das könnte ich meinen Kindern nicht bieten», in: *Neues Deutschland*, Jg. 15, Ausg. 23, 1960, S. 12.
20 «Bleibt ein Krippenkind zurück?», in: *Neues Deutschland*, Jg. 15, Ausg. 79, 1960, S. 12.
21 Ebenda.
22 «Besondere Verdienste um die Stärkung unseres Staates der Arbeiter und Bauern gewürdigt», in: *Neues Deutschland*, Jg. 39, Ausg. 230, 1984, S. 6.
23 «Bleibt ein Krippenkind zurück?», in: *Neues Deutschland*, Jg. 15, Ausg. 79, 1960, S. 12.
24 Siehe ebenda.
25 Schmidt-Kolmer 1957, S. 897.
26 «Bleibt ein Krippenkind zurück?», in: *Neues Deutschland*, Jg. 15, Ausg. 79, 1960, S. 12.
27 Ebenda.
28 Goldstein, Iris, «Bin ich eine schlechte Mutter?», in: *Elternhaus und Schule*, Jg. 7, H. 10, 1958, S. 5.
29 Siehe ebenda.
30 Keller, Alice, «Berufstätig und Kinder erziehen?», in: *Elternhaus und Schule*, Jg. 8, H. 4, 1959, S. 9.
31 Neubert, Rudolf, «Frau, Mutter und außerhäusliche Arbeit», in: *Die Wirtschaft*, Jg. 17, Nr. 30, 1962, S. 9.
32 Ebenda.
33 Ebenda.
34 Ebenda.
35 Ebenda.
36 Vgl. ebenda.
37 Ebenda.
38 Schmidt-Kolmer, Eva/Schmidt, Heinz, «Über Frauenarbeit und Familie», in: *Einheit*, Jg. 17, Nr. 12, 1962, S. 89–99, S. 89.
39 Ebd., S. 98. Hervorhebung im Original.
40 Ebenda.
41 Schmidt-Kolmer, Eva, *Der Einfluß der Lebensbedingungen auf die Entwicklung des Kindes im Vorschulalter*, unter Mitarbeit von Gerda Niebsch, Anneliese Sälzler und Reimer Schorr, Berlin 1963.

VI. Die kindliche Entwicklung in der Krippe

1 Vgl. Schmidt-Kolmer 1963, S. 71 f.

2 In einem gesonderten Kapitel wurden zwei Säuglingsdauerheime miteinander verglichen. Eines mit und eines ohne spezielles pädagogisches Programm, vgl. ebd., S. 76–96.

3 Ebd., S. 62.

4 Zahlenmaterial aus: ebd., S. 68, Tab. 12.

5 Ebd., S. 58.

6 Ebd., S. 73.

7 Vgl. BArch, DQ 1/23073, unpag. Wohlfahrt, Stellungnahme zur Herabsetzung des Krippenalters von 3 auf 2 ½ Jahre, o. D.

8 Vgl. ebenda.

9 Schmidt-Kolmer 1963, S. 71.

10 Ebd., S. 38.

11 Ebd., S. 89.

12 Schmidt-Kolmer, Eva, «Die Auswirkungen des Kindergarten-, Wochen- und Vollheimmilieus auf die psychische Entwicklung im Vorschulalter», in: *Zeitschrift für ärztliche Fortbildung*, Jg. 56, H. 21, 1960, S. 1216–1220, S. 1218.

13 Schmidt-Kolmer, Eva, *Verhalten und Entwicklung des Kleinkindes. Der Einfluß verschiedenartigen sozialen Milieus auf das kindliche Verhalten und seine Bedeutung für die Hygiene des Kindesalters*, 1. Aufl., Berlin 1959, S. 131.

14 BArch, DQ 1/20609, unpag. Auszug aus den Kommissionsberichten der Kommissionen zur Senkung der Säuglingssterblichkeit, 1959.

15 Schmidt-Kolmer, Eva, «Hospitalismusschäden in Kindereinrichtungen des Vorschulalters», in: Schwarz, Hanns (Hg.), *Das milieugeschädigte Kind. Bericht über die 3. Tagung der Medizinisch-wissenschaftlichen Gesellschaft in der DDR zum Studium der aktuellen Lebensbedingungen (27.–28. November 1959 in Leipzig)* (Sammlung zwangloser Abhandlungen aus dem Gebiete der Psychiatrie und Neurologie, 21), Jena 1961, S. 24–37, S. 30.

16 BArch, DQ 1/2004, unpag. Bericht über den pädagogischen Versuch mit gemischten Gruppen 1–6jähriger Kinder im Kinderheim Königsheide 1959–1962.

17 Schmidt-Kolmer 1961, S. 33.

18 Schmidt-Kolmer berief sich hinsichtlich ihrer wissenschaftlichen Konzeption auf Marx und Engels, deren «Theorie vom Menschen als gesellschaftliches und gleichzeitig Naturwesen» für sie «als entscheidender

theoretischer Ansatz» galt, Schmidt-Kolmer, Eva, «Anlage 1. Autobiographisches Dokument», abgedruckt bei Arndt, Gabriele, *Das wissenschaftliche Werk Eva Schmidt-Kolmers (25.06.1913–29.08.1991) unter besonderer Berücksichtigung ihrer Beiträge zum Kinder- und Jugendgesundheitsschutz in der DDR*, Diss., Ernst-Moritz-Arndt-Universität Greifswald 2001, S. II–LXXII, S. XXX.

19 Schmidt-Kolmer 1961, S. 34 f.

20 Vgl. Schmidt-Kolmer 1952, S. 36.

21 Deutlich wird dies anhand der Stundenberechnung des MfG für die Dauerheime in Magdeburg. Dort war bei einem Schlüssel von 1:4 angegeben, dass für eine Gruppe von 16 Kindern von 6–20 Uhr insgesamt zwei Pflegerinnen verfügbar sein sollten, womit der Betreuungsschlüssel de facto bei 1:8 lag. Zudem fehlten Kräfte für die Stellen: So waren beispielsweise in den Wochenkrippen der großen Magdeburger Industriebetriebe bei einem Schlüssel von 1:5 in der Wochenkrippe des Ernst-Thälmann-Kombinats mit 80 Plätzen nur 16 Pflegerinnen beschäftigt, womit dreieinhalb Kräfte sowie die vorgesehene Nachtwache fehlten, in der Wochenkrippe des Karl-Marx-Werkes bei 102 Plätzen nur 20 Pflegerinnen und eine Nachtwache, womit zwei Pflegerinnen fehlten, siehe BArch, DQ 1/20609, unpag. HR Krippen und Heime, Analyse zur Planstellenbelegung im Bezirk Magdeburg, 24.5.1960.

22 So wies beispielsweise 1966 der Stellvertreter des Ministers für Gesundheitswesen infolge einer Auswertung von Unfällen, Todesfällen und Misshandlungen den Generalstaatsanwalt auf die problematische Arbeitskräftesituation in den Krippen hin. Er gab – «ohne die Schuld abschwächen zu wollen» – zu den Arbeitsbedingungen Folgendes an: «Der Kind-Pflegerin-Kontakt (1 Pflegerin für ca. 10 Kinder) beträgt bei 8-stündiger Arbeit durchschnittlich 6 Stunden. Bei der Betreuung von Kleinkindern ist neben der erheblichen körperlichen Anstrengung eine starke nervliche Belastung vorhanden. Dies kann die Ursache von Affekthandlungen sein, wenn durch Krankheit von Kolleginnen und Vertretungen aus sonstigen Gründen diese Arbeiten noch zusätzlich durch Überstunden oder Zusammenlegung von Kindergruppen übernommen werden müssen.» BArch, DQ 1/2578, unpag. Stellv. Minister Mecklinger an Stellvertretenden Generalstaatsanwalt Funk, [1966].

23 1957 wurde in einer Analyse des MfG hervorgehoben, dass nur die Hälfte der Stellen mit qualifiziertem Personal besetzt waren, die andere Hälfte setze sich aus Laienkräften zusammen. Zur Fluktuation wurde angegeben, dass diese «aus materiellen Gründen in die Produktion

oder in andere Berufe» erfolge, BArch, DQ 1/2233, unpag. Entwicklung der Kapazitäten und der Kader, 26.9.1957.

24 Abgedruckt bei Kittel, Claudia, «Heime für Säuglinge und Kleinkinder in der DDR», in: Laudien, Karsten/Dreier-Horning, Anke (Hg.), *Jugendhilfe und Heimerziehung im Sozialismus. Beiträge zur Aufarbeitung der Sozialpädagogik in der DDR* (Schriftenreihe des Deutschen Instituts für Heimerziehungsforschung), Berlin 2016, S. 127–148, S. 139 f.

25 Schmidt-Kolmer, Eva, «Warum bleiben manche Kinder, die in Heimen oder Krippen aufwachsen, in ihrer Entwicklung zurück?» (Teil 1), in: *Die Heilberufe*, Jg. 7, H. 9, 1955, S. 231–238, S. 232.

26 Ebenda.

27 BArch, DQ 1/20609, unpag. Bericht über den Erfahrungsaustausch der Leiterinnen der Dauerheime für Säuglinge u. Kleinkinder und den Leiterinnen der Vorschuldauerheime des Bezirkes Magdeburg, am 21.5. 1959 in Magdeburg, o. D.

VII. Politik und Pädagogik

1 Der Brief ist in Auszügen abgedruckt bei Plückhahn, Jens, *Dauerheime für Säuglinge und Kleinkinder in der DDR aus dem Blickwinkel der Bindungstheorie*, Diplomarbeit Sozialwesen, Fachhochschule Potsdam 2000, S. 63; ferner bei Kittel 2016, S. 139.

2 Siehe Fischer, Susanne, «Max Fechner – Opfer oder Täter der Justiz der Deutschen Demokratischen Republik?» in: *Deutschland Archiv*, 10.12. 2015, letzter Zugriff 17.9.2020, Link: www.bpb.de/217123.

3 Dies hatte sich 1957 unter anderem in der Ausschaltung von Kritikern durch die SED im Rahmen der sog. Revisionismus-Kampagne gezeigt, vgl. dazu Malycha, Andreas/Winters, Peter Jochen, *Die SED. Geschichte einer deutschen Partei*, München 2009, S. 135 f.

4 Vgl. zu Benjamin: Brentzel, Marianne, *Die Machtfrau. Hilde Benjamin 1902–1989*, Berlin 1997, Zitat: S. 7.

5 BArch, DQ 1/3585, unpag. Ministerium der Justiz, Der Minister, Benjamin an Minister für Gesundheitswesen, Sefrin, 25.4.1962.

6 BArch, DQ 1/3585, unpag. Wohlfahrt, Zum Schreiben von Genn. Benjamin an Minister Sefrin, 25.4.1962.

7 Manuskript Deutschlandfunk zur Sendung «Die Wochenkrippen-Kinder» vom 22.02.2017, online unter: https://www.deutschlandfunkkultur.de/alltag-in-der-ddr-die-wochenkrippen-kinder.976.de.html?dram:article_id=379620, abgerufen am 17.9.2020.

8 BArch, DQ 1/3585, unpag. Ministerium der Justiz, Der Minister, Benjamin an Minister für Gesundheitswesen, Sefrin, 25.4.1962.

9 Ebenda.

10 Petersen 2019, S. 27.

11 BArch, DQ 1/21103, unpag. Abschrift: Minister Sefrin an Minister der Justiz, Benjamin, 5.6.1962, 20.8.1962.

12 Ebenda.

13 Ebenda.

14 Vgl. hierzu das Kapitel «Toxische Dyspepsien».

15 Vgl. BArch, DQ 1/4896, Bl. 18–19, Bl. 19. Arbeitskreis für Säuglings- und Kleinkindhygiene, Schmidt-Kolmer an Ministerrat der DDR, Sekretariat Arbeitskreis für Säuglings- und Kleinkindhygiene, Betr.: Wochenurlaub und Arbeitszeitverkürzungen für erwerbstätige Mütter, 19.11. 1956.

16 Šturma, Jaróslav, «Deprivationsstudien in der ehemaligen Tschechoslowakei und ihre Folgen für die Familienpolitik», in: Brisch, Karl Heinz/ Hellbrügge, Theodor (Hg.), *Kinder ohne Bindung. Deprivation, Adoption und Psychotherapie*, 5. Aufl., Stuttgart 2018, S. 161–168, S. 162.

17 Köhler-Wagnerová, Alena, *Die Frau im Sozialismus – Beispiel ČSSR*, Hamburg 1974, S. 101 f.

18 Langmeier, Josef/Matějcěk, Zdeněk, *Psychische Deprivation im Kindesalter. Kinder ohne Liebe*, München/Wien/Baltimore 1977, S. 11.

19 Vgl. Langmeier/Matějcěk 1977.

20 Siehe dazu die Angaben zu dem Film *Kinder ohne Liebe*, online unter: https://www.dreilindenfilm.de/produkt/kinder-ohne-liebe/ abgerufen am 28.9.2020.

21 Šturma 2018, S. 165.

22 Langmeier/Matějcěk 1977, S. 291.

23 Ebd., S. 296.

24 Ebd., S. 293.

25 Ebd., S. 292.

26 Maria Wohlfahrt war seit 1959 Referatsleiterin für Krippen und Heime im Ministerium für Gesundheitswesen.

27 BArch, DQ 1/23076, unpag. Wohlfahrt, Einschätzung. Erstes Internationales Symposium Kinderkrippe Prag, 24.–29. Oktober 1966.

28 Langmeier/Matějcěk 1977, S. 292.

29 Siehe Köhler-Wagnerová 1974, S. 101.

30 Langmeier/Matějcěk 1977, S. 292.

31 Schmidt-Kolmer, *Eva, Pädagogische Aufgaben und Arbeitsweise der Krippen*, Berlin 1968, S. 19 f.

32 So wurde 1961 vom Ministerium für Gesundheitswesen eine Arbeitsgruppe zur Pädagogik in den Krippen gebildet, bei der es auch um die Abstimmung über die Erziehungsziele der Vorschulerziehung mit dem Ministerium für Volksbildung ging. Als Hintergrund wurden die neuen Anforderungen durch die Schulreform 1959 genannt, siehe BArch, DQ 1/5136, unpag. Abteilung Sozialwesen, Kern an Ministerium für Volksbildung, Sektor Vorschulerziehung, Oschmann, Betreff: Bildung einer Arbeitsgemeinschaft für Pädagogik für 0–3jährige Kinder, 25.2.1961.

33 «Gesetz über das einheitliche sozialistische Bildungssystem vom 25. Februar 1965», in: *GBl. der DDR I*, Nr. 6, 1965, S. 83–106.

34 Die Wismut AG, bzw. ab 1954 Sowjetisch-Deutsche Aktien-Gesellschaft (SDAG), war ein Bergbauunternehmen zur Förderung von Uran, das von sowjetischen Geheimdienstoffizieren nach dem Zweiten Weltkrieg gegründet wurde. Die Wismut AG verfügte über eine eigene Infrastruktur, unter anderem auch über ein eigenes Gesundheitswesen und damit auch über eigene Kinderbetreuungseinrichtungen, vgl. Schütterle, Juliane, *Kumpel, Kader und Genossen: Arbeiten und Leben im Uranbergbau der DDR. Die Wismut AG* (Sammlung Schöningh zur Geschichte und Gegenwart), Paderborn 2010, S. 167 ff. Johanna Griegoleit avancierte schließlich von einer Krippenleiterin zur Referentin für Mutter und Kind im Wismut-Gesundheitswesen. Sie publizierte mehrere Artikel zur Arbeit in den Krippen in unterschiedlichen Fachzeitschriften der DDR.

35 Griegoleit, Johanna, «Zusammenarbeit zwischen Krippe und Elternhaus», in: *Die Heilberufe*, Jg. 23, H. 7, 1972, S. 321–323, S. 321.

36 Vgl. hierzu Schmidt-Kolmer, Eva, *Die Pflege und Erziehung unserer Kinder in Krippen und Heimen*, Berlin 1956 a; Schmidt-Kolmer/Reumann 1957.

37 John Bowlby (1907–1990) war ein britischer Kinderarzt, Kinderpsychiater und Psychoanalytiker. Gemeinsam mit James Robertson und Mary Ainsworth gilt er als Pionier der Bindungsforschung und als Begründer der Bindungstheorie. Bekannt wurde er mit dem 1951 im Auftrag der WHO publizierten Bericht über elternlose Kinder der Nachkriegszeit mit dem Titel «Maternal Care and Mental Health». Bowlby ging im Gegensatz zu anderen herrschenden Auffassungen seiner Zeit davon aus, dass die Mutter-Kind-Bindung keinen Instinkt, sondern ein «eigenständiges psychisches Band» (Goddemeier, Christof, «John Bowlby: Pionier der Bindungsforschung», in: *Deutsches Ärzteblatt*, PP, H. 10, 2015, S. 459–461, S. 460) darstelle.

38 Bowlby, John, «Maternal care and mental health», in: *Bulletin of the World Health Organization*, Jg. 3, 1951, S. 355–533.
39 Vgl. Schmidt-Kolmer, Eva, «Erscheinungen des psychischen Hospitalismus und ihre Verhütung», in: *Zeitschrift für ärztliche Fortbildung*, Jg. 51, H. 21/22, 1957, S. 895–899.
40 Ebd., S. 897.
41 Ebd., S. 898.
42 Ebenda.
43 Ebenda.
44 Ebenda.
45 Vgl. hierzu auch Rosenberg, Florian von/Wilkens, Moriz, *Pawlow und die DDR-Krippenpädagogik*, unveröffentlichtes Manuskript, 2020.
46 Vgl. Schmidt-Kolmer 1956 a, S. 95 ff.
47 Vgl. hierzu auch Nentwig-Gesemann, Iris, «Krippenpädagogik in der DDR zwischen normativer Programmatik und erzieherischer Handlungspraxis», in: *Sozialer Sinn. Zeitschrift für hermeneutische Sozialforschung*, Bd. 1, H. 1, 2000, S. 153–167, S. 159.
48 Weber, Christine, «Erziehungsbedingungen im frühen Kindesalter in Kinderkrippen vor und nach der Wende», in: Trommsdorff, Gisela (Hg.), *Sozialisation und Entwicklung von Kindern vor und nach der Vereinigung* (Beiträge zu den Berichten der Kommission für die Erforschung des sozialen und politischen Wandels in den neuen Bundesländern e. V. (KSPW)), Opladen 1996, S. 173–242, S. 208.
49 Schmidt-Kolmer 1968, S. 176.
50 So wird in der Forschung davon ausgegangen, dass die Eigeninitiative zur Kontrolle von Blase und Stuhlgang bei den meisten Kindern zwischen dem 18. und 36. Lebensmonat erfolgt, frühestens jedoch ab dem 12. Lebensmonat, siehe Largo, Remo H./Benz-Castellano, Caroline, «Entwicklungsaufgaben und Krisen in den ersten Lebensjahren», in: Thun-Hohenstein, Leonhard (Hg.), *Übergänge. Wendepunkte und Zäsuren in der kindlichen Entwicklung*, Göttingen 2005, S. 75–88, S. 85.
51 Vgl. Schmidt-Kolmer 1956 a, S. 96.
52 Gerlach 1996, S. 259.
53 BArch, DQ 1/3468, unpag. Auswertung der Berichte über Unfälle in Kinderkrippen, 1966.
54 Schmidt-Kolmer, Eva, «Organisatorische Formen der Betreuung des Säuglings und Kleinkindes auf Grund experimenteller Untersuchungen der höheren Nerventätigkeit», in: *Zeitschrift für die gesamte Hygiene und ihre Grenzgebiete*, Jg. 2, H. 2, 1956 b, S. 162–171, S. 167.
55 DIPF BBF-Archiv, DPZI Nr. 5124, unpag. HU Berlin, Sektion Pädagogik,

Ilse Berger und Ursula Sebastian, Studienmaterial zur Vorschulpädagogik, 1970.

56 Schmidt-Kolmer 2001, S. XXXIX.

57 Siehe ebd., S. XL.

58 Siehe dazu Rosenberg, Florian von/Wiethoff, Carolin, «Zuerst der Staat – dann seine Kinder. Propaganda, Pädagogisierung und politische Repression im DDR-Krippensystem der 1950er und 1960er Jahre», in: Baberowski, Jörg/Kindler, Robert/Donth, Stefan (Hg.), *Disziplinieren und Strafen. Dimensionen politischer Repression in der DDR*, Frankfurt am Main 2021, S. 113–134, S. 132.

59 Vgl. hierzu ebd., S. 134, Anm. 80.

VIII. Kapazitätssteigerung

1 Schulz, Günther, «Soziale Sicherung von Frauen und Familien», in: Hockerts, Hans Günter (Hg.), *Drei Wege deutscher Sozialstaatlichkeit. NS-Diktatur, Bundesrepublik und DDR im Vergleich* (Schriftenreihe der Vierteljahrshefte für Zeitgeschichte, Bd. 76), München 1998, S. 117–150, S. 128.

2 Siehe ebenda.

3 Vgl. die Zahlen bei Steiner 2006, S. 245, Tab. 8.1.3.

4 BArch, DQ 1/11653, unpag. Bericht über die Erfüllung der im Beschluss des Präsidiums des MR vom 22. März 1979 festgelegten Maßnahmen, o. D.

5 1970 sind es genau 29,1 Prozent und 1975 50,8 Prozent der Kinder, Zahlenmaterial aus: Steiner 2006, S. 245, Tab. 8.1.3.

6 Genau sind es 61,25 Prozent der Kinder, Zahlenmaterial aus: ebenda.

7 Vgl. BArch, DQ 1/15674, unpag. Institut für Hygiene des Kindes- und Jugendalters, Entwurf, Maßnahmen zur Senkung der Erkrankungshäufigkeit der Säuglinge und Kleinkinder in Krippen und Heimen zur Unterstützung der werktätigen Mütter bei Erkrankung ihrer Kinder. Vgl. auch Zwiener, Karl, *Kinderkrippen in der DDR* (Materialien zum 5. Familienbericht, Bd. 5), München 1994, S. 19.

8 Vgl. Zwiener 1994, S. 19.

9 BArch, DQ 1/10703, unpag. Rat des Bezirkes Neubrandenburg, Abt. Gesundheits- und Sozialwesen, Ref. Krippen und Heime, Jahresanalyse 1974 über das Gebiet Krippen und Heime des Bez. Neubrandenburg, 21.2.1974.

10 BArch, DQ 1/11653, unpag. Bericht über Erfahrungen der Zusammen-

arbeit zwischen den örtlichen Staatsorganen und Betrieben bei der Erschließung von Reserven zur Unterbringung von Kindern werktätiger Mütter in Kinderkrippen [Bericht Sekretariat FDGB Bundesvorstand März 1980], o. D.

11 Grosch, Christa/Niebsch, Gerda, *Das Krankheitsgeschehen in Kinderkrippen* (Hygiene in Kinderkollektiven, Bd. 1), Berlin (Ost) 1974, S. 50.

12 BArch, DQ 1/15671, unpag. MfG, HA Sozialwesen, Information über Probleme der Entwicklung der Kinderkrippen und sich daraus ergebende Aufgaben (Vorlage zur MDB am 26.6.1979).

13 BArch, DQ 1/10790, unpag. Information zum Stand der Erfüllung des Präsidiumsbeschlusses des Ministerrates vom 22. März 1979 zur Entwicklung der Krippen [sic!] festgelegten Aufgaben, o. D.

14 Vgl. BArch, DQ 1/11653, unpag. Ministerium für Gesundheitswesen, Bericht Kinderkrippen, 2. Entwurf [MDB Nov. 1978], 27.10.1978.

15 BArch, DQ 1/11672, unpag. HA IV/4, Einschätzung des Standes der Durchsetzung der Verordnung über Kindereinrichtungen der Vorschulerziehung, 18.6.1976.

16 Siehe ebenda.

17 Ebenda.

18 Siehe Niebsch, Gerda/Grosch, Christa, «Die Bedeutung der Kinderkrippen in der DDR», in: *Die Heilberufe*, Jg. 26, H. 10, 1974, S. 332–333, S. 332.

19 Siehe Niebsch, Gerda/Grosch, Christa/Besse, Margot/Weber, Christine/Seidel, M., «Fehlmorbidität in Kindereinrichtungen», in: *Zeitschrift für die gesamte Hygiene*, Jg. 25, H. 6, 1979, S. 449–454, S. 449.

20 BArch, DQ 1/15671, unpag. MfG, HA Sozialwesen, Information über Probleme der Entwicklung der Kinderkrippen und sich daraus ergebende Aufgaben (Vorlage zur MDB am 26.6.1979).

21 Siehe ebenda.

22 BArch, DQ 1/11666, unpag. HA IV/2, Aktenvermerk über die Arbeitsgruppe X. Parteitag zu Problemen der sozialen Betreuung am 15.5.1980.

23 Ebenda.

24 Siehe BArch, DQ 1/15674, unpag. Institut für Hygiene des Kindes- und Jugendalters, Entwurf: Maßnahmen zur Senkung der Erkrankungshäufigkeit der Säuglinge und Kleinkinder in Krippen und Heimen zur Unterstützung der werktätigen Mütter bei Erkrankung ihrer Kinder [handschriftliche Streichung ab «zur» im Original].

25 BArch, DQ 1/15 674, unpag. Anlage 3: Durchschnittliche Zahl der Erkrankungsfälle pro Krippenplatz von 1965 bis 1977.

26 Waren in den 1960er Jahren pro Krippenplatz zwei Hals-, Nasen- und

Ohrenerkrankungen gezählt worden, waren es 1977 drei Erkrankungen pro Platz mit entsprechenden Ausfallzeiten. BArch, DQ 1/15674, unpag. Anlage 4: Durchschnittliche Zahl der Erkrankungsfälle pro Krippenplatz bei Erkrankungen des Atmungssystems und des Ohres von 1965 bis 1977.

27 Berndt, H./Kressin, J./Schöder, H.-J., «Vergleich der Erkrankungshäufigkeit an chronischer Otitis media und Nasenracheninfekten bei Kindern im elterlichen Haushalt, in Tageskrippen und in Wochen- oder Dauerheimen», in: *Zeitschrift für ärztliche Fortbildung*, Jg. 61, H. 19, 1967, S. 968–970, S. 968.

28 Ebenda.

29 1959 besuchten von 77 590 Berliner Kindern 22 831 eine Vorschuleinrichtung – also 29,4%. 1965 besuchten von 103 252 Kindern in Berlin 38 605 eine Vorschuleinrichtung, also 37,4%, siehe ebenda.

30 BArch, DQ 1/15674, unpag. Institut für Hygiene des Kindes- und Jugendalters, Entwurf, Maßnahmen zur Senkung der Erkrankungshäufigkeit der Säuglinge und Kleinkinder in Krippen und Heimen zur Unterstützung der werktätigen Mütter bei Erkrankung ihrer Kinder [handschriftliche Streichung ab «zur» im Original].

31 Hierzu ausführlich Schwab, Hermann-Josef, «Das Verbot der Bauchlage für schlafende Säuglinge in der DDR. Hintergründe der Verordnung des Ministeriums für Gesundheitswesen aus dem Jahre 1972», in: Paditz, Ekkehardt (Hg.), *Prävention plötzlicher Säuglingstod in Deutschland. 1. bundesweite Expertentagung Dresden 23.12.2003–2.1.2004*, unter Mitarbeit von Jens Kramer, Irene Epple-Waigel, Hermann-Josef Schwab, Dresden 2004, S. 148–161.

32 BArch, DQ 1/10703, unpag. Ministerium für Gesundheitswesen, Mitteilung über eine Arbeitstagung zu aktuellen Fragen des Kindes- und Jugendgesundheitsschutzes, 4.2.1972. Die Arbeitstagung hatte am 17. Januar 1972 stattgefunden und war vom Ministerium für Gesundheitswesen und der Arbeitsgruppe «Morbidität und Mortalität» der Gesellschaft für Pädiatrie organisiert worden.

33 Ebenda. Bei den Referenten handelte es sich um Professor Ocklitz und Dr. Wiedersberg, Leiter der kinderpathologischen Abteilung des Pathologischen Instituts des Bezirkskrankenhauses Berlin.

34 BArch, DQ 1/10703, unpag. Abschrift: Kreispädiater an das VPKA Templin, 13.7.1973.

35 Es wurde vom Ministerium für Gesundheitswesen nun per Verordnung festgelegt: «Bei Neuaufnahmen in den Kinderkrippen sind die bisherigen Lebensgewohnheiten der Säuglinge bezüglich Ernährung, Lagerung

(z. B. Bauchlagerung) von der Mutter zu erfragen und nicht *abrupt* zu ändern, sondern *allmählich* an die Lebensweise in der Kinderkrippe anzupassen.» BArch, DQ 1/10 703, unpag. Fernschreiben-Telegramm, Ministerium für Gesundheitswesen, Mecklinger an Bezirksärzte, 17.9.1971.

36 BArch, DQ 1/6554, unpag. MfG, Vorlage 121/75 für die Ministerdienstberatung am 28.11.1975. Insgesamt stieg die durchschnittliche Anzahl von Erkrankungen des Atmungssystems und des Ohres von zwei Fällen pro Krippenplatz im Jahr 1965 auf drei Fälle pro Platz im Jahr 1977, wobei angemerkt werden muss, dass im gleichen Zeitraum die Länge einer Krankheit von durchschnittlich zehn Tagen pro Erkrankung auf rund acht Tage reduziert werden konnte. Vgl. BArch, DQ 1/15674, unpag. Anlage 4, Durchschnittliche Zahl der Erkrankungsfälle pro Krippenplatz bei Erkrankungen des Atmungssystems und des Ohres von 1965–1977.

37 Vgl. BArch, DQ 1/15674, unpag. Institut für Hygiene des Kindes- und Jugendalters, Entwurf, Maßnahmen zur Senkung der Erkrankungshäufigkeit der Säuglinge und Kleinkinder in Krippen und Heimen zur Unterstützung der werktätigen Mütter bei Erkrankung ihrer Kinder.

38 Grosch/Niebsch 1974, S. 49.

39 BArch, DQ 1/15674, unpag. Institut für Hygiene des Kindes- und Jugendalters, Entwurf, Maßnahmen zur Senkung der Erkrankungshäufigkeit der Säuglinge und Kleinkinder in Krippen und Heimen zur Unterstützung der werktätigen Mütter bei Erkrankung ihrer Kinder [handschriftliche Streichung ab «zur» im Original]. Hervorhebungen im Original.

40 In den Schulungsunterlagen wurde der Zusammenhang zwischen Kapazität und Krankheitsgeschehen ganz gestrichen, vgl. Niebsch, Gerda/Grosch, Christa, «Entwicklung des Morbiditätsgeschehens in Krippen (Studienmaterial zur Weiterbildung mittlerer medizinischer Fachkräfte)», in: *Die Heilberufe*, Jg. 26, H. 11, 1974, Beilage der Zeitschrift, S. 1–12.

41 Siehe BArch, DQ 1/15674, unpag. Institut für Hygiene des Kindes- und Jugendalters, Entwurf, Maßnahmen zur Senkung der Erkrankungshäufigkeit der Säuglinge und Kleinkinder in Krippen und Heimen zur Unterstützung der werktätigen Mütter bei Erkrankung ihrer Kinder [handschriftliche Streichung ab «zur» im Original].

42 Siehe ebenda.

43 Schulz, G., «Vergleichende Untersuchung über Schlafdauer und Schlafverteilung bei Krippenkindern und Hauskindern», in: *Die Heilberufe*, Jg. 27, H. 2, 1975, S. 53–56, S. 54.

44 Siehe ebenda.
45 Siehe Garreis, Elfriede, «Interpretation der Verordnung über Kindereinrichtungen der Vorschulerziehung», in: *Die Heilberufe*, Jg. 28, H. 10, 1976, S. 333.
46 BArch, DQ 1/15674, unpag. Institut für Hygiene des Kindes- und Jugendalters, Entwurf, Maßnahmen zur Senkung der Erkrankungshäufigkeit der Säuglinge und Kleinkinder in Krippen und Heimen zur Unterstützung der werktätigen Mütter bei Erkrankung ihrer Kinder [handschriftliche Streichung ab «zur» im Original].
47 Ebenda.
48 Ebenda.
49 Vgl. hierzu die Berichte in BArch, DQ 1/2333.
50 BArch, DQ 1/10703, unpag. Rat des Bezirkes Gera, Bezirksarzt, Analyse Krippen und Heime 1973, 14.3.1974.
51 BArch, DQ 1/15674, unpag. Institut für Hygiene des Kindes- und Jugendalters, Entwurf, Maßnahmen zur Senkung der Erkrankungshäufigkeit der Säuglinge und Kleinkinder in Krippen und Heimen zur Unterstützung der werktätigen Mütter bei Erkrankung ihrer Kinder [handschriftliche Streichung ab «zur» im Original].
52 Zur Geschichte vgl. Fenz, Maria-Katharina, *Die historische Entwicklung des Instituts für Sozialmedizin der Charité – Universitätsmedizin Berlin in Forschung und Lehre von 1947 bis 1990*, Diss., Humboldt-Universität Berlin 2012. Niebsch, Gerda, «Das Institut für Hygiene des Kindes- und Jugendalters. Seine Entwicklung, seine Aufgaben, seine ‹Abwicklung›», in: *Hochschule Ost*, Jg. 6, H. 2, 1997, S. 92–102.
53 Siehe zum Folgenden Schmidt-Kolmer, Eva (Hg.), *Zum Einfluß von Familie und Krippe auf die Entwicklung in der frühen Kindheit* (Hygiene in Kinderkollektiven, Bd. 2), Berlin 1977, S. 13.
54 Ebd., S. 144.
55 Vgl. ebd., S. 143
56 Ebd., S. 116.
57 Ebd., S. 118 f.
58 Schmidt-Kolmer, Eva/Zwiener, Karl, «Die Entwicklung von Kindern in Kinderkrippen der DDR», in: *Die Heilberufe*, Jg. 26, H. 10, 1974, S. 326–331, S. 331.
59 Niebsch, Gerda/Sälzler, Anneliese, «Gesundheitsschutz von Mutter und Kind in der Deutschen Demokratischen Republik», in: *Das Deutsche Gesundheitswesen*, Jg. 29, H. 40, 1974, S. 1888–1891, S. 1890.
60 Schmidt-Kolmer 1977, S. 127.
61 BArch, DQ 1/24597, unpag. Rat des Bezirkes Magdeburg, Abt. Gesund-

heits- und Sozialwesen, Bezirksarzt, Jahresanalyse 1979 auf dem Gebiet Krippen und Heime, 20.2.1980.

62 Schmidt-Kolmer 1977, S. 209.

63 Ebd., S. 210.

64 Schmidt-Kolmer/Zwiener 1974, S. 331.

65 Vgl. Schmidt-Kolmer 1977, S. 85–89.

66 Ebd., S. 89.

67 Ebd., S. 220.

IX. Geteilte Aufmerksamkeit

1 BArch, DQ 1/15671, unpag. Ministerium für Gesundheitswesen, Bericht Kinderkrippen, 2. Entwurf, 27.10.1978.

2 BArch, DQ 1/4520, unpag. HA IV, Kern, Information über die Reaktion des Krippenpersonals anläßlich der lohnpolitischen Maßnahmen der Volksbildung aus schriftlichen und mündlichen Berichten, 19.6.1970.

3 Ebenda.

4 Ebenda.

5 BArch, DQ 1/11017, unpag. MfG, HA Soziale Betreuung, Vorschlag Perspektivplan 1971/75, Teil Kinderkrippen, 24.2.1970.

6 Vgl. BArch, DQ 1/10790, unpag. Information zum Stand der Erfüllung des Präsidiumsbeschlusses des Ministerrates vom 22. März 1979 zur Entwicklung der Krippen [sic!] festgelegten Aufgaben, o. D.

7 BArch, DQ 1/11653, unpag. Bericht über Erfahrungen der Zusammenarbeit zwischen den örtlichen Staatsorganen und Betrieben bei der Erschließung von Reserven zur Unterbringung von Kindern werktätiger Mütter in Kinderkrippen [Bericht Sekretariat FDGB Bundesvorstand März 1980], o. D.

8 Ebenda.

9 BArch, DQ 1/10790, unpag. Information zum Stand der Erfüllung des Präsidiumsbeschlusses des Ministerrates vom 22. März 1979 zur Entwicklung der Krippen [sic!] festgelegten Aufgaben, o. D.

10 BArch, DQ 1/11653, unpag. Ministerium für Gesundheitswesen, Bericht Kinderkrippen, 2. Entwurf [MDB Nov. 1978], 27.10.1978.

11 BArch, DQ 1/24598, unpag. Magistrat von Berlin, Abt. Gesundheits- und Sozialwesen, Bereich Soziale Betreuung, Jahresbericht auf dem Gebiet Kinderkrippen und -heime, Jahr 1978, o. D.

12 Ebenda.

13 Das Bild zeigt Honecker beim Besuch in Marzahn mit folgender Unter-

schrift: «Erich Honecker in Marzahn. Zur Übergabe der millionsten fertiggestellten Wohnung in der DDR nach dem VIII. Parteitag der SED besuchte der Generalsekretär des ZK der SED und Vorsitzende des Staatsrates der DDR, Erich Honecker (M.), am 6.7.78 die Großbaustelle. Vor dem neuerbauten Komplex der Kinderkrippe wurde der Gast von den jüngsten Marzahnern herzlich begrüßt.» BArch, Bildarchiv, Bild 183-T0706–044.

14 BArch, DQ 1/15671, unpag. Ministerium für Gesundheitswesen, Bericht Kinderkrippen, 2. Entwurf, 27.10.1978.

15 Ebenda.

16 Siehe ebenda.

17 Auch Grosch erwähnt rückblickend «ökonomische Barrieren wie z. B. große Gruppen durch – infolge geringer Bezahlung entstandener Fluktuation von Erzieherinnen», Grosch, Christa, «Kinderkrippen», in: Boßdorf, Ursula/Dies. (Red.): *Gesundheitsschutz für Mutter und Kind. Beitrag zur Geschichte des Gesundheitswesens der Deutschen Demokratischen Republik* (Medizin und Gesellschaft, Bd. 2), herausgegeben von der Interessengemeinschaft für Medizin e. V., Berlin 1995, S. 22–26, S. 25.

18 Michel, A./Mücke, D./Kohlhagen, R., «Probleme der ärztlichen Betreuung in einer großen Tageskrippe», in: *Die Heilberufe*, Jg. 23, H. 8, 1971, S. 232–233, S. 232.

19 Schmidt-Kolmer 1977, S. 19.

20 Ebd., S. 20.

21 Ebd., S. 21.

22 Ebd., S. 20.

23 Ebenda.

24 Ebd., S. 16.

25 Ebd., S. 13.

26 Ebd., S. 17.

27 Ebenda.

28 Vgl. Bowlby, John, *Mütterliche Zuwendung und geistige Gesundheit*, München 1973.

29 Siehe Schmidt-Kolmer 2001, S. XVIII.

30 Schmidt-Kolmer 1977, S. 17 f.

31 Bowlby 1973, S. 15.

32 Ebd., S. 16.

33 Zwiener 1970, S. 7.

34 1973 wurde bezüglich des Krippenpersonals ein Qualifizierungsziel ausgegeben: «Wenn keine Aufstockung erfolgen sollte, wird das Ziel, das Verhältnis 70% mittl. med. Personal zu 30% med. Hilfspersonal her-

zustellen, um Jahre zum Nachteil der Entwicklung und Erziehung der Kinder in Krippen verzögert», BArch, DQ 1/11017, unpag. Ministerium für Gesundheitswesen, HA Soziale Betreuung, Vorschlag zum Perspektivplan 1971/75, Teil Kinderkrippen, 24.2.1970.

35 Zwiener 1970, S. 13.

36 Ebd., S. 14.

37 Ebd., S. 45.

38 Ebd., S. 48 f.

39 Ebd., S. 49.

40 Siehe ebenda.

41 Ebd., S. 50.

42 Ebenda.

43 Ebenda.

44 Ebenda.

45 Ein zusätzliches Problem der Krippenkinder stellte der Zusammenhang von häufigen Krankheiten und damit in Verbindung gebrachten sprachlichen Entwicklungsdefiziten dar. In ihrer großen Krippenstudie fanden Schmidt-Kolmer und ihre Mitarbeiter heraus, dass häufige Krankheiten sich negativ auf die Entwicklung auswirkten. Insbesondere die Entwicklung der Sprache und des Denkens wurden durch häufige Erkrankungen der Krippenkinder negativ beeinträchtigt, siehe Schmidt-Kolmer 1977, S. 173.

46 Ich danke Frau Hortmann für die gewinnbringenden Gespräche über ihre Erfahrungen mit den DDR-Krippenkindern.

47 Hortmann, Karin, «Das Problemkind in der Krippe (3. Teil)», in: *Die Heilberufe*, Jg. 29, H. 1, 1977, S. 27–28, S. 27 f.

48 Hortmann, Karin, «Das Problemkind in der Krippe (1. Teil)», in: *Die Heilberufe*, Jg. 27, H. 7, 1975, S. 217–218, S. 217.

49 Siehe ebenda.

50 Ebd., S. 218.

51 Hochbaum, Martin, «Die Dispensairebetreuung, das krankheitsdisponierte oder geschädigte Kind und seine Betreuung in der Krippe», in: *Die Heilberufe*, Jg. 23, H. 7, 1971, S. 206–209, S. 206.

52 Ebenda.

53 Wagner, Klaus-Dietrich, «Entwicklungsbedingungen, Früherfassung und Betreuung retardierter Krippenkinder», in: *Die Heilberufe*, Jg. 23, H. 8, 1971, S. 243–246, S. 246.

54 Ebenda.

55 Ebenda.

56 Becker, Ruth, «Probleme und Möglichkeiten der Früherziehung ge-

schädigter Kinder», in: *Die Heilberufe*, Jg. 26, H. 7, 1974, S. 225–227, S. 225.

57 Ebenda.

58 Ebenda.

59 Goetze, R., «Zu einigen Grundpositionen der rehabilitativen muttersprachlichen Erziehung in Sondertagesstätten und speziellen Gruppen für geschädigte Krippenkinder», in: *Die Heilberufe*, Jg. 27, H. 11, 1975, S. 357–359, S. 358.

60 Becker 1974, S. 225.

61 Becker, Ruth, «Zur Förderung geschädigter Kinder in Krippen», in: *Die Heilberufe*, Jg. 30, H. 8, 1978, S. 274–276, S. 275.

62 Becker 1974.

63 Hortmann 1977, S. 28.

64 Apmann, Ingrid/Friedrich, Gerhard, «Erfahrungen bei der Förderung geistig und körperlich retardierter Kinder in einem Dauerheim für Säuglinge und Kleinkinder», in: *Die Heilberufe*, Jg. 29, H. 4, 1977, S. 135–139, S. 138.

65 Vgl. beispielsweise ebenda.

66 Vgl. Hochbaum 1971, S. 209.

67 Goetze 1975, S. 358.

68 Becker 1974, S. 227.

69 Griegoleit, Johanna, «Vorbereitung auf die Arbeit mit einer Gruppe geschädigter, förderungsfähiger Kinder in der Tageskrippe», in: *Die Heilberufe*, Jg. 29, H. 3, 1977, S. 106–108, S. 106.

70 Jacob, Gerhard/Klessen, Doris/Schorr, Reimer, «Stand und nächste Aufgaben in den Kinderkrippen der Hauptstadt», in: *Die Heilberufe*, Jg. 27, H. 10, 1975, S. 313–315, S. 315.

71 Siehe ebenda.

72 Griegoleit 1977, S. 106.

73 Becker 1974, S. 226.

74 Ebd., S. 227.

75 Siehe ebd., S. 226.

76 Hortmann 1977, S. 28.

X. Alte und neue Erziehungsverhältnisse

1 Der Titel entstammt einem Plan zur Eingliederung des Kindes von Dr. Kirchner. In der 1. Woche stehen die ersten beiden Tage unter dem Motto: «Mutti geht mit Dir zu anderen Kindern – Beide spielen mit den

Kindern dort.» Anlage 2 a: Eingliederung des Kindes in den Tagesablauf der Krippe für die erste Kleinkindstufe. Der Plan war Teil eines Neuerervorschlags mit dem Titel «Verbesserung der Anpassungsphase unserer Krippenkinder», der 1979 in alle Krippenvereinigungen der Stadt Dresden übernommen werden sollte. Beurteilungsblatt für Neuerungen, 24.9.1979, im Privatbesitz.

2 Siehe Reyer/Kleine 1997, S. 127.

3 Nach Kirchner waren 80 Prozent der «Krippenneulinge» im Alter zwischen neun und sechzehn Monaten. Siehe: Verbesserung der Anpassungsphase unserer Krippenkinder, 3.5.1979, im Privatbesitz.

4 Zeitzeugengespräch mit Dr. Hortmann (17.03.2021, Berlin).

5 Verbesserung der Anpassungsphase unserer Krippenkinder, 3.5.1979, im Privatbesitz.

6 BArch, DQ 1/13794, unpag. Antwortschreiben des Bezirks Rostock an das Ministerium für Gesundheitswesen zur Einschätzung der Erkrankungshäufigkeit von Krippenkindern, [Juni/Juli 1983].

7 Ebenda.

8 Grosch, Christa, «Probleme bei der Anpassung von Säuglingen und Kleinkindern an die Krippe», in: *Die Heilberufe*, Jg. 28, H. 1, 1976, S. 27–28, S. 27.

9 Ebenda.

10 Ebenda.

11 Ebenda.

12 Ebenda.

13 Ebenda.

14 Kirchner, Dorothea, *Untersuchungen zur Adaptionsphase unserer Krippenkinder*, Diss., Med. Akademie Dresden 1984, S. 13.

15 Siehe Schreiben von Dorothea Kirchner an DLF Köln, Betr.: Lebenszeit DLF am 11.1.2013, 8.11.2013, im Privatbesitz.

16 Siehe ebenda.

17 Erinnerungen von Frau Dr. med. Dorothea Kirchner, aufgeschrieben im Februar 2016, im Privatbesitz.

18 Siehe ebenda.

19 Versuch – die Adaptionsphase der Krippenkinder zu verbessern, o. D., im Privatbesitz.

20 Erinnerungen von Frau Dr. med. Dorothea Kirchner, aufgeschrieben im Februar 2016, im Privatbesitz.

21 BArch, DQ 1/11667, unpag. Ministerium für Gesundheitswesen, HA Soziale Betreuung an Rat des Bezirkes Dresden, Abt. Gesundheits- und Sozialwesen, 28.3.1980.

22 Siehe Kirchner 1984, S. 25 ff.

23 Siehe Verbesserung der Anpassungsphase unserer Krippenkinder, 3.5.1979, im Privatbesitz.

24 Christa Grosch hatte in den 1960er Jahren noch unter ihrem Mädchennamen «von Bothmer» veröffentlicht.

25 BArch, DQ 1/11667, unpag. Stellungnahme zum Neuerervorschlag «Verbesserung der Anpassungsphase unserer Krippenkinder», eingereicht von Frau Dipl. med. Kirchner, Dresden, Poliklinik Blasewitz, 20.2.1980.

26 Ebenda. Hervorhebung im Original.

27 Vor dem Hintergrund, dass Grosch einerseits selbst Studien zu den Adaptionsproblemen in den 1960er Jahren vorgelegt hatte und sie andererseits im Fortgang auch die Dissertation von Frau Kirchner zum Thema unterstützte, kann es sein, dass Grosch politisch unter Druck gesetzt wurde, den Antrag abzulehnen. Ihre Aufgeschlossenheit gegenüber der Arbeit von Kirchner legt dies zumindest nahe, und auch sonst schien Grosch sich – im Rahmen ihrer Möglichkeiten – aufrichtig für eine Verbesserung der Situation der Kinder in den Krippen einzusetzen. Vgl. hierzu Schreiben Grosch an Kirchner, 25.7.1985, im Privatbesitz.

28 Siehe Kirchner 1984, S. 92.

29 Siehe ebenda.

30 Fryšová, Helena, «Die gesundheitliche und pädagogische Betreuung der Krippenkinder in Prag», in: *Heilberufe*, Jg. 37, H. 4, 1985, S. 146–148, S. 148.

31 Ebenda.

32 Schubert, Johanna, «Erfahrungsbericht: Stundenweise Eingewöhnung in der Krippe», in: *Heilberufe*, Jg. 37, H. 7, 1985, S. 276.

33 Siehe Weber 1996, S. 197.

34 Ministerrat der DDR. Ministerium für Gesundheitswesen (Hrsg.), Programm für die Erziehungsarbeit in Kinderkrippen, 2. Aufl., Berlin (Ost) 1986, zitiert nach Reyer/Kleine 1997, S. 151.

35 Zitiert nach ebenda.

36 Zwiener, Karl, *Kinderkrippen in der DDR* (Materialien zum 5. Familienbericht, Bd. 5), München 1994, S. 69.

37 Vgl. Kirchner, Dorothea/Lorenz, Kurt, «Adaptionserleichterung bei Aufnahme in die Krippe durch zeitweilige Anwesenheit der Mutter», in: *Heilberufe*, Jg. 40, H. 1, 1988, S. 17–19. Wieso die Erkenntnisse von Kirchner so spät veröffentlicht wurden, lässt sich nur vermuten. Karl Zwiener fragte jedenfalls schon 1984 nach ihrer Dissertation an, ob

Kirchner ihre Ergebnisse nicht in der Zeitschrift *Heilberufe* veröffentlichen wollte. Heilberufe, Dr. phil.- Dipl. psych. Zwiener – Red.-Mitglied an Dr. Kirchner, 10.12.1984, in Privatbesitz.

38 Das sogenannte und mittlerweile geläufige «Berliner Modell» hätte also eigentlich auch den Namen des Dresdener Modells verdient gehabt.

39 Hortmann, Karin, «Nun bin ich allein!», in: *Elternhaus und Schule*, Jg. 32, H. 1, 1983, S. 12–13.

40 Siehe Paterak 1999, S. 247.

41 «Startschwierigkeiten in der Krippe?», in: *Neue Berliner Illustrierte*, Nr. 49, 1982, S. 32.

42 Ebenda.

43 Ebenda.

44 Ebenda.

45 Zeitzeugengespräch mit Karin Hortmann, Berlin 17.03.21.

46 Ebenda.

47 Ebenda.

48 Hortmann 1983, S. 12.

49 Ebenda.

50 Ebenda.

51 Ebenda.

52 Ebenda.

53 In Bezug auf die wechselnden Bezugspersonen gab eine Untersuchung von Karl Zwiener interessante Einsichten, weil sie aufzeigte, auf wie viele unterschiedliche Krippenerzieherinnen sich die Kleinkinder Tag für Tag einstellen mussten. 1,5 Prozent der Kinder hatte nur eine Erzieherin und damit eine Bezugsperson, 5,9 Prozent zwei, 13,1 Prozent drei, 19,5 Prozent vier, 19,1 Prozent fünf, 15,2 Prozent sechs, 10,4 Prozent sieben und 11,8 Prozent zwischen und acht und elf Erzieherinnen. Im Durchschnitt musste sich also ein Krippenkind auf sechseinhalb unterschiedliche Erzieherinnen einstellen. Die im Erziehungsprogramm erhobene Forderung, dass ein Krippenkind eine Erzieherin haben sollte, blieb damit für 98,5 Prozent der Krippenkinder unerfüllt. Vgl. Zwiener 1994, S. 60.

54 Zum anderen wechselte das Personal immer wieder. Sei es wegen Krankheit, eines Schichtwechsels oder weil auch in den 1980er Jahren etwa zehn Prozent des Personals jedes Jahr die Krippen wieder verließ, vgl. beispielsweise BArch, DQ 1/13794, unpag. Charakterisierung des Ursachengefüges für die hohe Erkrankungshäufigkeit der Krippenkinder in Großstädten und industriellen Ballungsgebieten, 11.8.1983.

55 Zitiert nach Hortmann 1983, S. 13.

56 Zitiert nach ebenda.

57 Zitiert nach ebenda.

58 Information von Frau Hortmann, bestätigt von Heide Koberstein 19.03.2021.

59 Neben dem Artikel von Frau Hortmann missfiel dem Ministerium vor allem ein Artikel über Zusammenhänge von jugendlichen Orientierungen und Berufstätigkeit mit dem Titel «Saure Wochen – frohe Feste» sowie ein Artikel von Regina Scheer (Heft 12/82) mit dem Titel «Alltagsdinge» (Information von Heide Koberstein, 23.03.21). Bei diesen und anderen Artikeln wurde Koberstein vorgeworfen, er habe nicht im Sinne der Parteilinie politisch-ideologisch gearbeitet und damit seine Arbeitspflichten verletzt. Information von Frau Koberstein, 22.11.2021.

60 Information von Heide Koberstein, 19.03.2021.

XI. Skeptische Stimmen

1 Rost, Liane, «Zum Differenzierungsgrad und zu Äußerungen von Gefühlen bei Krippenkindern», in: *Heilberufe*, Jg. 41, H. 2, 1989, S. 61–64, S. 62.

2 Ebd., S. 62.

3 Dass für das Bindungsstreben nicht gerade förderlich war, dass sich jedes Krippenkind in den 1980er Jahren im Durchschnitt auf sechseinhalb unterschiedliche Erzieherinnen einstellen musste, wurde in diesem Zusammenhang nicht veröffentlicht, vgl. hierzu Zwiener 1994, S. 60.

4 Siehe Stary, Ute, «Wochenkrippen und Kinderwochenheime in der DDR», in: *Deutschland Archiv*, 19.1.2018, online unter: www.bpb.de/262920, abgerufen am 19.8.2020; Israel, Agathe, Krippenerziehung in der DDR – Frühe Kindheit in der staatlichen Institution, S. 8, online unter: https://www.kita-fachtexte.de/de/fachtexte-finden/krippenerziehung-in-der-ddr-fruehe-kindheit-in-der-staatlichen-institution, abgerufen am 10.1.2022.

5 Haarer, Johanna, *Die deutsche Mutter und ihr erstes Kind*, Berlin 1941, S. 173.

6 Tambour, Barbara, «Anleitung zur Kaltherzigkeit. Aus der Kinderstube des Herrenmenschen. Säuglingspflege im Nationalsozialismus. Ein Gespräch mit Sigrid Chamberlain», in: *Publik-Forum*, Jg. 37, H. 10, 2008, S. 55–59, online unter: https://www.publik-forum.de/publik-forum-10-2008/anleitung-zur-kaltherzigkeit, abgerufen am 10.1.2022.

7 Ebenda.

8 Ebenda.
9 Ebenda.
10 Zitiert nach ebenda.
11 Ebenda.
12 Siehe Chamberlain, Sigrid, *Adolf Hitler, die deutsche Mutter und ihr erstes Kind: Über zwei NS-Erziehungsbücher*, 4. Aufl., Gießen 2003, S. 207.
13 In der Bundesrepublik wurde Haarers Buch unter dem Titel «Die Mutter und ihr erstes Kind» bis 1987 weiter aufgelegt und noch über 500 000 Mal verkauft.
14 Schmidt, Hans-Dieter/Richter, Evelyn, *Entwicklungswunder Mensch*, 1. Aufl., Jena 1980, S. 54.
15 Ebenda.
16 Ebenda.
17 Ebenda.
18 Vgl. Küchler, Brigitte, «In der Kinderkrippe umsorgt und wohlbehütet», in: *Heilberufe*, Jg. 34, H. 12, 1982, S. 443–446, S. 444.
19 Ebd., S. 445.
20 Dr. paed. Günther Polzin war zu diesem Zeitpunkt Fachschuldozent für Pädagogik und Psychologie an der Bezirksakademie des Gesundheits- und Sozialwesens in Schwerin.
21 Polzin, Günther, «Emotionale Erziehung in der Kinderkrippe», in: *Heilberufe*, Jg. 37, H. 4, 1985, S. 149–152, S. 149.
22 Küchler 1982, S. 443.
23 Ebenda.
24 Ebenda.
25 Polzin 1985, S. 150.
26 Rost 1989, S. 63.
27 Ebenda.
28 Ebenda.
29 Ebd., S. 64.
30 Küchler 1982, S. 446.
31 Ebenda.
32 Ebd., S. 443.
33 Ebenda.
34 Polzin 1985, S. 149.
35 *Entwicklungswunder Mensch* erschien in vier Auflagen zwischen 1980 und 1989 im Leipziger Urania-Verlag. Während Schmidt die Textpassagen verfasste, übernahm die Fotografin Evelyn Richter die Auswahl der Bilder, die sowohl von ihr als auch von anderen Fotografen stammen, siehe Museum der Bildenden Künste Leipzig, Ausstellungen: «Evelyn

Richter. Das Fotobuch» (10.3.–23.6.2013), online unter: https://mdbk.de/ausstellungen/evelyn-richter-das-fotobuch/, abgerufen am 10.1.2022. Die Psychologen Hellgard Rauh und Hans-Dieter Rösler beschrieben das Buch als «außerordentlich öffentlichkeitswirksam», ebenso wie das von Schmidt zwei Jahre später gemeinsam mit dem Pädiater Burkhard Schneeweiß verfasste Buch *Schritt um Schritt*; Rösler, Hans-Dieter/Rauh, Hellgard, «Nachruf auf Hans-Dieter Schmidt», in: *Psychologische Rundschau*, Jg. 58, H. 4, 2007, S. 283–284, S. 283.

36 Schmidt/Richter 1980, S. 30.

37 Ebenda.

38 Ebenda.

39 Ebd., S. 34.

40 Die folgenden vier Bilder stammen aus: Schmidt/Richter 1980, S. 31–33.

41 Ebd., S. 34.

42 Ebenda.

43 Ebenda.

44 Ebenda.

45 Ebd., S. 100.

46 Ebenda.

47 Ebenda, Hervorhebung im Original.

48 Ebd., S. 129.

49 Hortmann, Karin, *Zur Diagnostik des sprachlichen Entwicklungsstandes dreijähriger Kinder*, Diss., Humboldt-Universität zu Berlin 1984, S. 146.

50 Ebenda.

51 Ebd., S. 150.

52 Untersucht wurden die Noten im Lesen und Schreiben, in der Mathematik und im Fach Heimatkunde.

53 Hortmann, Karin: «Zur Diagnostik des sprachlichen Entwicklungsstandes dreijähriger Kinder. 2. Mitteilung Ergebnisse», in: *Pädiatrie und ihre Grenzgebiete*, Jg. 26, H. 3, 1987, S. 147–157, S. 153.

54 BArch, DQ 1/15674, unpag. Abschrift: Vorsitzender der Gesellschaft für Pädiatrie, Jährig, an Generaldirektor des Deutschen Hygienemuseums, Neumann, Betr.: Ihr Schreiben vom 19.4.1983, Förderung der gesunden Lebensweise, 11.5.1983.

55 Ebenda.

56 So konstatierte beispielsweise die DDR-Kinderärztin Brigitte Kühn eine «zunehmende Unfähigkeit zum Muttersein» in der DDR. Kühn, Brigitte, «Gedanken zur Sozialgesetzgebung und zur Krippenaufzucht in der DDR aus kinderärztlicher Sicht», in: Nyssen, Friedhelm (Hg.), *Zur*

Diskussion über die Kinderkrippe. Mit Beiträgen von Brigitte Kühn, Friedhelm Nyssen und Patricia Szogas (Europäische Hochschulschriften, Reihe XI Pädagogik, Bd. 466), Frankfurt am Main/Bern/New York/Paris 1991, S. 7–28, S. 21. Ähnlich auch Fukala, Ernst, «Zur Situation der Kinderheilkunde und der Kinderärzte in der DDR», in: *Monatsschrift Kinderheilkunde*, Suppl. 2, Bd. 142, H. 9, 1994, S. S3–S8, S. S7: «Bei manchen Müttern beobachteten wir ein Abnehmen der natürlichen mütterlichen Reaktionen und ein zunehmendes ‹sich für das eigene Kind nicht verantwortlich fühlen›, denn die Krippe übernahm die Erziehung, und bei Krankheit war das Gesundheitswesen zuständig.»

57 BArch, DQ 1/15674, unpag. Schönheit an Kinderklinik der Charité, Gesellschaft für Pädiatrie, Jährig, 23.6.1983. Diese Einschätzung hatte er zuvor von Anneliese Toedtmann, Stellvertreterin des Ministers, übermittelt bekommen, vgl. BArch, DQ 1/15674, unpag. M5 an M6, 10.6.1983.

58 BArch, DQ 1/15674, unpag. M5 an M6, 10.6.1983.

59 Siehe Schulz 1975, S. 54.

60 Siehe BArch, DQ 1/11667, unpag. Thesen aus einer Dissertation von Doris Rochow, Die hygienische Situation in Kinderkrippen und der Einfluß auf die Gestaltung hygienischer Lebensbedingungen und den Gesundheitszustand der Kinder, o. D. Die Zahl wird von Zwiener 1994, S. 73 bestätigt.

61 So schrieb Toedtmann bezüglich der kritischen Punkte (Punkt 2 im Bericht): «Gelegentliche Begegnung mit Gen. Jährig könnte genutzt werden, zu Pkt. 2 sich zu verständigen. Ich berücksichtige auch, daß Brief anscheinend unter Zeitdruck gefertigt. Ansonsten bin ich überzeugt, daß hier [ein] guter Weg [des] gemeinsamen Herangehens an die Lösung wichtiger Fragen beschritten wird.» BArch, DQ 1/15674, unpag. M5 an M6, 10.6.1983.

62 Siehe ebenda.

63 Vgl. dazu das Schreiben von Jährig an Küchler sowie eine von ihm verfasste Rezension zu einem Beitrag über «Das Dyadetuch» von J. Büschelberger in der Zeitschrift *Kinderärztliche Praxis*, BArch, DQ 1/15674, unpag. Universitäts-Kinderklinik und Kinderpoliklinik Greifswald, Prof. Jährig an Ministerium für Gesundheitswesen, Hauptabteilung IV, Küchler, 9.1.1982. Jährig sah in dem Beitrag Fragen angeschnitten, die letztlich auch das Thema Krippen betrafen, und forderte, hierzu eine «offensive, weltanschaulich fundierte Haltung» einzunehmen und eine «offensivere Auseinandersetzung zu diesen Fragen» zu führen. Möglicherweise ergaben sich Jährigs Rezension und seine Forderungen aus dem unten geschilderten Vorgang.

64 Niebsch, Gerda/Grosch, Christa, «Zum Gesundheitszustand der Krippenkinder», in: *Heilberufe*, Jg. 41, H. 10, 1989, S. 383–385, S. 384.
65 Die Arbeitsgruppe stand unter der Leitung von Bodo Schönheit, ihr gehörten mehrere Mitarbeiter des Ministeriums für Gesundheitswesen sowie des Instituts für Hygiene des Kindes- und Jugendalters an. Auch Schmidt-Kolmer und Jährig waren Mitglieder der Arbeitsgruppe.
66 BArch, DQ 1/15674, unpag. Ministerium für Gesundheitswesen, Stellvertreter des Ministers, Protokoll zur Beratung der Arbeitsgruppe «Senkung der Erkrankungshäufigkeit von Kleinkindern, insbesondere von Krippenkindern» am 18.5.1983, 20.6.1983.
67 Ebenda.
68 Es handelte sich hierbei um die Arbeitsgruppen «Mortalität – Morbidität» sowie «Krippen und Heime».
69 BArch, DQ 1/15674, unpag. HA IV/4, Küchler, Information an M1, 17.12. 1981.
70 Ebenda.
71 Ebenda.
72 Ebenda.
73 Ebenda.
74 Siehe BArch, DQ 1/15674, unpag. Mecklinger an Mitglied des Politbüros und Sekretär des ZK der SED, Kurt Hager, 18.12.1981.
75 BArch, DQ 1/15674, unpag. HA IV/4, Küchler, Information an M1, 17.12. 1981.
76 BArch, DQ 1/15674, unpag. Brigitte Küchler, Sektorleiter Krippen und Heime, Diskussionsbeitrag zur Versammlung der GO am 14.12.1981.
77 Ebenda.
78 Ebenda.
79 Ebenda.
80 Ebenda.
81 Ebenda.
82 Ebenda.
83 BArch, DQ 1/15674, unpag. Protokoll über die Vorstandsberatung der Gesellschaft für Pädiatrie am 22.1.1982 in Leipzig.
84 Ebenda.
85 Der Minister hielt fest, «daß in Zukunft alle Tagungen, die im Rahmen der Gesellschaft für Pädiatrie durchgeführt werden, politisch und fachlich-wissenschaftlich noch gründlicher vorbereitet werden und in dieser Hinsicht auf den Vorstand der Gesellschaft und die Vorsitzenden der verschiedenen Arbeitsgemeinschaften noch konsequenter im Sinne der Sozialpolitik unserer Partei eingewirkt wird.» BArch, DQ 1/15674,

unpag. Mecklinger an Mitglied des Politbüros und Sekretär des ZK der SED, Kurt Hager, 18.12.1981.

86 In einem entsprechenden Bericht wurde 1984 ausgeführt: «Die Auseinandersetzung mit der imperialistischen (bürgerlichen) Ideologie, mit biologistischen und reaktionären verhaltensbiologischen Auffassungen u. a. zu Problemen der Mutter-Kind-Beziehung, genetisch vorgegebenen Verhaltensmustern, ist zu verstärken. In diesem Prozess sind Rolle, Bedeutung sowie Ziele, Aufgaben, Spezifik und Potenzen der Erziehung der Kinder in den Kinderkrippen offensiv und überzeugend darzustellen. Für die dazu erforderliche Öffentlichkeitsarbeit sind Wissenschaftler, praktisch tätige Ärzte (besonders Pädiater und Allgemeinmediziner), Psychologen, Pädagogen und erfahrene Erzieherinnen zu gewinnen.» BArch, DQ 1/13794, unpag. Führungskonzeption des Ministeriums für Gesundheitswesen zur stärkeren Wahrnehmung der Verantwortung für die Sicherung einer gesunden, harmonischen allseitigen Entwicklung der Kinder in Kinderkrippen, insbesondere unter dem Aspekt der Förderung und Erhaltung der Gesundheit der Kinder und der Senkung der Morbidität, o. D.

87 Bei einer Tagung einer Arbeitsgruppe «Senkung der Erkrankungshäufigkeit von Kleinkindern, insbesondere von Krippenkindern» wurde im Mai 1983 ausgeführt: Es bestünden «eine Reihe politisch-ideologischer Probleme, die zu überwinden sind. Folgende Probleme werden von den Mitgliedern der AG genannt: Ideologische und fachliche Vorbehalte zahlreicher Kinderärzte und bei den beratenden Pädiatern der Bezirksärzte gegenüber der gesellschaftlichen Erziehung der Kinder in den Krippen.» BArch, DQ 1/15674, unpag. Ministerium für Gesundheitswesen, Stellvertreter des Ministers, Protokoll zur Beratung der Arbeitsgruppe «Senkung der Erkrankungshäufigkeit von Kleinkindern, insbesondere von Krippenkindern» am 18.5.1983, 20.6.1983.

88 Kalz, Gisela/Kalz, Manfred, «Zurückdrängung der Kinderkrippen. Aufruf der ‹Initiativgruppe Krippenbetreuung› der Kinderärzte in der DDR», in: *Sozialpädiatrie*, Jg. 12, Nr. 4, 1990, S. 268.

89 Ebenda.

90 Pechstein, Johannes, «Auflösung der Kinderkrippen in der DDR als Relikte der SED-Diktatur», in: *Sozialpädiatrie*, Jg. 12, Nr. 4, 1990, S. 261–266, S. 261.

91 Ebenda.

92 Eine Ausnahme war Karl Zwiener, der auch nach der Wiedervereinigung in der Wissenschaft Fuß fassen konnte. Eine zweite Ausnahme war Lieselotte Ahnert, die ab 1982 am Institut arbeitete. Nach Aufent-

halten in den USA und einer Habilitation an der Universität Jena im Jahr 2000 wurde Ahnert 2008 Professorin für Entwicklungspsychologie mit dem Fokus auf die frühe Kindheit an der Universität Wien.

93 Fukala, Ernst, «Zur Situation der Kinderheilkunde und der Kinderärzte in der DDR», in: *Monatsschrift Kinderheilkunde*, Suppl. 2, Bd. 142, H. 9, 1994, S. S3–S8, S. S7.

Nachwort

1 Vgl. Ahnert, Lieselotte, «Betreuungssituation von Kleinkindern im Osten Deutschlands vor und nach der Wende», in: dies. (Hg.), *Tagesbetreuung für Kinder unter drei Jahren. Theorien und Tatsachen*, 1. Aufl., Bern 1998, S. 29–44, S. 37; Böttcher, Sabine, «Kitas und Kindererziehung in Ost und West», in: Bundeszentrale für politische Bildung (Hg.): *Dossier. Lange Wege der Deutschen Einheit*, Bonn 2020, S. 246–259, online unter: http://www.bpb.de/geschichte/deutsche-einheit/lange-wege-der-deutschen-einheit/47313/kitas-und-kindererziehung, abgerufen am 7.10.2021, S. 247.

2 Siehe Kleine/Reyer 1997, S. 159.

3 Siehe Böttcher 2020, S. 247.

4 BT-Plenarprotokoll 12/31. Stenographischer Bericht des Deutschen Bundestages. Protokoll der Bundestagssitzung vom 13.6.1991, TOP 11, S. 2442–2456, S. 2451. Online unter: https://dserver.bundestag.de/btp/12/12031.pdf, abgerufen am 10.1.2022. Im Protokoll sind die Formulierungen «arbeitsloser Frauen» sowie «Wahlfreiheit zwischen Berufsausübung und Familienarbeit» fettgedruckt hervorgehoben.

5 Ebd., S. 2448 f.

QUELLEN- UND LITERATURVERZEICHNIS

Ungedruckte Quellen

Bundesarchiv Berlin (BArch):

Bestand DQ 1 (Ministerium für Gesundheitswesen): 2004, 2161, 2233, 2333, 2578, 2889, 2904, 2905, 2906, 2965, 3468, 3577, 3585, 4520, 4896, 4923, 4939, 4940, 5136, 6554, 10703, 10790, 11017, 11653, 11666, 11667, 11672, 13794, 15671, 15674, 20609, 21103, 22756, 23073, 23076, 24597, 24598.

Bestand DE 2 (Staatliche Zentralverwaltung für Statistik): 22332, 30840, 31205, 31206.

Archiv der Bibliothek für Bildungsgeschichtliche Forschung (BBF) des Leibniz-Instituts für Bildungsforschung und Bildungsinformation (DIPF-BBF-Archiv).

Bestand DPZI (Deutsches Pädagogisches Zentralinstitut), Nr. 5124.

Gedruckte Quellen

Apmann, Ingrid/Friedrich, Gerhard, «Erfahrungen bei der Förderung geistig und körperlich retardierter Kinder in einem Dauerheim für Säuglinge und Kleinkinder», in: *Die Heilberufe*, Jg. 29, H. 4, 1977, S. 135–139.

Bartsch, Günter/Berger, Klaus/Neumann, Günter, «Untersuchungsergebnisse zur Lärmsituation in Kinderkrippen», in: *Heilberufe*, Jg. 34, H. 8, 1982, S. 301–303.

Becker, Ruth, «Probleme und Möglichkeiten der Früherziehung geschädigter Kinder», in: *Die Heilberufe*, Jg. 26, H. 7, 1974, S. 225–227.

Becker, Ruth, «Zur Förderung geschädigter Kinder in Krippen», in: *Die Heilberufe*, Jg. 30, H. 8, 1978, S. 274–276.

Berndt, H/Kressin, J./Schöder, H.-J., «Vergleich der Erkrankungshäufigkeit an chronischer Otitis media und Nasenracheninfekten bei Kindern im elterlichen Haushalt, in Tageskrippen und in Wochen- oder Dauerheimen», in: *Zeitschrift für ärztliche Fortbildung*, Jg. 61, H. 19, 1967, S. 968–970.

«Besondere Verdienste um die Stärkung unseres Staates der Arbeiter und Bauern gewürdigt», in: *Neues Deutschland*, Jg. 39, Ausg. 230, 1984, S. 6.

«Bleibt ein Krippenkind zurück?», in: *Neues Deutschland*, Jg. 15, Ausg. 79, 1960, S. 12.

Bowlby, John, «Maternal care and mental health», in: *Bulletin of the World Health Organization*, Jg. 3, 1951, S. 355–533.

Bowlby, John, *Mütterliche Zuwendung und geistige Gesundheit*, München 1973.

Bothmer, Christa von, «Über Adaptionsstörungen bei Kleinkindern nach Milieuwechsel», in: *Zeitschrift für ärztliche Fortbildung*, Jg. 54, H. 21, 1960, S. 1220–1228.

«Das Hausfraueneinerlei stumpft ab», in: *Neues Deutschland*, Jg. 15, Ausg. 9, 1960, S. 12.

«Das könnte ich meinen Kindern nicht bieten», in: *Neues Deutschland*, Jg. 15, Ausg. 23, 1960, S. 12.

«Die Verfassung der Deutschen Demokratischen Republik», in: GBl. der DDR, Nr. 1, 1949, S. 5–16.

Feer, Emil, *Diagnostik der Kinderkrankheiten mit besonderer Berücksichtigung des Säuglings. Eine Wegleitung für praktische Ärzte und Studierende* (Enzyklopaedie der klinischen Medizin, Spezieller Teil), 2. verm. u. verb. Aufl., Berlin/Heidelberg 1922.

Fryšová, Helena, «Die gesundheitliche und pädagogische Betreuung der Krippenkinder in Prag», in: *Heilberufe*, Jg. 37, H. 4, 1985, S. 146–148.

Garreis, Elfriede, «Interpretation der Verordnung über Kindereinrichtungen der Vorschulerziehung», in: *Die Heilberufe*, Jg. 28, H. 10, 1976, S. 333.

«Gesetz über den Mutter- und Kinderschutz und die Rechte der Frau vom 27. September 1950», in: *Gesetzblatt (GBl.) der DDR*, Nr. 111, 1950, S. 1037–1041.

«Gesetz der Arbeit zur Förderung und Pflege der Arbeitskräfte, zur Steigerung der Arbeitsproduktivität und zur weiteren Verbesserung der materiellen und kulturellen Lage der Arbeiter und Angestellten vom 19. April 1950», in: *GBl. der DDR*, Nr. 46, 1950, S. 349–355.

«Gesetz über das einheitliche sozialistische Bildungssystem vom 25. Februar 1965», in: *GBl. der DDR I*, Nr. 6, 1965, S. 83–106.

Goetze, R., «Zu einigen Grundpositionen der rehabilitativen muttersprachlichen Erziehung in Sondertagesstätten und speziellen Gruppen für geschädigte Krippenkinder», in: *Die Heilberufe*, Jg. 27, H. 11, 1975, S. 357–359.

Goldstein, Iris, «Bin ich eine schlechte Mutter?», in: *Elternhaus und Schule*, Jg. 7, H. 10, 1958, S. 5.

Grandke, Anita, «Zerstört die berufstätige Frau ihre Familie?», in: *Neues Deutschland*, Jg. 15, Ausg. 159, 1960, S. 12.

Griegoleit, Johanna, «Zusammenarbeit zwischen Krippe und Elternhaus», in: *Die Heilberufe*, Jg. 23, H. 7, 1972, S. 321–323.

Griegoleit, Johanna, «Vorbereitung auf die Arbeit mit einer Gruppe geschädigter, förderungsfähiger Kinder in der Tageskrippe», in: *Die Heilberufe*, Jg. 29, H. 3, 1977, S. 106–108.

Grosch, Christa, «Probleme bei der Anpassung von Säuglingen und Kleinkindern an die Krippe», in: *Die Heilberufe*, Jg. 28, H. 1, 1976, S. 27–28.

Grosch, Christa/Niebsch, Gerda, *Das Krankheitsgeschehen in Kinderkrippen* (Hygiene in Kinderkollektiven, Bd. 1), Berlin (Ost) 1974.

Haarer, Johanna, *Die deutsche Mutter und ihr erstes Kind*, Berlin 1941.

Heckrodt, H./Röpcke, I./Kolander, H., «Die Verbesserung der hygienischen Situation in den Kinderkollektiven», in: *Zeitschrift für die gesamte Hygiene und ihre Grenzgebiete*, Jg. 10, H. 10, 1964, S. 699–715.

Hesselbarth, Werner/Schorr, Reimer/Winter, Kurt (Hg.), *Säuglingssterblichkeit. Eine Anleitung zu ihrer Bekämpfung aus internationaler Sicht*, Leipzig 1964.

Hochbaum, Martin, «Die Dispensairebetreuung, das krankheitsdisponierte oder geschädigte Kind und seine Betreuung in der Krippe», in: *Die Heilberufe*, Jg. 23, H. 7, 1971, S. 206–209.

Hortmann, Karin, «Das Problemkind in der Krippe (1. Teil)», in: *Die Heilberufe*, Jg. 27, H. 7, 1975, S. 217–218.

Hortmann, Karin, «Das Problemkind in der Krippe (3. Teil)», in: *Die Heilberufe*, Jg. 29, H. 1, 1977, S. 27–28.

Hortmann, Karin, «Nun bin ich allein!», in: *Elternhaus und Schule*, Jg. 32, H. 1, 1983, S. 12–13.

Hortmann, Karin: «Zur Diagnostik des sprachlichen Entwicklungsstandes dreijähriger Kinder. 2. Mitteilung Ergebnisse», in: *Pädiatrie und ihre Grenzgebiete*, Jg. 26, H. 3, 1987, S. 147–157.

Ihrke, Adelheid, *Längsschnittuntersuchungen an Säuglingen über das Gewichts- und Längenwachstum unter Betrachtung der Morbidität und des sozialen Milieus*, Diss., Martin-Luther-Universität Halle-Wittenberg 1964.

Jacob, Gerhard/Klessen, Doris/ Schorr, Reimer, «Stand und nächste Aufgaben in den Kinderkrippen der Hauptstadt», in: *Die Heilberufe*, Jg. 27, H. 10, 1975, S. 313–315.

Jun, Gerda, «Morbidität und Gewichtsentwicklung bei Kindern berufstätiger und nicht berufstätiger Mütter», in: *Zeitschrift für ärztliche Fortbildung*, Jg. 53, H. 22, 1959, S. 1416–1418.

Kalz, Gisela/Kalz, Manfred, «Zurückdrängung der Kinderkrippen. Aufruf der «Initiativgruppe Krippenbetreuung» der Kinderärzte in der DDR», in: *Sozialpädiatrie*, Jg. 12, Nr. 4, 1990, S. 268.

Keller, Alice, «Berufstätig und Kinder erziehen?», in: *Elternhaus und Schule*, Jg. 8, H. 4, 1959, S. 9.

Kern, Käthe, «Die Stellung der Frau in der Gesellschaft», in: Beyer, Alfred/Winter, Kurt (Hg.), *Lehrbuch der Sozialhygiene*, Berlin 1953, S. 598–608.

Kirchner, Dorothea, *Untersuchungen zur Adaptionsphase unserer Krippenkinder*, Diss., Med. Akademie Dresden 1984.

Kirchner, Dorothea/Lorenz, Kurt, «Adaptionserleichterung bei Aufnahme in die Krippe durch zeitweilige Anwesenheit der Mutter», in: *Heilberufe*, Jg. 40, H. 1, 1988, S. 17–19.

Köhler, Helmut, «Das Verhalten des Körpergewichtes und die Häufigkeit von Erkrankungen bei Kindern im Alter von 0 bis 3 Jahren nach Aufnahme in Krippen und Heime», in: *Zeitschrift für ärztliche Fortbildung*, Jg. 53, H. 2, 1959, S. 144–151.

Kubat, K./Syrovatka, A., «Die Entwicklung der Morbidität bei Familien- und bei Krippenkindern während der ersten 3 Lebensjahre», in: *Ärztliche Jugendkunde*, Jg. 57, H. 1/2, 1966, S. 16–23.

Küchler, Brigitte, «In der Kinderkrippe umsorgt und wohlbehütet», in: *Heilberufe*, Jg. 34, H. 12, 1982, S. 443–446.

Mannschatz, Eberhard, *Die Umerziehung von Kindern und Jugendlichen in den Heimen der Jugendhilfe. Referat auf dem Lehrgang der Leiter der Spezialheime der Jugendhilfe im März 1976 in Ludwigsfelde* (Beiträge zur Weiterbildung, Heft 39), Ludwigsfelde 1977.

Marcusson, Erwin, «Die Organisation des Gesundheitswesens in der Union der Sozialistischen Sowjetrepubliken», in: Beyer, Alfred/Winter, Kurt (Hg.), *Lehrbuch der Sozialhygiene*, Berlin 1953, S. 62–89.

Marx, Karl/Engels, Friedrich, *Ergänzungsband. Schriften, Manuskripte, Briefe bis 1844, Erster Teil* (Werke, Bd. 40), Berlin (Ost) 1968.

Mehlan, O., «Die Fürsorge für Mutter und Kind in den Betrieben des Kreises Calau», in: *Die Heilberufe*, Jg. 1, H. 6, 1949, S. 167–169.

Meyer, Ludwig Ferdinand/Nassau, Erich, *Die Säuglingsernährung. Eine Anleitung für Ärzte und Studierende*, Heidelberg 1930.

Michel, A./Mücke, D./Kohlhagen, R., «Probleme der ärztlichen Betreuung in einer großen Tageskrippe», in: *Die Heilberufe*, Jg. 23, H. 8, 1971, S. 232–233.

Ministerrat der DDR. Ministerium für Gesundheitswesen (Hrsg.), Programm für die Erziehungsarbeit in Kinderkrippen, 2. Aufl., Berlin (Ost) 1986.

«Morgens gibt's ein Bad und frische Kleidchen», in: *Berliner Zeitung*, Jg. 9, Ausg. 25, 1953, S. 6.

«Muß ich seinen Schlaf bewachen?», in: *Neues Deutschland*, Jg. 14, Ausg. 342, 1959, S. 10.

Niebsch, Gerda, «Der Einfluß des Milieus auf Länge und Gewicht in den ersten 2 Lebensjahren. Vergleiche Familie und Kindereinrichtungen», in: *Zeitschrift für ärztliche Fortbildung*, Jg. 53, H. 22, 1959, S. 1428–1430.

Niebsch, Gerda, «Die Besonderheit der Morbidität in Heimen und Krippen», in: *Zeitschrift für ärztliche Fortbildung*, Jg. 54, H. 21, 1960, S. 1236–1238.

Niebsch, Gerda, «Internationales Symposion «Probleme der Krippen»«, in: *Die Heilberufe*, Jg. 19, H. 5, 1967, S. 157–159.

Niebsch, Gerda, «Das Institut für Hygiene des Kindes- und Jugendalters. Seine Entwicklung, seine Aufgaben, seine «Abwicklung»«, in: *Hochschule Ost*, Jg. 6, H. 2, 1997, S. 92–102.

Niebsch, Gerda/Grosch, Christa, «Die Bedeutung der Kinderkrippen in der DDR», in: *Heilberufe*, Jg. 26, H. 10, 1974, S. 332–333.

Niebsch, Gerda/Grosch, Christa, «Entwicklung des Morbiditätsgeschehens in Krippen (Studienmaterial zur Weiterbildung mittlerer medizinischer Fachkräfte)», in: *Die Heilberufe*, Jg. 26, H. 11, 1974, Beilage der Zeitschrift, S. 1–12.

Niebsch, Gerda/Grosch, Christa, «Zum Gesundheitszustand der Krippenkinder», in: *Heilberufe*, Jg. 41, H. 10, 1989, S. 383–385.

Niebsch, Gerda/Grosch, Christa/Besse, Margot/Weber, Christine/Seidel, Maria, «Fehlmorbidität in Kindereinrichtungen», in: *Zeitschrift für die gesamte Hygiene*, Jg. 25, H. 6, 1979, S. 449–454.

Niebsch, Gerda/Sälzer, Anneliese, «Gesundheitsschutz von Mutter und Kind in der Deutschen Demokratischen Republik», in: *Das Deutsche Gesundheitswesen*, Jg. 29, H. 40, 1974, S. 1888–1891.

Neubert, Rudolf, «Frau, Mutter und außerhäusliche Arbeit», in: *Die Wirtschaft*, Jg. 17, Nr. 30, 1962, S. 9.

Ockel, Edith, «Gesundheit der Frauen und Gesundheitspolitik in der DDR», in: *Jahrbuch für kritische Medizin und Gesundheitswissenschaften*, Bd. 24, Hamburg 1995, S. 105–121.

Pechstein, Johannes, «Auflösung der Kinderkrippen in der DDR als Relikte der SED-Diktatur», in: *Sozialpädiatrie*, Jg. 12, Nr. 4, 1990, S. 261–266.

Peiper, Albrecht, «Die Bedeutung der Milch für die Ernährung des Säuglings», in: *Das Deutsche Gesundheitswesen*, Jg. 12, H. 4, 1957, S. 105–108.

Polzin, Günther, «Emotionale Erziehung in der Kinderkrippe», in: *Heilberufe*, Jg. 37, H. 4, 1985, S. 149–152.

«Prof. Ibrahim beigesetzt», in: *Berliner Zeitung*, Jg. 9, Ausg. 34, 1953, S. 2.

Rayner, Helga, «Entwicklung und Morbidität des Krippenkindes in Abhängigkeit von Größe und Auslastung der Einrichtung», in: *Ärztliche Jugendkunde*, Jg. 57, H. 1/2, 1966, S. 11–15.

Robertson, James, «Der Verlust mütterlicher Fürsorge in früher Kindheit und einige Auswirkungen auf die Entwicklung der Persönlichkeit», in: *Zeitschrift für ärztliche Fortbildung*, Jg. 51, H. 21/22, 1957, S. 899–903.

Rost, Liane, «Zum Differenzierungsgrad und zu Äußerungen von Gefühlen bei Krippenkindern», in: *Die Heilberufe*, Jg. 41, H. 2, 1989, S. 61–64.

Royl, Annelise, *Säuglings- und Kleinkinderfürsorge. Rückblick und Vorschau*, Diss., Humboldt-Universität zu Berlin 1950.

Sälzler, Anneliese, «Vergleichende Messungen von Länge und Gewicht bei Kindern aus Familien und Kindereinrichtungen und der Einfluß der sozialen Herkunft auf die körperliche Entwicklung», in: *Zeitschrift für ärztliche Fortbildung*, Jg. 53, H. 22, 1959, S. 1431–1433.

Schäfer, Edgar, *Wieweit sind die Erfurter Kinderkrippen in der Lage, der von Pädiatern und Sozialhygienikern geforderten Pflege und Erziehung der Kinder in den ersten drei Lebensjahren zu entsprechen?* Diss., Medizinische Akademie Erfurt 1962.

Schmidt, Hans-Dieter/Richter, Evelyn, *Entwicklungswunder Mensch*, 1. Aufl., Jena 1980.

Schmidt, Lieselott, «Der Einfluß der Freiluft auf die Morbidität von Krippenkindern», in: *Zeitschrift für ärztliche Fortbildung*, Jg. 53, H. 22, 1959, S. 1436–1438.

Schmidt-Kolmer, Eva, *Gesundheitsschutz für Mutter und Kind*, Diss., Humboldt-Universität zu Berlin 1952.

Schmidt-Kolmer, Eva, «Gesundheitsschutz für Mutter und Kind», in: Beyer, Alfred/Winter, Kurt (Hg.), *Lehrbuch der Sozialhygiene*, Berlin 1953, S. 568–598.

Schmidt-Kolmer, Eva, «Warum bleiben manche Kinder, die in Heimen oder Krippen aufwachsen, in ihrer Entwicklung zurück?» (Teil 1), in: *Die Heilberufe*, Jg. 7, H. 9, 1955, S. 231–238.

Schmidt-Kolmer, Eva, *Die Pflege und Erziehung unserer Kinder in Krippen und Heimen*, Berlin 1956 a.

Schmidt-Kolmer, Eva, «Organisatorische Formen der Betreuung des Säuglings und Kleinkindes auf Grund experimenteller Untersuchungen der höheren Nerventätigkeit», in: *Zeitschrift für die gesamte Hygiene und ihre Grenzgebiete*, Jg. 2, H. 2, 1956 b, S. 162–171.

Schmidt-Kolmer, Eva/Reumann, Johanna, *Leitfaden für die Erziehung in Krippen und Heimen*, Berlin 1957.

Schmidt-Kolmer, Eva, «Erscheinungen des psychischen Hospitalismus und ihre Verhütung», in: *Zeitschrift für ärztliche Fortbildung*, Jg. 51, H. 21/22, 1957, S. 895–899.

Schmidt-Kolmer, Eva, *Verhalten und Entwicklung des Kleinkindes. Der Ein-*

fluß verschiedenartigen sozialen Milieus auf das kindliche Verhalten und seine Bedeutung für die Hygiene des Kindesalters, 1. Aufl., Berlin 1959.

Schmidt-Kolmer, Eva, «Die Auswirkungen des Kindergarten-, Wochen- und Vollheimmilieus auf die psychische Entwicklung im Vorschulalter», in: *Zeitschrift für ärztliche Fortbildung*, Jg. 56, H. 21, 1960, S. 1216–1220.

Schmidt-Kolmer, Eva, «Hospitalismusschäden in Kindereinrichtungen des Vorschulalters», in: Schwarz, Hanns (Hg.), *Das milieugeschädigte Kind. Bericht über die 3. Tagung der Medizinisch-wissenschaftlichen Gesellschaft in der DDR zum Studium der aktuellen Lebensbedingungen (27.–28. November 1959 in Leipzig)* (Sammlung zwangloser Abhandlungen aus dem Gebiete der Psychiatrie und Neurologie, 21), Jena 1961, S. 24–37.

Schmidt-Kolmer, Eva, *Der Einfluß der Lebensbedingungen auf die Entwicklung des Kindes im Vorschulalter*, unter Mitarbeit von Gerda Niebsch, Anneliese Sälzler und Reimer Schorr, Berlin 1963.

Schmidt-Kolmer, Eva, *Pädagogische Aufgaben und Arbeitsweise der Krippen*, Berlin 1968.

Schmidt-Kolmer, Eva (Hg.), *Zum Einfluß von Familie und Krippe auf die Entwicklung in der frühen Kindheit* (Hygiene in Kinderkollektiven, Bd. 2), Berlin 1977.

Schmidt-Kolmer, Eva, «Die Entwicklung der Kinderkrippen in der DDR aus historischer Sicht», in: *Heilberufe*, Jg. 39, H. 10, 1987, S. 390–391.

Schmidt-Kolmer, Eva, «Anlage 1. Autobiographisches Dokument», abgedruckt bei Arndt, Gabriele, *Das wissenschaftliche Werk Eva Schmidt-Kolmers (25.06.1913–29.08.1991) unter besonderer Berücksichtigung ihrer Beiträge zum Kinder- und Jugendgesundheitsschutz in der DDR*, Diss., Ernst-Moritz-Arndt-Universität Greifswald 2001, S. II–LXXII.

Schmidt-Kolmer, Eva/Schmidt, Heinz, «Über Frauenarbeit und Familie», in: *Einheit*, Jg. 17, Nr. 12, 1962, S. 89–99.

Schmidt-Kolmer, Eva/Zwiener, Karl, «Die Entwicklung von Kindern in Kinderkrippen der DDR», in: *Die Heilberufe*, Jg. 26, H. 10, 1974, S. 326–331.

Schorr, Reimer, «Die Bedeutung der Morbiditätsanalyse für die Arbeit in Krippen und Heimen», in: *Die Heilberufe*, Jg. 15, H. 3, 1963, S. 64–69.

Schorr, Reimer, «Über die Bekämpfung der Ernährungsstörungen im Säuglingsalter», in: *Das Deutsche Gesundheitswesen*, Jg. 14, H. 1, 1959, S. 19–22.

Schubert, Johanna, «Erfahrungsbericht: Stundenweise Eingewöhnung in der Krippe», in: *Heilberufe*, Jg. 37, H. 7, 1985, S. 276.

Schulz, G., «Vergleichende Untersuchung über Schlafdauer und Schlafverteilung bei Krippenkindern und Hauskindern», in: *Die Heilberufe*, Jg. 27, H. 2, 1975, S. 53–56.

«Startschwierigkeiten in der Krippe?», in: *Neue Berliner Illustrierte*, Nr. 49, 1982, S. 32.

Statistisches Amt der DDR (Hg.), *Statistisches Jahrbuch der Deutschen Demokratischen Republik*, Jg. 35, 1. Aufl., Berlin 1990.

Steinitz, Lucienne/Ryll, Genoveva/Trettin, Inge, «Vergleiche der Morbidität in Tages-, Wochenkrippen und Dauerheimen», in: *Zeitschrift für ärztliche Fortbildung*, Jg. 53, H. 22, 1959, S. 1441–1443.

«Verordnung über die Verlängerung des Schwangerschafts- und Wochenurlaubs vom 5. September 1963», in: *GBl. der DDR II*, Nr. 82, 1963, S. 636 f.

«Verordnung über die Erhöhung der staatlichen Geburtenhilfe und die Verlängerung des Wochenurlaubs vom 10. Mai 1972», in: *GBl. der DDR II*, Nr. 27, 1972, S. 314–316.

Wagner, Klaus-Dietrich, «Entwicklungsbedingungen, Früherfassung und Betreuung retardierter Krippenkinder», in: *Die Heilberufe*, Jg. 23, H. 8, 1971, S. 243–246.

Wettengel, Hanni, «Bei den Kleinsten von Stalinstadt», in: *Neues Deutschland*, Jg. 10, Ausg. 228, 1955, S. 6.

Winter, Kurt, «Die Planung des Gesundheitswesens», in: Beyer, Alfred/Winter, Kurt (Hg.), *Lehrbuch der Sozialhygiene*, Berlin 1953, S. 99–119.

Zetkin, Clara, «Sozialdemokratie und Volkserziehung», Korreferat auf dem SPD-Parteitag in Mannheim, in: *Protokoll über die Verhandlungen des Parteitags der Sozialdemokratischen Partei Deutschlands, abgehalten zu Mannheim vom 24. bis 29. September 1906 sowie Bericht über die 4. Frauenkonferenz am 22. und 23. September 1906 in Mannheim*, Berlin 1906, S. 347–358.

Zetkin, Clara, «Soziale Fürsorge für die Jugend», Rede im Reichstag am 27. Januar 1921, in: *Verhandlungen des Reichstags*, 1. Wahlperiode 1920, Bd. 347, Berlin 1921, 58. Sitzung, S. 2181–2183.

Zwiener, Karl, *Zur Analyse der pflege-erzieherischen Arbeit in den Krippen. Verteilung, Intensität und Qualität der Arbeit der Krippenerzieherinnen* (Lehrmaterialien für Ausbildung und Weiterbildung von mittlerem medizinischen Personal), 1. Aufl., Weida 1970.

Literatur

Ahnert, Lieselotte, «Betreuungssituation von Kleinkindern im Osten Deutschlands vor und nach der Wende», in: dies. (Hg.), *Tagesbetreuung für Kinder unter drei Jahren. Theorien und Tatsachen*, 1. Aufl., Bern 1998, S. 29–44.

Bundesministerium für Arbeit und Soziales (Hg.), *Statistische Übersichten zur Sozialpolitik in Deutschland seit 1945 (Band SBZ/DDR)*, Verfasser: André Steiner unter Mitarbeit von Matthias Judt und Thomas Reichel, Bonn 2006.

Brentzel, Marianne, *Die Machtfrau. Hilde Benjamin 1902–1989*, Berlin 1997.

Chamberlain, Sigrid, *Adolf Hitler, die deutsche Mutter und ihr erstes Kind: Über zwei NS-Erziehungsbücher*, 4. Aufl., Gießen 2003.

Deutsche Gesellschaft für Kinder- und Jugendmedizin (DGKJ) (Hg.), «Im Gedenken der Kinder. Die Kinderärzte und die Verbrechen an Kindern in der NS-Zeit» (Begleitheft zur Gedenkveranstaltungen und Ausstellung der DGKJ), in: *Monatsschrift Kinderheilkunde*, Bd. 159, Supplement, 2011, S. 1–20.

Fenz, Maria-Katharina, *Die historische Entwicklung des Instituts für Sozialmedizin der Charité – Universitätsmedizin Berlin in Forschung und Lehre von 1947 bis 1990*, Diss., Humboldt-Universität Berlin 2012.

Fukala, Ernst, «Zur Situation der Kinderheilkunde und der Kinderärzte in der DDR», in: *Monatsschrift Kinderheilkunde*, Suppl. 2, Bd. 142, H. 9, 1994, S. S3–S8.

Gatzemann, Andreas, *Die Erziehung zum «Neuen» Menschen im Jugendwerkhof Torgau. Ein Beitrag zum kulturellen Gedächtnis* (Diktatur und Widerstand, Bd. 14), Münster 2008.

Gerlach, Irene, *Familie und staatliches Handeln. Ideologie und politische Praxis in Deutschland*, Opladen 1996.

Goddemeier, Christof, «John Bowlby: Pionier der Bindungsforschung», in: *Deutsches Ärzteblatt*, PP, Heft 10, 2015, S. 459–461.

Gries, Sabine, «Kleine Klassenkämpfer. Die Tradition totalitärer Grundmuster und Strukturen in der öffentlichen Erziehung der DDR von den Anfängen bis zum Jahre 1961», in: Mertens, Lothar (Hg.), *Machtokkupation und Systemimplosion: Anfang und Ende der DDR – zehn Jahre danach. Dieter Voigt zum 65. Geburtstag* (Schriftenreihe der Gesellschaft für Deutschlandforschung, Bd. 80), Berlin 2001, S. 15–44.

Gries, Sabine, *Kindesmisshandlung in der DDR. Kinder unter dem Einfluss traditionell-autoritärer und totalitärer Erziehungsleitbilder* (Studien zur DDR-Gesellschaft, Bd. 9), Münster 2002.

Grosch, Christa, «Kinderkrippen», in: Boßdorf, Ursula/Dies. (Red.): *Gesundheitsschutz für Mutter und Kind. Beitrag zur Geschichte des Gesundheitswesens der Deutschen Demokratischen Republik* (Medizin und Gesellschaft, Bd. 2), herausgegeben von der Interessengemeinschaft für Medizin e. V., Berlin 1995, S. 22–26.

Herbst, Andreas/Müller-Enbergs, Helmut, «Kern, Käthe (Katharina)», in: Müller-Enbergs, Helmut et. al. (Hg.), *Wer war wer in der DDR. Ein Handbuch ostdeutscher Biographien*, 5. Aufl., Berlin 2010, S. 419–420.

Hoffmann, Dierk, *Aufbau und Krise der Planwirtschaft. Die Arbeitskräftelenkung in der SBZ/DDR 1949 bis 1963* (Quellen und Darstellungen zur Zeitgeschichte, Bd. 60), München 2002.

Hottenrott, Laura, ‹Der Kern der Gesundheit ist Anpassung›. Medizinische Aspekte der DDR-Heimerziehung», in: Laudien, Karsten/Dreier-Horning, Anke (Hg.), *Jugendhilfe und Heimerziehung im Sozialismus. Beiträge zur Aufarbeitung der Sozialpädagogik in der DDR* (Schriftenreihe des Deutschen Instituts für Heimerziehungsforschung), Berlin 2016, S. 83–102.

Kaminsky, Anna, *Frauen in der DDR*, 1. Aufl., Berlin 2016.

Kittel, Claudia, «Heime für Säuglinge und Kleinkinder in der DDR», in: Laudien, Karsten/Dreier-Horning, Anke (Hg.), *Jugendhilfe und Heimerziehung im Sozialismus. Beiträge zur Aufarbeitung der Sozialpädagogik in der DDR* (Schriftenreihe des Deutschen Instituts für Heimerziehungsforschung), Berlin 2016, S. 127–148.

Köhler-Wagnerová, Alena, *Die Frau im Sozialismus – Beispiel ČSSR*, Hamburg 1974.

Kühn, Brigitte, «Gedanken zur Sozialgesetzgebung und zur Krippenaufzucht in der DDR aus kinderärztlicher Sicht», in: Nyssen, Friedhelm (Hg.), *Zur Diskussion über die Kinderkrippe. Mit Beiträgen von Brigitte Kühn, Friedhelm Nyssen und Patricia Szogas* (Europäische Hochschulschriften, Reihe XI Pädagogik, Bd. 466), Frankfurt am Main/Bern/New York/Paris 1991, S. 7–28.

Largo, Remo H./Benz-Castellano, Caroline, «Entwicklungsaufgaben und Krisen in den ersten Lebensjahren», in: Thun-Hohenstein, Leonhard (Hg.), *Übergänge. Wendepunkte und Zäsuren in der kindlichen Entwicklung*, Göttingen 2005, S. 75–88.

Laudien, Karsten/Sachse, Christian, «Erziehungsvorstellungen in der Heimerziehung der DDR», in: Beauftragter der Bundesregierung für die Neuen Bundesländer (Hg.), *Aufarbeitung der Heimerziehung in der DDR – Expertisen*, Berlin 2012, S. 130–297.

Leide, Henry, *NS-Verbrecher und Staatssicherheit. Die geheime Vergangenheitspolitik der DDR* (Analysen und Dokumente, Bd. 28), Göttingen 2005.

Liebsch, Heike, *Das System der Wochenunterbringung von 0–6jährigen Kindern in der DDR unter Beachtung negativer und positiver Attribution in erzählten Biographien von Wochenkindern. Untersuchungen am Fallbeispiel Dresden*, unveröffentlichte Masterarbeit Sozialwesen, Fachhochschule Fulda 2019.

Malycha, Andreas/Winters, Peter Jochen, *Die SED. Geschichte einer deutschen Partei*, München 2009.

Moser, Gabriele, *«Im Interesse der Volksgesundheit ...» Sozialhygiene und öffentliches Gesundheitswesen in der Weimarer Republik und der frühen SBZ/DDR. Ein Beitrag zur Sozialgeschichte des deutschen Gesundheitswesens im 20. Jahrh*undert (Reihe psychosoziale Aspekte der Medizin), Frankfurt am Main 2002.

Nentwig-Gesemann, Iris, «Krippenpädagogik in der DDR zwischen normativer Programmatik und erzieherischer Handlungspraxis», in: *Sozialer Sinn. Zeitschrift für hermeneutische Sozialforschung*, Bd. 1, H. 1, 2000, S. 153–167.

Obertreis, Gesine, *Familienpolitik in der DDR 1945–1980* (Forschungstexte Wirtschafts- und Sozialwissenschaften, Bd. 17), Opladen 1986.

Paterak, Heike, *Institutionelle Früherziehung im Spannungsfeld normativer Familienmodelle und gesellschaftlicher Realität* (Internationale Hochschulschriften, Bd. 332), Münster/New York/Berlin 1999.

Petersen, Andreas, *Die Moskauer. Wie das Stalintrauma die DDR prägte*, Frankfurt am Main 2019.

Plückhahn, Jens, *Dauerheime für Säuglinge und Kleinkinder in der DDR aus dem Blickwinkel der Bindungstheorie*, Diplomarbeit Sozialwesen, Fachhochschule Potsdam 2000.

Raschka, Johannes, *Zwischen Überwachung und Repression. Politische Verfolgung in der DDR 1971–1989* (Am Ende des realen Sozialismus, Bd. 5), Opladen 2001.

Reyer, Jürgen/Kleine, Heidrun, *Die Kinderkrippe in Deutschland. Sozialgeschichte einer umstrittenen Einrichtung*, Freiburg 1997.

Rösler, Hans-Dieter/Rauh, Hellgard, «Nachruf auf Hans-Dieter Schmidt», in: *Psychologische Rundschau*, Jg. 58, H. 4, 2007, S. 283–284.

Rosenberg, Florian von/Wiethoff, Carolin, «Zuerst der Staat – dann seine Kinder. Propaganda, Pädagogisierung und politische Repression im DDR-Krippensystem der 1950er und 1960er Jahre», in: Baberowski, Jörg/Kindler, Robert/Donth, Stefan (Hg.), *Disziplinieren und Strafen. Dimensionen politischer Repression in der DDR*, Frankfurt am Main 2021, S. 113–134.

Rosenberg, Florian von/Wilkens, Moriz, *Pawlow und die DDR-Krippenpädagogik*, unveröffentlichtes Manuskript, 2020.

Scheide, Carmen, *Kinder, Küche, Kommunismus. Das Wechselverhältnis zwischen Alltagsleben und Politik am Beispiel Moskauer Arbeiterinnen während der NEP, 1921–1930* (Basler Studien zur Kulturgeschichte Osteuropas, Bd. 3), Zürich 2002.

Schneck, Peter, «Schmidt-Kolmer, Eva», in: Müller-Enbergs, Helmut et. al. (Hg.), *Wer war wer in der DDR. Ein Handbuch ostdeutscher Biographien*, 5. Aufl., Berlin 2010, S. 1159.

Schmuhl, Hans-Walter, «Kinderheilkunde in der NS-Zeit: Sozialsanitäres Großprojekt – Arzt am Volkskörper», in: *Deutsches Ärzteblatt*, Jg. 107, H. 45, 2010, S. A 2226–2231.

Schröder, Klaus, *Der SED-Staat. Geschichte und Strukturen der DDR*, unter Mitarbeit von Steffen Alisch, 2. Aufl., München 1999.

Schütterle, Juliane, *Kumpel, Kader und Genossen: Arbeiten und Leben im Uranbergbau der DDR. Die Wismut AG* (Sammlung Schöningh zur Geschichte und Gegenwart), Paderborn 2010.

Schulz, Günther, «Soziale Sicherung von Frauen und Familien», in: Hockerts, Hans Günter (Hg.), *Drei Wege deutscher Sozialstaatlichkeit. NS-Diktatur, Bundesrepublik und DDR im Vergleich* (Schriftenreihe der Vierteljahrshefte für Zeitgeschichte, Bd. 76), München 1998, S. 117–150.

Schwab, Hermann-Josef, «Das Verbot der Bauchlage für schlafende Säuglinge in der DDR. Hintergründe der Verordnung des Ministeriums für Gesundheitswesen aus dem Jahre 1972», in: Paditz, Ekkehardt (Hg.), *Prävention plötzlicher Säuglingstod in Deutschland. 1. bundesweite Expertentagung Dresden 23.12.2003–2.1.2004*, unter Mitarbeit von Jens Kramer, Irene Epple-Waigel, Hermann-Josef Schwab, Dresden 2004, S. 148–161.

Steiner, André, *Von Plan zu Plan. Eine Wirtschaftsgeschichte der DDR*, 1. Aufl., Berlin 2007.

Šturma, Jaróslav, «Deprivationsstudien in der ehemaligen Tschechoslowakei und ihre Folgen für die Familienpolitik», in: Brisch, Karl Heinz/Hellbrügge, Theodor (Hg.), *Kinder ohne Bindung. Deprivation, Adoption und Psychotherapie*, 5. Aufl., Stuttgart 2018, S. 161–168.

Uhlig, Christa, «Robert Owen (1771–1858)», in: Tenorth, Heinz-Elmar (Hg.), *Klassiker der Pädagogik, Bd. 1: Von Erasmus bis Helene Lange*, 2. Aufl., München 2010, S. 160–171.

Weber, Christine, «Erziehungsbedingungen im frühen Kindesalter in Kinderkrippen vor und nach der Wende», in: Trommsdorff, Gisela (Hg.), *Sozialisation und Entwicklung von Kindern vor und nach der Vereinigung* (Beiträge zu den Berichten der Kommission für die Erforschung des sozialen und politischen Wandels in den neuen Bundesländern e. V. (KSPW)), Opladen 1996, S. 173–242.

Wehler, Hans-Ulrich, *Deutsche Gesellschaftsgeschichte, Bd. 5: Bundesrepublik und DDR 1949–1990*, München 2008.

Wilhelms-Breunig, Paula Charlotte, *Erziehungsbedingungen der Krippeneinrichtungen der DDR – Eine vergleichende Analyse unter besonderer Berück-*

sichtigung des Verhältnisses von Selbständigkeit und pädagogischer Anleitung, Diss., Universität Oldenburg 2013.

Zimmermann, Verena, *«Den neuen Menschen schaffen». Die Umerziehung von schwererziehbaren und straffälligen Jugendlichen in der DDR (1945–1990)*, Köln/Weimar/Wien 2004.

Zwiener, Karl, *Kinderkrippen in der DDR* (Materialien zum 5. Familienbericht, Bd. 5), München 1994.

Online-Quellen

Aly, Götz, «Das Schäferhunde-Milieu der PDS hält an ihm fest, aber Jena verabschiedet Jussuf Ibrahim: Menschenfreund und Mordgehilfe», in: *Berliner Zeitung*, 4. Mai 2000. Online unter: https://www.berliner-zeitung.de/das-schaeferhunde-milieu-der-pds-haelt-an-ihm-fest-aber-jena-verabschiedet-jussuf-ibrahim-menschenfreund-und-mordgehilfe-li.1135, abgerufen am 7.9.2020.

Böttcher, Sabine, «Kitas und Kindererziehung in Ost und West», in: Bundeszentrale für politische Bildung (Hg.): *Dossier. Lange Wege der Deutschen Einheit*, Bonn 2020, S. 246–259, online unter: http://www.bpb.de/geschichte/deutsche-einheit/lange-wege-der-deutschen-einheit/47313/kitas-und-kindererziehung, abgerufen am 7.10.2021.

BT-Plenarprotokoll 12/31. Stenographischer Bericht des Deutschen Bundestages. Protokoll der Bundestagssitzung vom 13.6.1991, TOP 11, S. 2442–2456, online unter: https://dserver.bundestag.de/btp/12/12031.pdf, abgerufen am 10.1.2022.

Fischer, Susanne, «Max Fechner – Opfer oder Täter der Justiz der Deutschen Demokratischen Republik?», in: *Deutschland Archiv*, 10.12.2015, online unter: www.bpb.de/217123, abgerufen am 17.9.2020.

Hirsch, Wolfgang, «Jenaer Universitäts-Kinderklinik wird umbenannt», 19.4.2000, online unter: https://idw-online.de/de/news20002, abgerufen am 2.9.2020.

https://www.dreilindenfilm.de/produkt/kinder-ohne-liebe/, abgerufen am 28.9.2020.

https://www.gedenkort-t4.eu/de/biografien/27-05-1877-03-02-1953-jussuf-ibrahim-kinderarzt-jena#biografie, abgerufen am 25.9.2020.

https://gedenkstaette-halle.sachsen-anhalt.de/geschichte/, abgerufen am 21.11.2019.

Israel, Agathe, Krippenerziehung in der DDR – Frühe Kindheit in der staatlichen Institution, online unter: https://www.kita-fachtexte.de/de/fach

texte-finden/krippenerziehung-in-der-ddr-fruehe-kindheit-in-der-staat lichen-institution, abgerufen am 10.1.2022.

Manuskript Deutschlandfunk zur Sendung «Die Wochenkrippen-Kinder» vom 22.02.2017, online unter: https://www.deutschlandfunkkultur.de/alltag-in-der-ddr-die-wochenkrippen-kinder.976.de.html?dram:article_id=379620, abgerufen am 17.9.2020.

Museum der Bildenden Künste Leipzig, Ausstellungen: «Evelyn Richter. Das Fotobuch» (10.3.–23.6.2013), online unter: https://mdbk.de/ausstellungen/evelyn-richter-das-fotobuch/, abgerufen am 10.1.2022.

Stary, Ute, «Wochenkrippen und Kinderwochenheime in der DDR», in: *Deutschland Archiv*, 19.1.2018, online unter: www.bpb.de/262920, abgerufen am 19.8.2020.

Tambour, Barbara, «Anleitung zur Kaltherzigkeit. Aus der Kinderstube des Herrenmenschen. Säuglingspflege im Nationalsozialismus. Ein Gespräch mit Sigrid Chamberlain», in: *Publik-Forum*, Jg. 37, H. 10, 2008, S. 55–59, online unter: https://www.publik-forum.de/publik-forum-10-2008/anlei tung-zur-kaltherzigkeit, abgerufen am 10.1.2022.

Bildnachweis

Abb. 1, 2, 3, 6, 9, 10: SLUB Dresden/Deutsche Fotothek/Erich Höhne & Erich Pohl

Abb. 4: picture alliance/ZB/Eva Richter

Abb. 5, 11, 12: Bundesarchiv Bildarchiv, Bild 183–26 310–0022, Bild 183–26 310–0020, Bild 183–26 310–0021, Fotograf: Klein

Abb. 7: Aus: Volker Hesse: «J. Ibrahim, Dr. med. habil., Dr. paed. h. c. – ein bedeutender Lehrer der Kinderheilkunde», in: *Hochschullehrer der Medizin an der Universität Jena.* Jenaer Reden und Schriften 1987, S. 165–188

Abb. 8: Bundesarchiv, Bestand R 179/14724

Abb. 13: picture alliance/ZB/Erich Schutt

Abb. 14: SLUB Dresden/Deutsche Fotothek/Richard Peter jun.

Abb. 15: Bundesarchiv Bildarchiv, Bild 183–46 340–0005, Fotograf: Mihatsch

Abb. 16: mauritius images/Pictorial Press Ltd./Alamy/Alamy Stock Photos

Abb. 17: SLUB Dresden/Deutsche Fotothek/Kurt Heine

Abb. 18: Bundesarchiv Bildarchiv, Bild 183-L0818–0007. Fotograf: Wolfgang Kluge

Abb. 19: Aus: Piprek, Waltraud/Schilling, Gabriele/Kleinbaum, Heinz, «Gesundheitsfördernde Maßnahmen in Kindereinrichtungen», in: *Heilberufe*, Jg. 33, H. 5, 1981, S. 191–193, S. 192.

Abb. 20: Bundesarchiv Bildarchiv, Bild 183-T0706-044. Fotograf: Erwin Schneider

Abb. 21: Landesarchiv Berlin, F Rep. 290-02-23 Nr. 1549/Foto: Breitenborn, Dieter [und Vera]

Abb. 22: Mit freundlicher Genehmigung von Peter Richter entnommen aus: Hans-Dieter Schmidt/Evelyn Richter, *Entwicklungswunder Mensch,* Leipzig 1980

Abb. 23: Foto: Evelyn Richter Archiv der Ostdeutschen Sparkassenstiftung im Museum der bildenden Künste Leipzig, Inv. Nr. ERA 513

Abb. 24: Foto: Ute Mahler/Agentur Ostkreuz

Abb. 25: Foto: Margit Emmrich

Abb. 26: Martin und Peter Richter, Dresden 1975, Foto: Evelyn Richter Archiv der Ostdeutschen Sparkassenstiftung im Museum der bildenden Künste Leipzig, Inv. Nr. ERA 510